U0856684

从小微商到自品牌

王靖杰　编著

電子工業出版社
Publishing House of Electronics Industry
北京 • BEIJING

内 容 简 介

如何转型做微商？如何增加流量，提高购买转化率？

如何培训和管理产品代理？如何让团队快速裂变？从小微商到自品牌、大品牌！

本书共 10 章，具体内容包括微商运营攻略、微信营销技能、朋友圈营销技能、内容营销技能、增加流量和“粉丝”数量的技能、微商地推技能、客户运营技能、微商成交法则、实体店营销技能、打造自品牌技能，帮助微商快速打造个人自品牌，走向成功。

本书的内容由浅入深，表述通俗易懂，适合对微商感兴趣并在经营道路上探索的人阅读，从事微商创业的公司也可以将本书作为员工的培训教材。

图书在版编目（CIP）数据

从小微商到自品牌/王靖杰编著. —北京：电子工业出版社，2019.7
ISBN 978-7-121-36796-0

Ⅰ. ①从…　Ⅱ. ①王…　Ⅲ. ①网络营销　Ⅳ. ①F713.365.2

中国版本图书馆 CIP 数据核字（2019）第 108110 号

策划编辑：缪晓红
责任编辑：刘小琳
印　　刷：天津千鹤文化传播有限公司
装　　订：天津千鹤文化传播有限公司
出版发行：电子工业出版社
　　　　　北京市海淀区万寿路 173 信箱　邮编：100036
开　　本：720×1000　1/16　印张：16.5　字数：342 千字
版　　次：2019 年 7 月第 1 版
印　　次：2019 年 7 月第 1 次印刷
定　　价：68.00 元

凡所购买电子工业出版社图书有缺损问题，请向购买书店调换。若书店售缺，请与本社发行部联系，联系及邮购电话：（010）88254888，88258888。

质量投诉请发邮件至 zlts@phei.com.cn，盗版侵权举报请发邮件至 dbqq@phei.com.cn。

本书咨询联系方式：（010）88254760。

推荐语

有三种类型的能力可以决定你的未来，第一种是让自己变得厉害的能力，第二种是有让周围人都愿意来帮助自己的能力，第三种是混不好也无所谓、想得开的能力。这三种能力，练成任何一种，人生就有奔头。靖杰这本书写的是前两种能力的具体方法，值得推荐阅读、学习与实践！

罗辑思维&得到 App 创始人——罗振宇

推荐好朋友靖杰老师的新作，本书揭露了如何在最短的时间里变身快速收人、收钱、收心的成为自媒体大咖的秘诀，大力推荐。

触电会创始人——龚文祥

一书在手，尽通自品牌，自创一业。

华南师范大学经济与管理学院教授——周怀峰

王靖杰老师的新作《从小微商到自品牌》，是品牌行销的经典，是现代商业形态合作之模范，是融合跨领域平台的大作。

联合报资深记者、主持人——赖锦宏

王靖杰老师是一位有情怀、有责任、有担当、有使命感的新时代经济的推动者，是带动微商经济实现大梦想的驱动者！

幸福闺蜜汇创始人——禹明贺

王靖杰老师的新作《从小微商到自品牌》是一本满满干货、很落地的微商行销术。

“安珀的幸福经济学”自媒体人——郑安珀

微商品牌赋能时代，王靖杰老师的《从小微商到自品牌》的思路非常受用，通过打造自明星发掘自身价值，推荐大家学习。

品牌赋能专家、K 大咖创始人、网红微商资深推手——管鹏

恒惠乐商学院王靖杰院长的书籍，通过 360°深刻剖析出品牌运营打造的维度和深度，为企业品牌的打造提供了科学的指导方法，使品牌运营更有效率，更能成功地塑造和传播，最终实现品牌价值的落地。

深圳市恒惠乐商旅有限公司董事长——刘萍

听到自媒体掘金时代，眼前一亮，21 世纪，在碎片化的时间中，读一本好书犹如品一杯香

茗，余香悠远。开卷有益，这本书完美地解释了自品牌掘金。

中国私人飞机俱乐部合伙人、掌门全球直播运营商——胡中奎

我对靖杰兄这本书非常地期待，因为我自己就是一个微商人，这本书带给我的不仅仅是对微商的认知，更重要的是对微商打法和微商思维的实战剖析，让我耳目一新，受益匪浅，这是其他书籍无法替代的。

中国微商权利榜联席执行官、广州兜麦吧科技有限公司 CEO——梁春明（力哥）

王靖杰老师的新作《从小微商到自品牌》，打造个人 IP 就是成为自带流量的人！你才是主角！

个人品牌赋能导师——肖森舟

这本书讲了微商运营全盘攻略，值得微商创业者一读！

非常好教育咨询创始人——杨赵进

王靖杰的自媒体、自品牌指导，让我们重思自我价值定位，他让营销变得更有深度、更有趣味，值得阅读。

天赋顺流 GPS 企业咨询顾问、微窝家居品牌公寓创办人——周吉娜（Gina Chou）

靖杰兄对微商的社群属性精研得很透彻，为微商及社交电商的核心要素做了很好的呈现。

前浙江温州服装行业秘书长、恒源祥羊绒服饰电商公司 CEO——郑钧文

王靖杰老师的新作《从小微商到自品牌》，细腻不华、接气实用、不读即败。

云商书院台湾同学会会长、知本投行股份有限公司执行长——丹尼尔

王靖杰老师的新作《从小微商到自品牌》，营销界之领头羊。

艾多美营销商——黄梓郡

王靖杰老师的新作《从小微商到自品牌》，大时代，我们都是追梦人！

英雄会会长——金涛

之前负责公司的营销策划，现在自己出来创业，很多东西都是王靖杰老师指导的，这本书值得每位新媒体运营的人细细品味。

汕尾坞桐里音乐餐吧 CEO——张奋鑫

王靖杰老师的新作《从小微商到自品牌》，是目前市面上最落地、最实用的操作指导书，值得每一个想从事用户运营的人学习。

树哥区块链创始人——树哥

王靖杰老师对课程专注、尽责，讲课富有激情和幽默，他的课每次学完都使人有巨大的成长、突破，学完就知道你遇到的困难都不是难事。

芯姿品牌创始人——席阳

做不做微商，都要有微商思维，读最落地、最易懂的《从小微商到自品牌》，王靖杰老师

带你打造自品牌。

初吻活氧内衣创始人、中国粉红丝带公益组织乳腺关爱中心第二届理事——杨玉杰

靖杰出品，必属精品！推崇王靖杰老师人品，见证沥血大作！

东莞市匠志诚教育投资公司董事长——付雷鸣

未来最有价值的品牌就是自己，王靖杰老师落地的自媒体品牌打造，是挖掘宝藏的钥匙！

中湾贸易公司董事长，十年美容创业导师——楼一然

作为国内第一批互联网微商创业的研究与实践领导者，王靖杰老师将其多年来的经验技巧与创业智慧融入其潜心之作《从小微商到自品牌》，将互联网商业新模式完整展现。在新经济，新时代，每个人都值得一读。

跨境电商专家——宋彦

王靖杰的课生动有趣，王靖杰的书落地实用，是广大微商的福音!

惠州市盛世云商网络科技有限公司董事长——吕琦

本书循序渐进，简明易懂，实操性高，是一本社交电商领域难得的实战书籍。

电子科技大学中山学院电子商务系主任——吴晓志

品牌是企业的发展空间，文化是品牌灵魂。

“音王时代”娱乐创始人，“美业春晚”创始人——朱德平

王靖杰老师的新作《从小微商到自品牌》，“社交从营养开启”。

中山万创中小企业平台秘书长——黄钊英

做个靠谱的微商服务先行者，王靖杰老师绝对靠谱。

用力鼓掌品牌联合创始人——小柯老师

王靖杰老师的书，从品牌的角度阐述了商业的核心本质：回归人性，回归商业，回归真实！

广州市社群企业管理事务所总经理——刘百川

我认识王靖杰老师五年了，他从默默无闻到今天的成就，靠的是能抓住移动互联网营销的风口，帮助品牌快速提升影响力和业绩，希望读者能认真研读本书，让自己成为行业内具有影响力的人物。

唐顿教育创始人——唐顿

王靖杰老师是个有思想、有深度、能落地的人，能落地是非常可贵的！

中国物联网文化中心常务副秘书长、免单猎人创始人——李踊

王靖杰老师是我见过的最了解微商、社交电商的新零售行业自媒体人，他是一个真正优秀的微营销讲师！

芒果大微湖南分公司负责人、圣帝妮婷韩国原装 VT 沙棘面膜联合创始人——熊大平

王靖杰老师就是最优质的品牌，“我自己”就是品牌，让自己成为自己品牌的最佳代言

人，真心打造自己成为独一无二的品牌。

广州市广乡食品有限公司品牌顾问——朱杰宇

王靖杰老师是一个谦逊、杰出的全球社交电商演讲家，强烈推荐王老师的新作《从小微商到自品牌》。

公子文化控股董事长——陈公子

王靖杰老师是自品牌打造的高手，他的书籍一定可以帮助你及你的企业提高品牌知名度！

社交电商/新零售专业主持人——沈芊予

王老师的书从实战中总结经验，深入浅出，落地性极强，希望帮助更多人成长。

星际网（深圳）智能科技有限公司 CEO——豪歌

开启你的自品牌之旅，点燃你的生命之光，从王靖杰老师这本书开始。

巨媒运营总监——吴策

读懂王靖杰老师，你就读懂了品牌新时代。

巨媒技术总监——陈先深

《从小微商到自品牌》是作者王靖杰的第三本营销金典，内容深入浅出，全方位阐述由 0 到 1 打造品牌的方法论，是创业者必读的好书。

广州邦喆教育投资管理有限公司总经理、广州三一工程有限公司董事长——张恩华

《从小微商到自品牌》值得推荐阅读，从事社交电商必须收藏，拜读！

微信实战应用专家、网络营销实战专家、传渔微营销学院创始人、
《微信公众平台实战手册》作者——罗圣冠

王靖杰老师的新作《从小微商到自品牌》，很专业，很接地气，很适合个人和中小微企业从业者，值得推荐。

天嘻资本董事长、自明星塑造导师——王之乐

王靖杰老师的新作《从小微商到自品牌》，让你的自品牌更有视觉感。

米兰 BPN 联合创始人——唐新奇

本书完整、详细地剖析了网络营销的精髓，是让业绩翻倍的“武功秘笈”。

亲子料理作家、iSA Treasure 纯银饰品轻珠宝创办人——陈怡安（笔名：小鱼妈）

与其土法炼钢，不如跟着王老师快速开启自明星之路。

台湾奥若文化创意总经理——林家泰

书中落地的实例教学，帮助你打造自媒体，成就自品牌，创造高效营销。

法博思品牌顾问管理总监——陈伟志

很多人讲不清楚的微商概念，听王靖杰老师讲一下就懂。

台湾知名体育主播——杨博智

前言

PREFACE

罗振宇、吴晓波、雕爷、罗永浩、王凯、Ayawawa、马佳佳、王潇、瘦马、鬼脚七、金错刀等顶尖的自媒体人，为何能被时代选中？

在接触众多企业和观察商业现象之后，笔者发现，有这样一批玩转“粉丝”经济和社群经济的人，创造了超乎想象的影响力和经济收入。他们是依靠人格魅力去做生意的群体，抓住了互联网这个时代的风口，在互联网的放大镜之下将个人价值、魅力和影响力发挥到极致，并转化成经济效益进而实现变现。

笔者从实体连锁品牌运营跨入互联网领域，从电商、微商到社交电商积累了多年的实操经验，并把这些方法称为自品牌运营，该方法通过深入浅出地讲解有实操性的一系列干货内容，打造最简单的自品牌运营攻略，希望为渴望改变的、已经在创业及打算创业的创业者提供努力方向与方法。

移动互联网的来袭，让品牌重新回到人的时代。微信旗帜鲜明地宣示：“再小的个体也有自己的品牌。”互联网新商业极大的魅力之一，在于信息传递的过程中，重构了人与人的连接关系。而产品作为商业的连接载体，是如何在新的互联网时空中产生自然协调的新商业关系的？

新商业模式所思考的核心，就是如何利用巧妙且温和的方式，构建“信息流—人流—现金流—产品流”之间的闭环设计，让微商大家庭一起走进互联网商业模式的新魅力世界。

在新商业中，任何时候拉近企业与用户之间的距离，都是重中之重。而创意走心是快速实现这一目的的捷径，如何快速占领用户的心智，获得用户的认同感、参与感、信任感，进而对我们的品牌产生长久的支持与持续的价值传播？通过本书，笔者与你一起分享其中的秘密。

笔者曾服务连锁实体品牌 COCO 都可茶饮、台湾王品台塑牛排、特力和乐 HOLA 家居连锁事业的管理运营与品牌营销，后进入林瑞阳与张庭等 6 位明星创立的微商品牌 TST 庭秘密（2018 年统计近 700 万代理，75 家国内、3 家海外的实体店，回款 60 亿元人民币、利润 20 多亿元人民币、交税 10 多亿元人民币）。从实体连锁品牌运营到互联网社交电商团队，培训超过 200 家营销顾问，累计创造超过 1200 亿元人民币的营业额，发展了娱乐圈+新媒体+企业商圈

“三维合一”为核心的价值理念，从而推动了品牌效应。

我的第一本作品是《数字化品牌运营》（简体版），第二本作品是《从 0-1 自媒体品牌行销术》（繁体版）。在本书中，我将全面解密微商、社交电商和自品牌经营，教会读者如何进行微商、社交电商创业，使用微信和朋友圈进行推广，打造优质传播内容，并通过线上线下全渠道来吸引粉丝、打造忠实粉丝社群，进而通过有效的客户沟通技巧来促进成交率，最终成为自品牌，打造自品牌企业经营模式，使读者有的放矢且一路提升！

本书可以解决以下问题。

1. 代理没有黏性，忠诚度低。

2. 外部培训不精准，对代理帮助不大。

3. 活动方案出来没把控好节点，导致活动没效果。

4. 团队裂变速度慢，代理没有凝聚力。

5. 代理技能提升慢，压货严重。

6. 微商经营不合规。

希望微商、社交电商真的能够成为商业骄傲，走这条路任重道远！未来，我们一起同行！营销之道，在于利他；营销之法，在于经营人心。道，是永恒不变的，也就是说营销的利他主义思想永远也不会发生改变；法，是顺应自然变化的，也就是说经营人心的方法随时都有可能发生改变。只有这样，道法结合，合二为一，才能道法自然，自然而然。

微商的第一个特点是关于造势：势能和背书一定要足够，会不会造势是微商能否成功的重要因素。借势“追”热永远赢不过造势！

微商的第二个特点是快速裂变，要实现快速裂变和团队的可复制性，就要对项目和团队的标准化、正规化和微商团队的运营能力提出更高的要求。

微商的第三个特点是微商每个团队长都在讲的：简单、相信、照做。简单：把事情变简单，不是与人斗；相信：相信就有力度，不相信执行就会打折扣；照做：不是你照着做了就行，而是重复的次数。

王靖杰

目录 CONTENTS

第 1 章　小微商：掌握创业微商运营全攻略 ······ 1

1.1　微商创业：一个能让草根逆袭的商业模式 ······ 2

1.1.1　诞生，从 3 个阶段看微商的发展历程 ······ 2

1.1.2　破局，如何看待微商和移动互联网创业 ······ 3

1.1.3　转型，传统企业如何融入移动互联网 ······ 4

1.1.4　升级，个人如何进行移动互联网微商创业 ······ 6

1.2　现状问题：从迷茫、困惑走向微商之巅 ······ 7

1.2.1　谁在让微商囤货和找客源 ······ 7

1.2.2　解析微商面临困境的根源 ······ 8

1.2.3　微商的雷区及“避雷”建议 ······ 9

1.3　团队作战：扩大微商团队，批量产生价值 ······ 10

1.3.1　个体微商发展遇到瓶颈 ······ 10

1.3.2　团队微商优势日渐凸显 ······ 11

1.3.3　建立微商团队的核心要素 ······ 12

1.3.4　微商选人、用人的标准 ······ 12

1.4　必备技能：微商团队队长必备的七大能力 ······ 13

1.4.1　自我包装：如何塑造成为一个职业微商 ······ 13

1.4.2　学会拍照：如何把产品拍得出彩 ······ 14

1.4.3　善于讲课：好的微商同样是一个好的讲师 ······ 15

1.4.4　管理团队：打造长久的规模化发展模式 ······ 15

1.4.5　销售心理学：让对方倾听你的意见和想法 ······ 17

1.4.6　6W2H 法则：轻松做好微商的必懂法则 ······ 18

1.4.7　操作手册：了解微商运营每一天的工作 ······ 20

1.5　微商代理：打造团队裂变，快速成长爆发 ······ 21

1.5.1　5 种方法，吸引新成员加入团队 ······ 21

1.5.2　高效率转化代理策略 ······ 23

1.5.3 借势增加对方的信任……24
1.6 注意事项：这些禁忌，记好了千万不要出错……26
1.6.1 微商必须知道的销售禁忌……26
1.6.2 微商交流的八大忌讳……27
1.6.3 微商运营的九大禁忌……29

第2章 微信：社交电商是未来的主流模式……31

2.1 微信营销的特点和优势……32
2.1.1 微信营销的模式……32
2.1.2 微信营销的特点……35
2.1.3 微信营销的优势……36
2.2 微信营销的基本价值……39
2.2.1 一对一互动赢得好感……40
2.2.2 O2O 模式带来新机遇……40
2.2.3 物联网领域被催生……40
2.2.4 获得高效转化率……41
2.2.5 优质的付款环境……41
2.2.6 主动的营销方式……42
2.2.7 信息能够快速传播……42
2.2.8 提供精准的传播……43
2.2.9 提供精准分析能力……43
2.2.10 提供便捷式购物体验……43
2.3 个人→微信群的运营技巧……44
2.3.1 微信群“掘金”技巧……44
2.3.2 “称霸群雄”的混群秘诀……45
2.4 企业→公众号的运营技巧……46
2.4.1 选什么号很重要……46
2.4.2 公众号命名方法……47
2.4.3 创办公众号的意义……48
2.4.4 平台内容的技巧……50
2.4.5 关联小程序的技巧……51
2.5 微信营销中存在的隐患……52
2.5.1 陷阱在身边……52
2.5.2 无正品保障……53
2.5.3 广告有“毒”……54

2.5.4　走出误区，微信营销要点 ……………………………………………………… 55

第 3 章　朋友圈：轻松打造强关系和高黏性 …………………………………… 58

3.1　微商朋友圈：打造朋友+专家的形象 ………………………………………… 59

3.1.1　微信朋友圈到底有哪些特性 ………………………………………………… 59

3.1.2　快速进入微商的朋友圈状态 ………………………………………………… 60

3.1.3　了解微信朋友圈的营销流程 ………………………………………………… 60

3.1.4　容易被忽略的朋友圈营销点 ………………………………………………… 61

3.1.5　提高朋友圈的内容创作效率 ………………………………………………… 62

3.2　优化微商朋友圈形象，提升好感 ……………………………………………… 63

3.2.1　微信号昵称取名技巧 ………………………………………………………… 63

3.2.2　与众不同的头像 ……………………………………………………………… 64

3.2.3　印象深刻的个性签名 ………………………………………………………… 65

3.2.4　朋友圈封面设置 ……………………………………………………………… 65

3.2.5　二维码展示功能 ……………………………………………………………… 65

3.2.6　打造良好的形象 ……………………………………………………………… 65

3.2.7　打造个人品牌印象 …………………………………………………………… 67

3.2.8　用故事展现理念 ……………………………………………………………… 67

3.2.9　给自己增加标签 ……………………………………………………………… 68

3.2.10　吸引陌生人关注的技巧 ……………………………………………………… 68

3.3　打造优质朋友圈内容 …………………………………………………………… 69

3.3.1　分享生活中的趣味 …………………………………………………………… 69

3.3.2　分享属于自己的智慧 ………………………………………………………… 70

3.3.3　分享社会热点 ………………………………………………………………… 70

3.3.4　分享家庭生活 ………………………………………………………………… 70

3.3.5　分享自己的日记文章 ………………………………………………………… 70

3.3.6　创造话题与朋友互动 ………………………………………………………… 71

3.3.7　分享产品的订单 ……………………………………………………………… 71

3.3.8　分享客户的见证 ……………………………………………………………… 72

3.3.9　分享你的专业知识 …………………………………………………………… 72

3.3.10　分享小视频 …………………………………………………………………… 72

3.3.11　分享辛苦 ……………………………………………………………………… 73

3.3.12　分享激情 ……………………………………………………………………… 73

3.3.13　分享增员 ……………………………………………………………………… 73

3.3.14　分享团队 ……………………………………………………………………… 73

3.3.15 分享体验 …… 74
3.4 提升朋友圈营销转化率的绝招 …… 74
3.4.1 会做社交，懂得“耍宝” …… 74
3.4.2 一定要增强良性互动 …… 74
3.4.3 形成真实的购买力 …… 75
3.4.4 明星效应带动“粉丝”消费 …… 75
3.4.5 限时限量加快朋友下单速度 …… 76
3.4.6 利用跟风心理提高购买率 …… 77
3.4.7 对比竞争对手，突出产品优势 …… 77
3.4.8 送体验、送产品、送服务 …… 77
3.4.9 了解产品塑造价值 …… 78
3.4.10 促销活动提升品牌的宣传效果 …… 79
3.5 情感营销促进和用户的情感交流 …… 79
3.5.1 朋友圈情感营销的概念 …… 80
3.5.2 怎么做朋友圈情感营销 …… 80
3.6 互动营销引出更多的潜在客户 …… 81
3.6.1 去互动别人的圈，给别人点赞评论 …… 82
3.6.2 设计一些互动方法使自己被互动 …… 82
3.7 维护朋友圈，避免被好友拉黑和屏蔽 …… 84
3.7.1 朋友圈推送时间不规律是误区 …… 85
3.7.2 玩转互动朋友圈 …… 85
3.7.3 巧妙提高好友印象认可 …… 86
3.7.4 如何在互联网上建立信任 …… 87
3.7.5 社交情绪管理原则 …… 87

第 4 章 内容：火爆高效的软文和视频营销 …… 88

4.1 软文营销的形式及技巧 …… 89
4.1.1 软文的定义 …… 89
4.1.2 软文的形式 …… 89
4.1.3 软文营销的技巧 …… 90
4.1.4 软文如何助力微商推广 …… 92
4.2 微商如何写好产品软文 …… 94
4.2.1 产品软文的标题写作 …… 94
4.2.2 产品软文的开头和结尾 …… 97
4.2.3 产品软文的内容布局 …… 101

4.2.4　朋友圈产品软文分享 ………………………………………… 107

4.3　5种不同软文的写法 ………………………………………… 109

4.3.1　情景型文案 ………………………………………… 110

4.3.2　借力型文案 ………………………………………… 110

4.3.3　创意型文案 ………………………………………… 111

4.3.4　痛点型文案 ………………………………………… 111

4.3.5　广告型文案 ………………………………………… 113

4.4　16个撰写文案的小技巧 ………………………………………… 115

4.4.1　消化产品与市场调研的资料 ………………………………………… 115

4.4.2　表明对消费者的承诺 ………………………………………… 115

4.4.3　确定一个核心创意 ………………………………………… 115

4.4.4　每一则广告最重要的是标题 ………………………………………… 115

4.4.5　创意的方法 ………………………………………… 116

4.4.6　讲事实 ………………………………………… 116

4.4.7　直接向目标人群打招呼 ………………………………………… 116

4.4.8　好的广告文案不一定就是短文案 ………………………………………… 117

4.4.9　文案中安排抽奖等，会更具有吸引力 ………………………………………… 117

4.4.10　与某一事件结合起来写会更加生动 ………………………………………… 117

4.4.11　大脑中必须有足够的画面和参考资料 ………………………………………… 117

4.4.12　切忌用生僻的字 ………………………………………… 117

4.4.13　用词有技巧 ………………………………………… 117

4.4.14　学会新闻编辑的本领 ………………………………………… 117

4.4.15　证言广告是有效广告方式之一 ………………………………………… 118

4.4.16　坚持一个广告中集中说一点 ………………………………………… 118

4.5　6种短视频营销内容的玩法 ………………………………………… 118

4.5.1　介绍产品的视频 ………………………………………… 118

4.5.2　顾客见证的视频 ………………………………………… 118

4.5.3　价值信息的视频 ………………………………………… 119

4.5.4　销量见证的视频 ………………………………………… 119

4.5.5　宣传视频 ………………………………………… 119

4.5.6　专业知识类视频 ………………………………………… 120

第5章　增加“粉丝”数量：高效增加流量技巧快速扩张人脉 ………………………………………… 121

5.1　微商增加流量的基本方法论 ………………………………………… 122

5.1.1　流量的无限可能 ………………………………………… 122

5.1.2 流量获取的 8 步法则 …… 124
5.1.3 吸引力法则 …… 126
5.1.4 微商众筹思维 …… 127
5.2 13 个腾讯系平台增加流量技巧 …… 131
5.2.1 微信加好友增加流量 …… 131
5.2.2 通过“附近的人”增加流量 …… 131
5.2.3 使用“漂流瓶”增加流量 …… 131
5.2.4 “面对面建群”增加流量 …… 132
5.2.5 “雷达加朋友”增加流量 …… 132
5.2.6 微信好友互推增加流量 …… 132
5.2.7 微信公众平台增加流量 …… 133
5.2.8 微信 H5 活动增加流量 …… 133
5.2.9 微信“摇一摇”增加流量 …… 133
5.2.10 QQ 空间增加流量 …… 134
5.2.11 QQ 微社区增加流量 …… 135
5.2.12 QQ 同步助手增加流量 …… 135
5.2.13 QQ 群增加流量 …… 135
5.3 5 个阿里系平台增加流量技巧 …… 136
5.3.1 淘宝店铺增加流量 …… 136
5.3.2 友情链接增加流量 …… 136
5.3.3 商品评价增加流量 …… 137
5.3.4 诚信通增加流量 …… 137
5.3.5 来往 App 增加流量 …… 137
5.4 5 个百度系平台增加流量技巧 …… 138
5.4.1 百度知道增加流量 …… 138
5.4.2 百度百科增加流量 …… 138
5.4.3 百度贴吧增加流量 …… 139
5.4.4 百度文库增加流量 …… 139
5.4.5 百度 SEO 增加流量 …… 140
5.5 其他平台的 15 个增加流量技巧 …… 140
5.5.1 自媒体 …… 140
5.5.2 短视频 …… 141
5.5.3 图片 …… 142
5.5.4 微博 …… 142

5.5.5 陌陌 …… 144
5.5.6 工具型 App …… 145
5.5.7 论坛 …… 147
5.5.8 邮件 …… 148
5.5.9 直播 …… 149
5.5.10 营销机器 …… 150
5.5.11 速途网 …… 151
5.5.12 58 同城暴利 …… 151
5.5.13 购物类 App …… 152
5.5.14 微商异地合作 …… 152
5.5.15 线下活动 …… 153

第 6 章 地推：面对面推广，告别无效营销 …… 154

6.1 地推的优势和基本流程 …… 155
6.1.1 地推的优势 …… 155
6.1.2 地推的 3 个阶段 …… 156
6.1.3 地推的基本流程 …… 156
6.2 地推需要准备什么 …… 157
6.2.1 地推前的准备 …… 157
6.2.2 地推中期准备 …… 158
6.2.3 地推后期总结 …… 158
6.2.4 案例实操 …… 159
6.3 构建视执行为使命的地推团队 …… 160
6.3.1 树立团队价值观 …… 160
6.3.2 规范制度，严选人才 …… 160
6.3.3 建立职能，各尽其责 …… 160
6.3.4 树立愿景，共同努力 …… 161
6.3.5 职业培训，内部培养 …… 161
6.4 地推如何落地执行？选址为第一步 …… 162
6.4.1 地推最常用的地点 …… 162
6.4.2 地推选址的要素 …… 163
6.5 地推现场营销话术和沟通技巧 …… 164
6.5.1 标准营销话术及实例 …… 164
6.5.2 微商地推的沟通技巧 …… 165

第 7 章　客户：将陌生人变成熟人直到成交 ······ 166

7.1　了解顾客性格特点的 3 个步骤 ······ 167

7.1.1　识别顾客的性格特点 ······ 167

7.1.2　做对等模仿 ······ 167

7.1.3　根据顾客的主导需求制订销售方案 ······ 167

7.2　消费者十大心理学，你懂几个 ······ 167

7.2.1　“面子”心理 ······ 167

7.2.2　从众心理 ······ 168

7.2.3　权威心理 ······ 168

7.2.4　“占便宜”心理 ······ 168

7.2.5　朝三暮四心理 ······ 168

7.2.6　价位心理 ······ 168

7.2.7　炫耀心理 ······ 169

7.2.8　“草根”心理 ······ 169

7.2.9　攀比心理 ······ 169

7.2.10　懒人心理 ······ 169

7.3　与客户打好关系的 5 个原则 ······ 171

7.3.1　礼尚往来 ······ 171

7.3.2　顺水人情 ······ 171

7.3.3　信守承诺 ······ 171

7.3.4　换位思考 ······ 172

7.3.5　共同成长 ······ 172

7.4　老鹰型顾客的沟通技巧 ······ 172

7.5　孔雀型顾客的沟通技巧 ······ 173

7.6　鸽子型顾客的沟通技巧 ······ 173

7.7　猫头鹰型顾客的沟通技巧 ······ 174

第 8 章　成交：转化率不断飙升的成交法则 ······ 175

8.1　成交需要的 7 种思维 ······ 176

8.1.1　分享思维 ······ 176

8.1.2　社交思维 ······ 176

8.1.3　付出思维 ······ 177

8.1.4　快乐思维 ······ 177

8.1.5　营销思维 ······ 177

8.1.6 赞美思维 …… 178
8.1.7 信任思维 …… 178
8.2 保证成交的 3 个方法 …… 178
8.2.1 提炼产品好处 …… 179
8.2.2 赠送超价值赠品 …… 179
8.2.3 做好负风险承诺 …… 180
8.3 快乐成交的 4 步法则 …… 180
8.3.1 拉近距离，建立信任感 …… 180
8.3.2 了解顾客需求 …… 181
8.3.3 产品的介绍，塑造产品的价值 …… 181
8.3.4 解除抗拒，打消最后疑虑 …… 181
8.4 绝对成交的销售话术 …… 182
8.4.1 【情景 1】顾客：我要考虑一下 …… 182
8.4.2 【情景 2】顾客：太贵了 …… 183
8.4.3 【情景 3】顾客：市场不景气 …… 184
8.4.4 【情景 4】顾客：能不能便宜 …… 184
8.4.5 【情景 5】顾客：别的地方更便宜 …… 184
8.4.6 【情景 6】顾客：没有预算 …… 185
8.4.7 【情景 7】顾客：它真的那么值钱吗 …… 185
8.4.8 【情景 8】顾客：不，我不要 …… 186
8.5 20 种成交促单的技巧 …… 186
8.5.1 直接要求法 …… 187
8.5.2 选择式成交法（二选一法） …… 187
8.5.3 利益法 …… 187
8.5.4 优惠成交法（让步成交法） …… 187
8.5.5 预先框视法 …… 188
8.5.6 从众成交法 …… 188
8.5.7 惜失成交法 …… 188
8.5.8 因小失大法 …… 188
8.5.9 步步紧逼成交法 …… 189
8.5.10 协助客户成交法 …… 189
8.5.11 欲擒故纵法 …… 189
8.5.12 拜师学艺法 …… 190
8.5.13 订单成交法 …… 190

8.5.14 小狗成交法 …… 190
8.5.15 讲故事成交法 …… 191
8.5.16 保证成交法 …… 191
8.5.17 假设成交法 …… 191
8.5.18 富兰克林成交法 …… 192
8.5.19 3 句话成交法 …… 192
8.5.20 批发式成交 …… 192

第 9 章 实体店：微商品牌快速导入实体店 …… 194

9.1 微商实体店的运营方向 …… 195
9.2 微商实体店的运营技巧 …… 195
9.3 微商实体店的销售策略 …… 196
9.4 微商实体店的零售技巧 …… 197
9.4.1 零售的重要性 …… 198
9.4.2 微商零售的 4 个技巧 …… 198
9.5 微商品牌快速导入实体店 …… 201
9.5.1 通过地推高效增加数量让用户了解产品 …… 201
9.5.2 如何实现微分销的快速增加数量推广 …… 202
9.5.3 如何一招快速实现微信增加数量和变现 …… 202
9.5.4 标准化的导购销售内容 …… 203
9.5.5 一个可复制的微商模式——有执行力 …… 206
9.5.6 线上微商线下实体结合 …… 207
9.5.7 微商品牌跨界导入实体店铺要点 …… 209

第 10 章 自品牌：塑造强信任度的个人品牌 …… 214

10.1 打造自品牌的 5 个前提 …… 215
10.1.1 好的名称 …… 215
10.1.2 好的产品 …… 215
10.1.3 内容创作 …… 216
10.1.4 “粉丝”基础 …… 216
10.1.5 品牌个性 …… 217
10.2 自品牌的 5 个营销策略 …… 217
10.2.1 个人品牌 …… 218
10.2.2 情感策略 …… 218
10.2.3 互动环节 …… 218

10.2.4　电商营销 …… 218
10.2.5　自明星营销 …… 220
10.3　增强信任的 7 个有效方法 …… 222
10.3.1　把最真实的一面呈现给大家 …… 222
10.3.2　真心对待朋友 …… 223
10.3.3　定时分享干货 …… 223
10.3.4　培养人格化的偶像气质 …… 223
10.3.5　增加节目内容输出的频次 …… 224
10.3.6　拥有明确的核心价值观 …… 224
10.3.7　生产个性的高质量内容 …… 224
10.4　自品牌需要培养的 6 个能力 …… 224
10.4.1　口碑传播能力 …… 224
10.4.2　品牌战略能力 …… 225
10.4.3　产品竞争能力 …… 225
10.4.4　管理者领导力 …… 226
10.4.5　超强执行能力 …… 228
10.4.6　持续坚持能力 …… 230
10.5　微商自品牌的 13 种变现方法 …… 231
10.5.1　3 种方式，实现微商变现 …… 231
10.5.2　6 种方式，实现自明星变现 …… 232
10.5.3　4 种方式，实现自品牌变现 …… 233
10.6　自品牌通向成功的 7 个要素 …… 234
10.6.1　目标管理 …… 235
10.6.2　文化管理 …… 237
10.6.3　心态管理 …… 239
10.6.4　时间管理 …… 240
10.6.5　学习管理 …… 241
10.6.6　行动管理 …… 241
10.6.7　经营模式 …… 241

Chapter 1

第 1 章

小微商：掌握创业微商运营全攻略

初级的微商卖产品，高级的微商卖知识，做一个专家型的个人微商更容易成功。微信不是卖货的地方，微商首先要“卖自己”，让顾客想跟“我”买才是最重要的！

移动互联网创业，必须要建立个人品牌，要考虑的不是如何把货销售出去，而是如何把自己销售出去，微商售货的终极秘籍就是“没有销售，而是自我销售”。

微商创业：一个能让草根逆袭的商业模式
现状问题：从迷茫、困惑走向微商之巅
团队作战：扩大微商团队，批量产生价值
必备技能：微商团队队长必备的七大能力
微商代理：打造团队裂变，快速成长爆发
注意事项：这些禁忌，记好了千万不要出错

1.1 微商创业：一个能让草根逆袭的商业模式

微商主要通过微博、微信、论坛等平台来分享内容和商品做营销，想要在微商界有一席之地，必须要注重细微的服务和客户的管理。

1.1.1 诞生，从 3 个阶段看微商的发展历程

微商最早的孕育土壤是微博，但是它的兴起和发展是在 2012 年微信平台推出朋友圈这一功能之后，无数创业者借助朋友圈开始了自己的微商创业之路。微商从兴起到现在，短短几年已经经历了几个发展阶段，一路走来备受大家关注。下面介绍微商发展所经历的 3 个历程。

1. 始入视野的生长期

微商进入大众视野主要是依靠微信朋友圈这个平台，这个时期的微商大多以个人创业为主，他们各自为营，每天在朋友圈或 QQ 空间疯狂刷屏，发布产品信息。这个阶段，个人微商直接面对消费者，如“狂草”般占据了人们的视野。

此时，微商刚开始进入大众的视野，人们对它还充满了新鲜感，且这种商业模式也确实在一定程度上给想要购物的人群带来了便利。所以，人们并不排斥微商每天在朋友圈中刷屏推销产品。

但是，这个阶段的微商还不具备专业的营销经验，他们每天所做的仅仅是靠着不断加人和刷屏这种“暴力型”的做法来推销自己的产品，并没有太多的营销技巧。但不可否认的是，确实有一部分人靠着这种“暴力型”的销售方法，将自己的产品销售出去，并且获得了一定的利润。

2. 渐成规模的发展期

当人们看见最早的微商通过简单的营销方式获得成功之后，觉得微商行业确实有利可图，加上入行门槛低、经营简单等优势，于是大批创业者涌入微商阵营，成为微商行业中的一员。

这个阶段的微商，经过前一段时间的行业运营后，慢慢总结出了一些行业规律，行业体系已初具规模，团队型的微商孕育而生。团队型微商的出现，是微商行业发展到一定阶段的必然趋势，其主要原因如下。

① 行业发展初具规模。

② 个人微商的增多。

③ 行业竞争性加大。

这一阶段，微商慢慢退出了疯狂刷屏的营销模式，开始注重团队的经营和管理，不再以开发客户为主要目标，而是注重代理的发展及维护。其中，分销模式是该阶段微商的主要运营模式。

3. 品牌建设的成熟期

微商经过前两个阶段的发展，到现在已经逐步走向正规，也慢慢具有微商产业化和品牌建设化的特征。这个阶段的微商注重自身品牌的建设，他们在拥有了一定的经验之后开始走品牌化的道路。

品牌建设是每个营销时代都要走的路，不管是传统行业的线下门店营销，还是电商平台的淘宝、京东及微商行业等。因此，建立自己的品牌，是该阶段微商主要的经营任务。

微商行业要完全实现正规化，就必须借助品牌的力量，微商品牌化的建立是对顾客的一种责任感。品牌能够保障顾客的权益，而且任何一个销售行业都应该以人为本，将客户的利益放在最前端，这是保证行业顺利发展的根本。

1.1.2　破局，如何看待微商和移动互联网创业

下面介绍破局，如何看待微商和移动互联网创业。很多人认为微商就是在微信上卖货，这个说法是不正确的。微商其实不是微信卖货，而是移动互联网创业的一小部分。

马云曾经说过一句话，新鲜事物看不见、看不懂，到看不起，最后来不及。很多人在一两年前看不懂微商创业，结果那些微商现在已经赚得盆满钵盈。但是，很多人现在还看不懂微商，未来可能就没有机会做了。因此，首先要学会破局，在身边人还看不懂微商的时候，要善于抢先布局。

1. 没有微商就没有移动电商，微商是移动电商的先头部队

移动电商的很多创业者实际上是通过微商起家的，很多都是淘宝、天猫移动端的卖家，通过把自己的客户或“粉丝”变成他们的合伙人，在微商行业中打出了一片属于自己的天空。另外，很多成功的电商创业者都在转型做微商，因此千万不要瞧不起微商，因为你也可能会借用大众的力量来做微商。

2. 没有微商就没有社群，微商是最有数字和温度的社群

为什么这样说？其实在各个社群中，有很多人发垃圾信息，或者群发邮件，但是微商社群相对来说是比较有素质的。因为在微商社群中有以下几大共同点，这些特点造就了社群的新秩序。

第一，微商喜欢在社群中共同学习进步。

第二，微商喜欢在社群中共同探讨未来。

第三，微商可以通过社群实现相互帮助。

第四，微商喜欢共同分享好的产品和使用方法。

3. 微商促进了商业社会的安定

移动互联网不是没有机会，而是机会之门刚刚打开。微商解决了很多人的就业问题。

4. 农村电商的崛起

农村电商已经发展十年了，却没有太大的进展。现在，大量的农村电商进军微商领域，因为做微商比做电商更加简单。创业者只要学会玩朋友圈，学会在朋友圈中做产品的塑造和销售，学会在微信群中沟通各种产品的特点，就有更多的机会将好产品销往世界各地。

5. 传统巨头企业加入“微商大军”

目前，有很多传统巨头企业也加入“微商大军”，如格力集团、海尔集团、霸王集团、修正药业、云南白药等，甚至还有一些保险公司，如平安集团、中国人寿、新华保险等，都在通过移动互联网来创业，而他们最好的平台就是微信，也就是朋友圈。任何商业领域，巨头带来的不仅是行业的洗牌，甚至是对行业生态的改写。

6. 明星为微商代言

例如，撒贝宁曾为某次微商节做主持人，张信哲曾为某微商品牌在微商大会站台，以及汪涵、林心如、李宇春等都曾为微商代言。

所以，大家千万不要小看微商，因为现在商业巨头都在研究微商，或者正在从事微商的道路上。那么，如何才能将微商做得更好呢？做微商最高的境界不是以赚钱为目的，而是“做好人，好好做人；卖好货，好好卖货”。

1.1.3 转型，传统企业如何融入移动互联网

传统行业与微商相比，传统行业不仅需要大量资金投入，而且还需要房屋成本及员工的投入，而微商不需要这些也会有很好的业绩。下面通过几个案例来介绍传统企业转型移动互联网的技巧。

案例一：装修公司用 10 万元做一个策划案，这个策划案帮助这家装修公司从 1500 万元的业绩做到 3000 万元的业绩，具体步骤如下。

第一步，将老客户导入微信。在移动互联网创业中很多人会忽略老客户的存

在，将老客户对接到手机通讯录，导入微信让他看到朋友圈，从而有机会让他为我们分享并介绍产品，吸引更多的潜在客户。

第二步，微信绑定公司的 QQ。大多数的装修公司是使用 QQ 做客服的，会有很多老客户在 QQ 中。微信有绑定 QQ 的功能，可以把 QQ 中的好友导入微信中，运营者进行多次绑定，多次导入，将客户一批批地导入微信中。

第三步，将新客户锁定到微信中。把微信当作与客户沟通的重点媒介，随时随地通过个人二维码添加好友，把流动的客户留下来。

第四步，老板学会亲自“挂帅”刷朋友圈，让客户看到老板真实的一面。老板在朋友圈中分享装修日记来获得客户的赞美和反馈，并将这些信息通过朋友圈展现出来，其他客户看到这些内容就有机会为你做分享介绍。新客户看到内容还可以货比三家，更多地了解你的产品。

第五步，复制粘贴老板的或个人的客服微信号中的所有内容，让客服同步这些内容做全员营销。全员营销可以霸占客户的朋友圈，这也是“网状交叉式营销”，让客户尽可能看到和了解产品。

通过上面五步，让装修公司转型做微商，就可以轻松从 1500 万元的业绩飙升到 3000 万元的业绩。

案例二：日化公司 5 万元的精油策划案，半年时间做到 1000 名代理，销售额突破千万元，其实也只需 5 个步骤。

第一步，创业公司股份化。让一些有兴趣的人去做新项目，并分给他们一些股份，只发少量的工资。大家在新项目中更多地投入自己的产能，把它当成自己的事来做，激发员工的能动性。

第二步，让股东全员参与发朋友圈招商。每个人都把自己的朋友圈利用起来，鼓动全员参与，让团队一起干一件事情，让业绩实现爆裂式增长。

第三步，每人每天加 20 个好友。一件简单的事情重复做，一次性加 5000 个好友是非常难的，但是一天加 20 个好友非常简单。因为一天一个人加 20 个好友，一个月就有 600 个好友，如果有 10 个号，一个月就有 6000 个好友，那么一年就有几万好友。

第四步，每人每天平均要发 6 条朋友圈。6 条朋友圈实际上有一个规则：两条是自己真实的生活，如在哪里玩，与孩子之间的交流，也可以“秀恩爱”，或者是一些生活的感悟；还有两条发自己的学习成长，如学习微商知识，学习创业，分享移动互联网赚钱的知识，让别人知道你是一个爱学习成长的人；最后两条就是发产品，也就是植入客户成功的案例、客户的反馈。

第五步，将以上的方法复制给合伙人。告诉他微商就是这么简单，成交之后就可以教他们的代理继续这样做，从而形成单体的批量式成交。

1.1.4 升级，个人如何进行移动互联网微商创业

个人如何做微商，只需记住一个口诀，初级微商卖产品，高级微商卖知识。其实，个人从事微商更容易成功，因为微信门槛比较低，人人都可以尝试，但是企业从事微商需要做各种商城，还需要招聘员工，这样的失败概率较大，所以个人微商创业更加简单。

什么样的人最能够被人喜欢呢？那就是做一个专家，做一个知识的销售者，改变人们惯有的思维。传统微商的思维是如何把货卖出去，这种思维是错的，因为微信本身不是卖货的地方，而是因为我们有卖货需求被激发出来的。所以，做微商最重要的是如何将自己“卖出去”，如何让客户主动与你成交。

所以，在移动互联网上创业，优秀的人，优秀的团队领导人，以及那些真正能够把货卖得非常好的人，其实他们卖的都不是货，而是他们自己，是自己的人品，是自己的品牌，是对别人有价值的内容。因为销售的终极秘籍是“没有销售，只有自我销售”。

在移动互联网的世界，不是你影响我，就是我影响你，所以必须要输送观念。在微商界有这样一个观点，就是我们每个人都要学会做知识的搬运工，把学到的知识搬进来用，然后再把用过的知识搬出去卖。有人相信你，才会愿意跟你成交，才会愿意跟你做朋友，成为你团队中的人。

如何才能快速地把产品卖出去呢？首先要想着如何将自己卖出去。不要掉到赚钱的“窟窿”里，因为把自己定位为卖产品的，是赚不了大钱的。很多成功的微商只做了一件事情，就是学习知识，然后把能赚钱的知识卖出去、分享出去，最后就有人愿意花钱来学习这些赚钱的知识，代理产品将产品卖出去。

找客户也是一样的，客户买产品和不买产品为什么都这么难？那是你不知道客户需要什么，客户真正要的不是产品，而是你的产品能够解决他的问题。客户真正买的不是产品，而是知识体系和解决方案。

同样，如何建立团队，如何带团队，如何招团队，必须知道这个团队成员要的是什么。尽管产品很重要，但是团队成员真正需要的是能够赚钱的技能，依然是知识体系。

微商的知识体系很庞大，你可以买 30 本微商的书，把它全部看完后记住它的书名，记住标题，看完提纲，然后将其中的“兴奋点”记下来，没有“兴奋点”的放弃。真正看书是先看标题再看提纲，看到“兴奋点”记下来，然后转发到朋友圈中。记住，最重要的是把自己的“兴奋点”写成主题形式转发到朋友圈中。

因此，要成为一个微商专家，首先必须有一套超强的知识体系。如何让自己成为一个超强知识体系的微商专家呢？一种简单的方式就是遵循以下 6 点。

第一，坚持每天发 3～5 条朋友圈。

第二，坚持发个人生活秀。

第三，发朋友圈让客户感觉到你是一个爱帮助别人的人。

第四，发布一些赚到钱的截图，而且必须是真实的。

第五，发布有价值的内容，哪怕是广告都要有价值。

第六，发布自己的人生感悟，怎样看待人生。

1.2 现状问题：从迷茫、困惑走向微商之巅

下面介绍微商目前面临的问题，包括微商囤货、找客源及真正的原因分析，还有微商经常遇到的 7 个雷区，并提出相应的“避雷”建议，让微商从迷茫、困惑中走出来并快速走向成功。

1.2.1 谁在让微商囤货和找客源

做微商必须理解目前微商的状态，这样可以让更多的人不会盲目投资。微商主要是销售自己的商品，然而这关系到出货问题，有出货必然会有囤货。

囤货一般是新手微商会遇到的问题，而导致这个情况的原因是：过多的人盲目地加入微商行业，而缺少终端客户，最大消费群体还是微商本身，最终导致大量产品囤积在微商自己手中。

大多数的代理都在鼓励新手微商囤货，因为囤货就意味着资金回笼，而且不仅是代理让新手微商囤货，工厂也希望代理囤货。微商基本上都在卖产品，但是顶级微商一般是不接触产品的，他们通常是运作资金流或资本，靠下面的代理出货、囤货来玩转资金链，这也是微商的产品出新款和换款快的原因。

而厂家会制造缺货的假象，做饥饿营销，这样既能增加出货量，又能延长产品火爆的时间，这也是让微商囤货的真正原因。一旦一个产品出现大范围缺货，说明这个产品马上会火到最顶端，下一步就是慢慢走下坡路，并慢慢淡出市场。

客源，其实就是一个转化率的问题，让其他微商跟随你，扩大自己的微商团队。那些天天说客源、教人找客源的微商，都是在欺骗新人，因为最有用的方法就是让客源喜欢你。在一个社群中，里面的好友都是你的客源，所以微商要做的是如何做一个让大家都喜欢的人，让别人愿意跟随的人。

微商可以在一个微商群中学习到很多知识，并从中领悟出新的思路，再用自己的语言表达出来，分享到其他微商群，这也是非常管用、实用的增加流量方法。做

微商不需要太花哨的营销方式，因为你的能力上去了，自然就会有人跟随你。

而且微商本就是厚积薄发，关键是有与人打交道的能力和合理的自我表现能力，只要提高自身能力，很多问题就解决了。但是，前提是要有内容可以分享，如果没有内容就应该多看、多问、多交流，把不知道的内容变成自己知道的，把自己知道的内容告诉那些不知道的人，这样自然就有跟随者。

当然，微商终究是在做信誉，所以最重要的是提升自己，通过建立自己的人格魅力去吸引人，从而建立信誉度。

1.2.2 解析微商面临困境的根源

现在的微商无处不在，很多微商会把解决货物问题和精准客源联系起来。例如，微商将产品当作单身的自己，精准客源就是单身的另一半，大家身边的微商无处不在，身边的单身人员是不是也无处不在？什么是精准？单身异性就是精准对象。

一见钟情的概率是非常低的，这与找精准客源是一个道理。所以，微商不是主动去找客源，而是让客户发现你的优点，让客户喜欢你和你的产品。能做到这点，那么与你打交道的微商就是精准客户。

注意，大家都在干一件事的时候，你就不要去干了。大家都面临销售问题，于是会出现销售如何落地的问题。大家都知道要成交，而信任则是微商成交的桥梁。

① 营销如何落地与信任的构建无非是把销售的产品和方法变成钱。所以，营销如何落地就是不对的，很多人不懂落地，落地就是接地气、实用。

② 如何构建信任——信任就是让对方喜欢你和你的产品。也就是说，在营销中，让对方喜欢你，且决定购买你的产品。

其实，做生意就是做人，明白这点，才能将生意做大做久。如果是做特种行业，做的东西要找特殊客户，需要找精准客源，最重要的是让客户喜欢你，了解你的产品。微商从来不缺好产品，缺的是在某种程度上认可你的个人和产品。

另外，自信对于微商来说也很重要。即使是一样的产品，不同的人也会有不同的销售情况，其根源就是有些人自身不够自信。所以，微商要学最本质的东西——如何才能做一个让别人喜欢的人，下面几点可以供大家参考。

- 不得罪人。
- 不诋毁人。
- 多帮助人。
- 多听别人的意见。
- 多站在对方的角度想问题。

- 平时行动快一些。
- 说话语速慢一些。
- 无聊的时候幽默一些。

1.2.3　微商的雷区及“避雷”建议

下面罗列出 7 个微商的雷区及“避雷”建议。

雷区 1：纯广告信息刷屏。

雷区：很多微商喜欢在朋友圈刷屏，每天都发大量的商品信息（硬广告），很容易引起朋友的反感。其实，发朋友圈的目的是与微信好友沟通感情，了解彼此的生活，而这种纯广告信息是不受欢迎的，会导致被朋友直接屏蔽。

建议：朋友圈营销，首先要让朋友感受到你是一个有血有肉的人。信任都是从了解开始，当然微商朋友圈肯定是要发广告的，但可以让广告做得不是那么硬。微商可以从这几个方面来写朋友圈的内容：产品相关，个人情感，以及做微商的一些感悟，类似关于某产品应该如何选购，可以按照事情的重要性来合理分配内容所占比例。另外，还可以找准一天的几个合理时间段分开来发布朋友圈内容。

雷区 2：销售商品种类繁多，无重点，无主推。

雷区：如果你在卖面膜的同时还会卖手表、特产，甚至衣服、鞋子等产品，这会让你的朋友感到你并不是一个专业销售产品的人，也直接说明你的货源并没有很大的优势。如果你只是一个品牌商的分销商，就无法让朋友相信你的产品好坏、是否有价格优势。

建议：选中一个品类深入了解，做好产品定位，树立自己的专业形象，让朋友只要想到买某产品就想起你，这样你就成功了。

雷区 3：无互动，不营销。

雷区：某些微商添加新的好友，只是让他们看到朋友圈发布的产品内容和广告，与他们的沟通也仅仅止步于点赞和评论。

建议：激活你的朋友圈，重点让客户有参与感。你可以发起话题，进行有奖测评，奖励产品，这样不仅可以激活朋友的参与感，而且可以为自己的下一步产品宣传积累有效真实的测评口碑。

雷区 4：完全凭自己的主观判断推荐商品。

雷区：一个产品不可能同时适合任何人。例如，一个包包，有些人背着感觉会很有气质，有些人背着就会感觉特别的土气。但是很多人的推荐语是：这个我用过，效果非常好，推荐给你用。可是，适合你用的不一定适合其他人用。

建议：一定要让朋友感觉你是专门针对他而推荐的。护肤品，一定要根据你了解的朋友的肤质和需求，并且不断地耐心询问，最后再推荐；衣服，一定要根据对方的身高、皮肤的白皙程度，以及个人对衣服的基本要求等来综合推荐合适的大小、颜色和款式。最差劲的销售就是对每个顾客都推荐同样的一款。

雷区 5：自己都没体验过，就推荐给朋友。

雷区：微商自己都没有用过，是无法让朋友相信你的产品好坏的。自己都没有用过产品，在推荐销售的时候就会没有底气，没有说服力，因为没有体验过就没有话语权。对于产品的特性、实际使用的感受、缺点和优点，都只是从拿货的人那里听来的，再转述出去，效果就会差很多。

建议：微商一定要亲自使用过产品，并且真心感觉好，这样客户才会信任你。

雷区 6：产品自身不佳。

雷区：如果产品品质本身就不好，朋友购买过一次后就不会再次购买。

建议：坚持只卖好东西。品质好的东西才可以带来重复购买。如果产品品质不好，顾客体验一次后就会对你和产品失去信任。品质好的东西，对销售者本身来说也是一个信心的保证。

雷区 7：疏于维护客户关系。

雷区：朋友购买你的产品后，就不再过问，因此你们的购买过程体现的仅仅只是买卖关系。很多人第一次购买是因为认同“你是我朋友”，是为了支持你才买你的产品。

建议：凡是朋友圈中的朋友购买了自己的商品，从购买前到购买中再到购买后都保持热情。例如，面膜，客户购买后你需要告知他们什么时候发货、什么时候到货；到货后，你可以询问顾客使用后感觉如何，是否有好的建议，如果顾客有更好的建议，并且你决定采纳，可以适当给些奖励。这样顾客不仅感觉自己受到优待，也能够感受到你对他的重视。

1.3 团队作战：扩大微商团队，批量产生价值

团队微商是个人微商发展到一定阶段后的微商种类，是指个人微商经过一段时间的积累，慢慢有了自己的产品代理，且团队逐渐从个人壮大到几个人、十几个人或几十个人。微商建立团队的原因主要有以下 4 个方面。

1.3.1 个体微商发展遇到瓶颈

现在的微信朋友圈随处可见微商，当个体微商逐渐将身边的熟人业务做完后，如果产品质量并不是特别突出、性价比不高，就很难再拓展新的人脉、新的

业务。因为，个人微商是指消费者对消费者的微商，它在电子商务中称为 C2C 微商，“C”是英语单词“Customer”或“Consumer”的简写。个人微商的主要特征就是直接面对消费者。

那么，当个人微商做到一定阶段后，就会出现各种各样的问题，从而阻碍了微商的发展。下面介绍几种个体微商发展过程中遇到的问题。

① 手上有许多囤货，但是出货量越来越慢、越来越小。

② 由于自己做微商，身边的朋友互动越来越少。

③ 自己也发展了几个代理，但销量一直都不太理想。

④ 有许多微商也在卖同类产品，自己的产品不易被相信。

⑤ 老顾客的复购率低，新顾客不易开发，遇到两难。

所以，当个体微商遇到以上瓶颈时，需要静下心来想办法，如何突破现在的状态。微商的本质是个人的影响力，当影响力足够大时，就能突破个体微商的销售瓶颈，微商的“粉丝”数量与质量对于销售规模起着决定性作用。

商家只负责包装产品，而微商要学会包装自己，把自己包装成意见领袖、包装成微商大咖、包装成网红或明星，这样你的“粉丝”数量就逐渐增多了，下面的代理商也会慢慢增多，建立好自己的微商团队，通过团队来抱团营销，才是上上之策。

1.3.2　团队微商优势日渐凸显

俗话说“三个臭皮匠胜过一个诸葛亮”，团队精神就是指“三个臭皮匠”只要齐心协力就能赢过一个诸葛亮，这说明了团队协作的重要性。微商团队主要有以下三大优势。

1. 降低微商创业风险

如果你是个体微商，一天不上班一天就没有收入；如果有团队，那么可以通过同伴来帮你做事，这样每天都会有收入，好比将军带兵打仗，手下的兵越多，打胜仗的概率就越大。

2. 团队能力优势互补

每个人都有自己的优势、亮点和不足，而在一个团队中，大家的优势能力可以互补，需要互帮互助实现共赢。好比唐僧师徒西天取经，师徒 4 人优势互补，最后才能成功取得真经。

3. 增加你的额外收入

通过自己付出的时间和精力，只能收获一份工资，而通过微商团队可以收获源源不断的额外收入。要想成功，必须要靠团队的力量，要组建一个自己的团队，并成为团队的领袖。

现在，很多微商都在包装自己，培养自己的微商团队，团队的力量是伟大的，不管任务多么艰巨，只要团队成员共同努力，就有意想不到的收获。

1.3.3 建立微商团队的核心要素

微商要想建立一个强大的微商团队，团队领袖就要有一定的胸襟，足够宽广，能海纳百川，能容得下各种优秀的人才，要敢用优秀的人才。有句古话说“心有多大，舞台就有多大”，在创建微商团队的过程中，每个人都有他的优势和独特能力，不要排斥任何人，要学会用人，将每个人的优势能力互补，才能使团队更加强大。

所以，微商虽然是在建立微商团队，其核心要素是经营自己，将自己变得更加优秀、更加强大，这样才能支撑起整个团队。

1.3.4 微商选人、用人的标准

微商在建立团队的过程中，对于创业对象的选择要有一定的标准和要求，寻找志同道合的人一起创业，才更容易成功。下面介绍微商选人、用人的 4 个标准。

1. 一定是使用过我们产品的人

他一定是我们产品的追随者，信任、喜欢并深爱我们的产品，愿意追随产品的领导者，与他一起共同创业，只有找到了共同的目标、兴趣、希望，才能合作长久。

2. 有上进心，对钱有一定的欲望

有欲望才有奋斗、才努力拼搏，创业最忌讳的是“佛系”青年，无欲无求。而对钱感兴趣的人，就会使出全部力量去赚钱，能激发他所有的潜能，这样的人潜力非常大。

3. 能吃苦、好学、足够勤奋、努力的人

做好微商，一定要能吃苦耐劳、足够好学，只有不断地学习新知识，才能提升自己的能力和营销水平，才能做出成绩。一个非常懒的人，是不太适合做微商的，因为这样的人通常不愿付出。

4. 能主动营销，不怕与陌生人聊天

作为微商，胆子要大，不要怕与陌生人聊天，也不要不好意思去推销自己的

产品，要主动地去营销，与有意向的客户推销自己的产品，态度要积极、热情，让顾客感受到你的真心。

1.4 必备技能：微商团队队长必备的七大能力

微商在建立团队之后，想要做一个合格的团队队长，必须具有以下七大能力。

1.4.1 自我包装：如何塑造成为一个职业微商

职业微商会有自己的思维和方法，能够给自己带来更多的收益。做微商最重要的是沟通能力，或者说是口才和文笔。因为无论是招代理，还是卖东西，分享的内容大家一看就知道是不是自己的，他们即使相信了，也是通过你的语言表达让他相信的。

想要做好微商，首先要学会说话，学会做人，要是不会沟通，不讨人喜欢，你的产品就销售不出去。如果觉得自己不太会说话，可以多看看沟通和心理学方面的书，多培养些兴趣爱好，在交流中能与客户有共同话题，聊天能产生共鸣，这样才能更好地销售你的产品。

沟通是核心，同样的产品，不同的人去卖，效果是不一样的，这说明一个本质问题，自己比产品重要！因此，微商要学会提升自我，你的内涵、修养、口才、对产品的理解，以及有一套自己的销售方式，这样可以更有效地推销产品。

同时，做微商务必要记住：陌生人卖礼貌，熟人卖热情。产品做得再好，也不要忘记客户和代理才是我们永远的“上帝”。而从转化率的角度来说，每个人都可能是我们的客户，所以对每个人谦和有礼貌是必备的。

以上就是微商内在具备的条件，我们经常说的朋友圈运营、实战技巧、个人形象包装等是外在条件。微商只要做到内外兼修，就不愁没有好友，这样找精准客户的问题也就解决了。

人们都希望追随比自己厉害的人，而不会服从不如自己的人。所以，做微商需要展现生活中最美好的一面。如果生活不够美好，就可以展现内涵的一面；如果什么都没有，就要先学习，然后打造出美好的一面。

以上的条件大家都具备后，在与其他客户、微商交流时，就会很自信。有了自信，就可以慢慢地锻炼出自己的思维和独到的眼光，就可以自己分辨产品好坏，而这也是一个职业微商必然具备的条件：货源的选择。

1.4.2 学会拍照：如何把产品拍得出彩

在这个“看脸的时代”，产品图片很多时候与质量联系在一起。拍产品照片不是为了证明你在推销这个产品，而是为了表现你的素质，体现你的信誉，而朋友圈发的文字配图正好可以体现这些。

目前，很多朋友圈图片都是直接转发上级代理的图片。所有做得好的微商，都会给自己的图片打 LOGO，可以防止图片被盗用。

如果你的颜值够高，足够自信，可以自己当模特，与产品一起拍摄照片；如果不够自信，可以拿张小纸条写上自己的微信名，与产品一起拍照，写微信名这个方法很好用。每一个微商都应该拍出有自己特色的图片，在图片上打 LOGO，既可以证明是你的产品，又能起到宣传作用。

给产品拍照要有一定的技术含量，现在很多微商都用手机拍照，且像素也都不错，如果有数码、单反，效果可能会更好。如果你的图片能突破传统朋友圈的图片限制，脱颖而出，就会更加吸引人。并不是说你的产品一定要拍摄的多真实，最关键的是要好看，这个广告让人看着喜欢，会让人产生购买欲。

下面介绍一些微商拍摄产品的技巧。

1. 选择最适合的拍照光线

如果是在家里，可以用窗户透过来的光进行自拍或拍摄产品，这种光拍摄出来的效果非常柔美，不要在太阳直射的地方拍摄，会曝光过度，造成细节丢失；如果家里灯光比较亮，那么可以选择晚上拍；如果家里环境不是很好，可以去西餐厅拍，很多咖啡厅拍出来的图片看上去都是比较“高大上”的；如果在农村，可以利用白炽灯拍摄，效果非常好，但是必须控制手机与产品的距离，如果距离太近就会导致图片曝光过度而过亮，距离太远图片又会因欠曝而过暗。

如果光线不好可以选择补光，一般在自拍时，特别是晚上都需要补光。如果用闪光灯进行自拍，图片会出现明暗不均匀的现象，可以找人帮忙打开手机的手电筒，把光打在自己的脸上，这样拍摄出来的效果要好一些。

2. 产品与人物的配合

既然要用人凸显产品，那么人和产品都是非常重要的，其中人的眼睛是关键，因此眼睛一定要拍清晰。如果产品比较小，可以把产品放前面一些，离镜头近一些，这样既可以看到人，又可以看清产品的细节。

3. 环境和构图的技巧

环境是指背景，应尽可能简单。构图就是一眼能看到重点，能看到你想给客户表达的东西。例如，利用黄金分割点构图，拍摄出来的图片看上去会更加舒服，别人会更加关注你的产品。

4. 给图片加上文字

当然，还有很多人会用美图秀秀或 PS 等软件，后期在产品图片上加上凸显自己心情的文字。因为文字很多时候能表现我们内心的想法和一种价值观，客户会通过这些细节来了解这个人的特点。

5. 添加各种照片滤镜特效

在平时的销售过程中，微商可以通过手机镜头随手拍摄身边的产品或与产品相关的信息，不用担心画面过于简单，完成拍摄后加上滤镜特效，就可以让照片更有意境和魅力。例如，可以用美图秀秀的“清新美颜”特效组快速打造出小清新风格的照片色调，营造独特气氛。

1.4.3　善于讲课：好的微商同样是一个好的讲师

做微商最有利的武器就是文字，因为微商都是靠文字或语言来沟通的，即用你的表达能力达到成交目的。

通过表达能达到什么效果？例如，好友问题、精准客源问题等都能解决。通过讲课这个途径，可以最大限度地吸引别人关注你。其实，讲课可以解决沟通方式的问题，在与客户聊天时，可以理解为单向沟通或双向沟通，而讲课可以达到横向沟通的目的，一个人说，一大堆人听。如果你会讲课，有人喜欢你的课，你就有客户资源，有了客户资源和“粉丝”，你卖什么都差别不大。

无论你的课如何讲，用哪种形式讲，都必须要有主题和架构。每堂课都有一个主题，微商的课程不需要很华丽，前提是自身的基础，首先要培养自身对微商的了解，而这些了解都是来自平时与广大微商交流或与客户交流得出的经验。

微商讲课是表象，其本质还是赚钱。当你增加“粉丝”数量后，客户肯定会接触其他产品，如果你不了解其他产品，就不能进行产品对比。对产品的分析是最容易吸引客户的。所以讲课只是形式，增加“粉丝”数量才是关键。

讲课=聊天，聊天=讲课，这才是微商增加“粉丝”数量的最佳境界。

1.4.4　管理团队：打造长久的规模化发展模式

发展一个微商代理容易，但发展成百上千个代理，就是一个难题了。而且，对于很多品牌商或供应商来说，如果要靠微商打开市场，发展成百上千个微商代理是非常有必要的。

如何才能发展这么多微商代理呢？微商团队管理的核心要点又有哪些呢？

1. 系统培训微商代理，快速复制微商团队

微商团队不断有新人进来，在培训这些新人时需要重复讲同样的内容，短期可以接受，长期就会感到枯燥、乏味。

既然是同样的内容，微商可以做一个系统，每个新人都按照这个系统去学习，完成学习后再通过系统的测试，微商管理者通过成绩，就能知道新代理的情况如何。这样就可以为团队节省培训新代理的时间，然后利用这些时间去开发新的代理，加快团队的发展。

在这个系统中有微商新人技巧、产品知识、相关销售术语等，无论新人什么时候进入系统，都从第一步开始培训，并有条不紊地进行，通过系统化的操作，不用微商管理者刻意花时间解决新人问题。这样既节约了时间，又加快了微商团队的发展。

2. 强化管理系统，了解代理进度

考查代理对微商知识的了解，可以通过系统中的数据了解每个代理的情况。重点观察代理商的销售业绩，同时每天任务的完成情况、团队贡献值、是否为别人解决了问题，这些都有对应的积分进行评比。

另外，也可以通过数据来了解代理的好友数量、转化率、销量、销售额，能清楚地看到谁的能力好，然后重点去管理这些有能力的人，多给一些扶持，因为80%的销售是来自 20%的代理商。

3. 带好团队，提高团队积极性

微商想要带好团队必须明白 3 点：什么样的人做什么样的事情、PK 制激励和榜样带头作用。

每个团队中都有部分人在某个方面突出，那么他仅需把这个方面做到极致。例如，有的人擅长电话营销，有的人喜欢私聊，有的人喜欢社群营销，有的人擅长文案写作，有的人擅长加好友，有的人转化率做得特别好等。

微商可以通过数据知道谁的转化率做得最好、谁加好友厉害、谁的销量做得最好。基于对他们的了解，总结他们做得好的经验，把每个人的优点发挥到极致，也可以授予相应的荣誉，激励其他人向他们学习。

每个人在每个方面都有对应的榜样，新人想做什么样的营销，就可以找对应的榜样去学习，简单、直观地达到快速成长的目的。要想一个团队的气氛好，PK 是一个非常有效的方法，在系统中可以实时更新每个代理的销售情况及团队的排行榜，以及有转化率的排行榜。

平均销售额以上的会显示一个颜色，平均销售额以下的会显示另一个颜色。当你的颜色长期在平均销售额以下时，团队就会放弃你。因为当你不能给团队贡

献价值时，就会被淘汰出局。

那么，如何才能快速打造一支强悍的微商团队呢？自 2016 年以来，微商遇到的最大的问题就是团队问题，不知道如何带领团队成员走向成功，甚至有些团队面临着要垮掉的情况。

其实，做好团队的唯一秘诀只有一个，那就是激励。如果想让团队有一种持久的战斗力，能保持积极的状态去对待每一天的工作，那么一定离不开激励。也就是说，激励团队成员的积极性和主动性，最终提升个人业绩、团队业绩，这也是微商愿意付出所有而要达到的最终目的，即提升个人业绩，提升自己的收入。

微商要做团队一定要保持亢奋，有问题就立刻去执行、去解决，时刻保持这种亢奋状态。不仅自己要保持，更要把这种状态传递给身边的每一个团队成员，让团队的每一个人都能够保持这种状态去面对工作。

因为，一件事情处理好坏的关键不在于这个人的能力，而在于当时这个人身心状态。其实，每一个人都拥有超人的能力和毅力，都是非常有才华的，但在处于负面的情绪状态时，就算有再厉害的才华、才能，那也仅仅只是一个标签而已，没有任何意义。所以，无论在什么时候什么情况下，不管是微商自己还是团队的其他成员，都要时刻保持一个最佳的状态去对待每一天的工作。

如果作为一个团队领导人，或者说你想要带领好一个团队，那么一定要做好这件事，利用演说、分享把你的知识点输出，同时还要把你的状态传递给身边更多的伙伴，让他们和你一样分享知识。

1.4.5　销售心理学：让对方倾听你的意见和想法

销售心理学的本质是沟通。在微商的运营中，产品质量是前提、客户资源是基础、沟通技巧是核心、售后服务是保证。

个人能力的提升，以及对微商的认知是赚钱的关键。微商时代也称为代理时代，想要取得成功就需要去转化代理，零售成功的比例非常少，但微商在起始阶段不能只招代理，做好终端销售才能做得更好、更长久。

要想销售，前提是知道对方在想什么、顾客在想什么。只有这样理解，微商才能有针对性地把自己的产品推出去，或者招到自己的代理。无论什么样的营销方法都是建立在人性的基础之上，了解人性就知道如何应对，因为微商销售中80%是女性，所以微商主要是了解女性内心的想法。

女性客户有一个共同点，就是很多人都会说“我不知道我知道什么”，也正是这个思维，让她们在消费时容易优柔寡断、犹豫不决。从心理学的角度来说，这是因为女性客户喜欢寻找大家的认同，获得一种被肯定、认可的感觉，由这种感觉产生安全感。而销售的关键是信任的构建，女性客户能与你成交，其根本就是你给了她安全感，所以信任你。

因此，如何构建信任是微商最需要做的，可是很多微商在与客户交流的过程中，都在向一个错误的方向前进，就是过分地强调自身产品有多好。微商在销售或招代理的过程中，一定要记住“八成交朋友，两成谈产品”就足够了，否则会适得其反，让顾客有压迫的感觉。

从销售的角度来讲，微商不是强行把一种产品推广到客户面前，而是要善于引导客户，从潜意识中让对方感觉到你的产品很好。还有一点非常重要，在与客户的沟通中，要给对方信心和肯定，这是做朋友的基础，因为女人的天性是希望被认同、被肯定。

然后微商需要做的就是：你刚说的，我这里都有，还有更好的。如果微商一开始就向顾客推产品有多好，这样失败的可能性会比较大，因为你的东西在她的心里已经形成了对比。其实，不管微商是招代理、卖产品，还是交朋友，很多人都会犯一个错误——过分地体现自己的优越感。

很多代理会因为赚了些钱就感觉自己很有优越感，这样是做不长久的。微商越是低调谦和的，就会做得越成功，因为他了解如何与人打交道，了解对方心中想什么，了解如何去倾听从而走入对方的内心，了解如何正确地让对方倾听自己的意见和想法。这就是心理学的魅力，如果你不能打开对方心扉，就等于活在自己的世界；如果你不能走入对方的内心，就永远与对方隔着距离。

1.4.6 6W2H 法则：轻松做好微商的必懂法则

微商好与坏的区别第一步不是有没有动手去做，而是有没有坚持。如果在做的过程中有自己的领悟和想法，就会越做越有动力，这样零售和招代理也会特别顺利。任何事都有定律，不同的时间面临的问题都是不一样的。下面介绍 6W2H 法则，微商可以运用这个法则将团队做好、做大。

1. 6 个 W

第一个 W——WHY（为什么）。

做微商必须明白自己为什么去做这件事（动机，目的何在），每个人赚钱的动机不一样。但是，在做微商的群体中，还是有很多人很迷茫，所以目的其实是最重要的，它决定你以后在做微商的过程中，遇到困难会不会退而求其次，甚至放弃。所以，第一个 W 是让我们杜绝盲目地做事。

第二个 W——WHAT（卖什么）。

在选择产品前，微商首先要清晰并且明确产品的定位，这款产品是否适合在自己的朋友圈中推广，是否了解产品信息、销售特性等；其次，对产品了解是否够深，专业知识和产品所涉及的副业知识知道多少。所以，第二个 W 有助于微商清晰把握全局，把握环境提供的机会，防范可能存在的风险与威胁，对成功有着非常重要的意义。

第三个 W——WHEN（什么时候）。

当上面两个 W 准备好了，微商就应该考虑什么时候开始、给自己定什么目标、什么时候能完成目标。微商必须明白为什么要选择这个行业，只有你确定了选择这个行业的原因，才会有方向去努力，努力的时间给我们传输的就是坚持。所以说，第三个 W 告诉微商是否认真选择了，什么时候开始和最后的坚持真的很重要。

第四个 W——WHERE（哪里）。

不管是以线上为主还是以线下为主，没有人不通过努力就能获得自己想要获得的东西，线下比线上更难，线上做得不好，线下也不会做得出色。

不管是线上还是线下，都需要用心，这一点很重要。例如，微商去线下店铺谈合作，如果店铺老板不愿意卖你的产品，这时微商可以退一步，与老板商量只在店铺放一个宣传单页，并赠予他一些样品，一般这种情况，老板是不会拒绝的。线上营销包括选择产品、文案、朋友圈的规划和情感营销、混圈子、转化、裂变好友、客户维护，以及如何借贴吧、微博、公众号去增加“粉丝”数量等。

第五个 W——WHO（你是谁）。

增加流量过来的人，可以通过你的朋友圈从侧面了解你。你是谁？你和周围人最大的区别是什么，微商对自己的定位很重要。如果你是“吃货”，就可以把“吃货”的本质无限放大，朋友圈多晒美食；如果你是养生达人，就可以偶尔分享养生知识。只要有交流互动，就会达到成交目的。

第六个 W——WHICH（哪一个客户）。

客户档案，有不同的选择方案。微商可以备份客户的信息，跟踪客户的信息，用心去做老顾客就会回购，并且回购率超过 50%。而且有的微商会代理好几种产品，面对的客户也是比较复杂的，所以需要时间去整理客户信息。

2. 2 个 H

第一个 H——HOW TO DO（选择、选用什么方式进行，如何去做）。

俗话说“师傅领进门，修行在个人”，虽然修行靠个人，但每个人身上都有着独特的魅力，有着待开发的潜能。

做微商摆好心态非常重要，需要做到以下几点。

① 买卖挣钱，但不是什么挣钱做什么，要做“良心买卖”。

② 产品要自己用过再去说服顾客，顾客才可能会相信你。

③ 微商就是服务行业，要摆正自己的心态，要学会换位思考，把自己当作消费者去考虑，顾客才会有二次消费。

第二个 H——HOW MUCH（要花多少预算、费用、时间等）。

预算和费用，其实就是你想要的回报是多少。想要赚得多，必须承担的风险也大一些，这是亘古不变的道理。微商应该合理支配自己的时间，将做计划的“时间”当作一种节省时间的投资。

① 制订一个合理的工作计划，今日事今日毕。

② 养成一个随时记录工作日程的习惯。

③ 把握“要事第一”原则，安排工作目标和合理的时间限制。

④ 勤于思考，找出捷径，高效地完成工作目标。

⑤ 严格要求自己，克服惰性。

⑥ 一定要保证充足的休息，保持精神饱满才能更加努力，一定不要忘记，在自己按时完成目标的同时，奖励一下自己，或者给自己放松一下。

1.4.7 操作手册：了解微商运营每一天的工作

下面介绍微商运营一天的工作流程。

1. 早上：做好工作计划

这个时间，要给自己的身体和心灵“充电”。

① 给身体“充电”：微商可以找一种自己喜欢的锻炼身体的方式，如跑步或跳舞。

② 给心灵“充电”：打开喜马拉雅 App，一边刷牙，一边听一些与微商有关的知识，如《世界上最伟大的推销员》这本书。

2. 上午：跟进趁热打铁清单

这个时间主要是整理各种订单，方便以后查找信息。

① 把最近沟通过的意向客户写到一张纸上，这张纸就是“趁热打铁清单”，然后将这张纸贴在办公桌前（也可以输入计算机中），每天上午都可以看到。

② 有最新意向客户就加入进去。

③ 已经成交的客户就可以划掉，然后把他输入“老客户”Excel 表格中，因为老客户再成交或转介绍是非常简单的。

3. 中午：发 1 条朋友圈

中午可以发 1 条朋友圈，发客户见证或代理见证都可以。

4. 下午：增加“粉丝”数量

下面介绍微商增加“粉丝”数量的 5 个步骤。

① 让自己清醒。

② 从微信群中加人。

③ 从 QQ 群中加 30 个人。

④ 交换 10 个微信群。

⑤ 添加 10 个新的 QQ 群。

5. 晚上：公众号发干货文章

微商可以在自己的公众号上发一篇干货文章。但是，从人们目前的阅读习惯来看，长篇大论的文字容易引发审美疲劳失去耐心。因此，微商在编辑文章时可以搭配精美图片。

1.5 微商代理：打造团队裂变，快速成长爆发

每个人都有自己的圈子和人脉，人脉基础决定了起点不同。做微商时间早的或“颜值高”的，一般都已经有了固定的客源，这些是新手微商不具备的条件，是客观存在的，那么除了基础外，还需要后天培养自己的能力。例如，口才、沟通、写作，是很多不具备那些先天条件的微商需要重点培养的。

另外，微商必须要有悟性，要有自己的思维方式，也就是微商对经济形势的分析和把握，以及个人对产品前景的分析，这些都在于微商个人的看法和眼光。产品如何推广也在于个人的思路。

最后就是产品和模式的优势。没有优势如何转化“粉丝”？什么是优势？其实，微商的底层代理好，就是最大优势，因为产品再好，底层代理招不到代理或销售不出产品都没用。而且微商产品琳琅满目，市场是不缺好产品的，缺的是有能力的人才。

目前，微商最大的痛点是囤货、低级代理没有出路和信誉保障，这些都解决了，微商都是精准客户，都能转化，就不需要找客源，微商的目的是达到“全民皆商”，既能获利又能安心省钱消费。

然而，现在的微商需要的不仅仅是好产品，更需要好模式，微商是基于直销模式发展起来的，但是这种瞬间发展的华丽表象下是层层泡沫。所以，微商要想做好、做大，就必须招代理、打造团队一起创业。

1.5.1 5 种方法，吸引新成员加入团队

很多微商遇到发展瓶颈就做不下去，主要原因在团队建设上，这已经不是一个单打独斗的时代，所以需要抱团才能成功。

1. 利益吸引法，和你谈所得

有些人在工作中遇到不顺的事情就喜欢抱怨，当人抱怨的时候，情绪处于不

稳定、不理智的状态，这时的个人决定往往最容易受到外界的影响。

例如，有一位想做微商代理的白领，迟迟没有决定是否加入微商团队，原因是她目前有一份稳定的工作，只是平常工作太辛苦，而且领导脾气不好。这次，她又说领导给她安排了很多工作，正常工作时间根本无法完成，导致她每天晚上加班到很晚才能回家。

这时，你可以用微商的利益去吸引她，让她明白：她目前的付出与收入是完全不成正比的，这样辛苦努力地工作，如果是在微商行业，至少月入上万了。而且从事微商工作的时间非常自由，又不会受领导的气，每天早上还不用准点打卡，微商是自己创业、自己做老板。

如果对方有辞职的冲动和想法，那你的交谈就成功了一半。但对方可能会说，自己又不熟悉微商行业，如何通过微商赚钱呢？你就可以说："对刚入行的微商会有定期的培训，会教很多的营销技巧，会告诉你如何更好地营销产品、与客户交流，我们是团队销售，身后有一支庞大的队伍，大家会一起共同进步的。"

然后，你将她目前工作中不好的地方全部指出来，如工资低、涨薪慢、经常加班、上升空间有限、福利不好、还要受领导的气。最后再与微商的优势相比，如做微商工作时间自由、可以随时在家照顾孩子、工作日也能逛街购物、只要努力收入上不封顶，还能随时和家人出去旅游等。用这样的利益和所得去吸引她，对方就会受不住"诱惑"，立马加入微商团队。

2. 创业梦想法，和你谈事业

一般成功人士演讲时，都喜欢谈梦想，用梦想来吸引大家加入自己的团队。就像马云每次上台演讲时，谈的最多的也是梦想。所以，微商在吸引新成员加入团队时，可以挖掘对方的需求，用梦想来刺激他的行为。

3. 未来规划法，和你谈前程

谁都想当老板，想拥有一个美好的未来，想有一份不错的事业。那么，以你目前的工作状态，可以实现你的远大前程吗？

此时，可以按以下逻辑和思维，与他谈谈未来和前程。

① 如果对方是公务员，虽然工作稳定，但是上升空间很难，涨薪幅度小。

② 如果对方是企业白领，但自身能力不是特别优秀，现在能干的人那么多，他如何能够脱颖而出成为领导。

③ 如果对方开了一家小店，那么如何能顺利开展自己的副业，一天可以赚双份的薪金。

④ 如果对方是刚毕业的学生，那么如何能快速地自食其力，赚到人生的第一桶金，而且可以不再向父母要生活费。

⑤ 如果对方是带孩子的宝妈，那么如何通过自己的努力成就一番事业，让家人对自己刮目相看。

这时你可以告诉他们，做微商就可以轻松实现这些目标。

4. 上升空间法，和你谈回报

对于打工一族来说，可以用上升空间法去谈，现在上班族都比较重视上升空间，重视自己的未来发展。用他目前的岗位、薪酬、职级、上升空间与微商事业做对比，让对方心里形成落差感，再去告诉他做微商未来的发展如何好，团队成员是如何做成功的，以真实案例去说服对方，如果再配合利益吸引法、创业梦想法、事业对比法一起谈，效果就会更好，具体的方法前面已经详细介绍过，这里不再赘述。

5. 家庭责任法，和你谈生活

作为家庭的一员，谁都希望让自己的家人过上幸福的生活，让自己的孩子享受高等的教育，可是这些都需要一定的经济基础做支撑。

俗话说“女子本弱，为母则强”，作为一个母亲，都希望给孩子最好的生活环境；作为一个男人，都希望给自己的妻子最好的生活质量。那么，微商可以用“爱”去激励对方加入团队，实现对方想要的生活。

1.5.2　高效率转化代理策略

下面介绍新代理加入微商后，应该如何推销产品。

1. 微商精选产品

微商可以把价格表给客户看，如果他看过后同意做代理，这说明他肯定关注你很久了。微商一定要把所有的价格表全部发给代理，这样会让他感觉你很专业。先让别人知道自己很专业，规模做得很大，再给自己定位，让别人觉得你是一个大代理，是专业的微商团队。此外，一定要“打感情战”，不管是零售还是招代理，都要为他着想，都要换位思考。

一般微商刚收到代理都不知道怎么带，其实代理都是忠诚于自己的领导者，你可以给他们介绍一些自己的客户，让他们尝试去与客户沟通。当代理步入正常的轨道之后，还需要告诉他们：不要随意在朋友圈中发广告。

微商要不断地强调代理，让他们把店铺做成精品店，产品的种类不能太多、太杂，一定要精选最好的产品来销售。无论卖什么产品，每一款产品都需要去展示，当你做的产品种类很多时，就会没有办法顾及每一个产品，产品就不能很好地进行展示。

2. 朋友圈展示内容

朋友圈代表的是微商的店面，朋友圈内容就是店面形象，微商每一天在朋友圈中应该展示什么呢？

（1）展示自己对产品的热爱。

如果微商代理的产品连自己都不喜欢，就说明这个产品可能真的不够好。这样你把产品推销给顾客时也会心虚，因为你没有发自内心地认可这个产品，只是为了推销产品而推销。所以，微商一定要热爱自己代理的产品。

微商在每天睡前可以给产品拍一组图片，加上一些文字分享到朋友圈，向顾客传达你对这个产品的喜欢与热爱。这种很真诚的喜欢，会让朋友圈中的顾客感受到作为店主的你对产品的热爱。

（2）展示产品的真实反馈。

微商应站在消费者的角度，去了解顾客购买产品都有哪些需求，因为这决定他是否会购买产品。

除了需求外，顾客还容易跟风。微商可以发一些反馈图，告诉顾客，这个产品很受欢迎，勾起他的购买欲。但是，微商在选择反馈图时不能直接复制粘贴，而是自己去挑选一些有看点的文字、很吸引人的图片，或者选择图片后自己去编辑文字，文字不需要辞藻华丽，踏实落地即可。这样会让客户信任你，感觉你和产品都是真实可靠的。

当微商站在顾客的角度去思考这些问题后，就会知道该怎样去发广告、怎样去写文章、怎样去选择图片，以及应该用什么样的方式与顾客交谈。

（3）展示代理反馈。

什么是代理反馈？在微商的微信中有四大人群：第一是零售顾客，第二是关注你、想做代理的人，第三是你自己的代理，第四是你的同行。

代理反馈是你与代理之间的交流，作为一个团队的领导人，你就是代理的信念、方向，是一个让代理仰望的人。

微商领导者应在朋友圈中展示团队的优势、做代理的优势，以及帮助代理做了些什么业绩，然后吸引其他人来加入你。当然，前提是你对代理有方向、有规划，是真的可以帮助他们成功的。

1.5.3 借势增加对方的信任

微商借势的方法非常多，最普遍的做法就是利用身边朋友的优势，任何一个懂“粉丝”经济的人都是会给自己制作热点和借势的人。

例如，个人微商加入团队，这是一种借势团队成员的方法。一个团队之所以成功，也是因为懂得运用借势来打造“粉丝”经济。那么微商应该如何去借势呢？

1. 要敏锐把握社会热点

“借势营销”成败的关键是对于事件的利用，一个突如其来的事件可能成就一个品牌，因此需要企业决策者和营销者关注时事和社会实践，敏锐把握商机和社会热点，更好地利用大事件为企业服务，起到“四两拨千斤”的宣传效果。

2. 要与产品性质相关

借势营销同样涉及与产品相关性问题，对于一场大事件的营销往往需要投入大量的资金，而一场与产品“风马牛不相干”的营销无疑是对企业资金的巨大浪费。纵观成功的借势营销案例，无不是事件本身与产品有着千丝万缕的联系。

3. 审时度势，随机应变

借势营销具有“变化性”的特点，这无疑增大了借势操作的难度，因为事件进行是无法预料的，而营销人员能做的只能是审时度势，随机应变。因此，对借势营销“活用”是非常重要的。

4. 落脚于品牌

每个营销活动都是品牌效应的有益积累，这样品牌才会发展壮大。借势营销作为一种营销手段，具有短期性的特点，对于长期的品牌建设来说，仅是万里长征的一步。借势营销要以品牌策略为中心，并最终落实到品牌的塑造上。

5. 网络营销“借”传统营销

营销本来就有借势一说，网络营销的本质就是借助传统的营销方式在网络上“铺天盖地”的运作，既具有文学色彩，又取之于传统而优先于传统。

6. 企业营销“借”平台营销

传统的企业营销大都借助媒体宣传，走广而告之的路线，在电子商务时代想做好企业的网络营销，必须要在打好基础的前提下，借平台之势，走专业化平台宣传的路线，达到有针对性地锁定客户群的目的，进而收到网络广而告之的效果。

7. 平台营销“借”口碑营销

电子商务大众化和全民化的发展，必然会激起电子商务平台的运作。然而，诚信度的建立单靠网络营销中一些基本的方法只能小有成效，最主要的还是要靠传统的口碑营销来打造平台的凝聚力。

1.6 注意事项：这些禁忌，记好了千万不要出错

微商平时在微信朋友圈中做营销应该注意一些事项，下面详细介绍微商必须知道的一些禁忌。

1.6.1 微商必须知道的销售禁忌

下面给大家总结一下微商必须知道的销售禁忌。

1. 忘记客户姓名

不论与谁交往，忘记对方的姓名始终是不礼貌的，销售也是如此。与顾客交往，合适的称呼能拉近双方的距离，促成销售的实现。

2. 叫错姓名、弄错身份

忘记客户姓名不应该，叫错姓名更加不可以，将客户的职务、身份搞错，容易使得气氛尴尬。

3. 仪表过于随便

会客的礼仪之一就是要注重仪表，与客户洽谈也是一样的道理。一个良好的姿态可以给人很好的印象，能促进销售的顺利进行，反之会导致销售变得困难。

4. 介绍过于失礼

第一次见面都要向对方介绍自己，但如果是错误的介绍就会丧失风度，就像仪表不合时宜一样会使得气氛尴尬。

5. 区别对待

做好销售一定要会察言观色，在与客户交谈时，要懂得观察客户的言谈举止，从中获取相关信息，掌握主动权。

6. 忽视客户信息

俗话说，知己知彼、百战不殆。从事销售工作也要注重客户信息的搜集，掌握客户的一些信息，既可以更好地与客户交谈，也能更敏锐地抓住客户的心理。

7. 不熟悉产品信息

销售就是要将自己的产品销售出去，如果自己都不熟悉产品，那么客户也无法相信你的话，从而就不会购买你的产品。

8. 忽视客户的需求

顾客就是上帝，顾客的需求就是销售工作的出发点，只有了解了客户的需求，才能满足客户，最终实现交易。

9. 不懂倾听

倾听客户说话是很重要的，这样不仅可以给客户留下好印象，还可以了解客户更深层次的需求，且有可能带动其他产品的销售。

10. 随意推销

微商在面对客户时，要了解客户的真正需求，所以不能随意推销，必须有针对性。这样客户才会听取你的建议，购买你的产品。

1.6.2 微商交流的八大忌讳

从销售心理学来讲，很多客户都怕质疑他们的理解力。如果针对一个事情，你一直与客户“抬杠”，让客户产生了逆反心理，这样即使是马上要成交的单子也会失去。那么除了说话的方式外，销售时还需要注意什么呢？下面介绍微商与客户交流过程中的八大忌讳。

1. 不说主观性很强的议题

在商言商，所以一些与产品无关的话题，最好不要去议论。尤其是政治、宗教等涉及主观意识的话题，无论你的观点是对还是错，这对于你的推销都没有实质意义。

有一些行业的新人，涉及这个行业时间不长，经验不足，在与客户的交往过程中，难免有时无法控制与客户聊天的话题。这时一定记住：你要牵着客户的“鼻子”走，话题不要被客户带走，最好只与客户聊与销售产品有关的话题。

2. 不说夸大不实之词

微商一定不要夸大产品的功能。不能为了一时的销售业绩而去夸大产品的功能和价值，因为这就像一颗“定时炸弹”，一旦爆炸，后果将不堪设想。

任何产品都存在着不足的一面，微商要客观清晰地帮助客户分析自己产品的优势和劣势，帮助客户熟悉产品和市场，让客户心服口服，任何欺骗和谎言都会让你失去客户。

3. 不说批评性话语

人人都希望得到对方的肯定，人人都喜欢听好话。业务人员从事推销，每天都是与人打交道，赞美性话语应多说，但也要注意适量，否则，就有种虚伪造作、缺乏真诚的感觉。

微商与客户交谈中的赞美性用语，要出自你的内心，不能不着边际地“瞎”赞美。只有不卑不亢地自然表达，才能获取人心，让人信服。

4. 禁用攻击性话语

同行业中的业务人员用带有攻击性色彩的话语攻击竞争对手，甚至有的人把对方说得一文不值，这会影响整个行业形象在顾客心目中的地位。

大多数的推销员在说出这些攻击性话题时，都缺乏理性的思考。因为无论是对人、对事，还是对物的攻击词句，都会造成“准客户”的反感，而且这是不讲商业道德的行为。

5. 不谈隐私问题

我们要体会客户的心理，而不是去了解客户的隐私，更不是把自己的隐私作为与客户谈话的资本。大谈隐私也是很多推销员常犯的一个错误，这种“八卦式”的谈论毫无意义，只会浪费时间，更浪费推销的商机，最终客户也不一定买单。

6. 少问质疑性话题

在与客户谈话时，不要不断地问客户一些质疑性的问题，如“你懂吗”“你知道吗”“你明白我的意思吗”。这些问题看上去没有过错，实际上会引起客户的反感。

因为，从销售心理学来讲，总是质疑客户的理解力，客户必定会产生不满，会让客户感觉得不到最起码的尊重，进而产生逆反心理，所以这样的谈话是销售中的一大忌讳，微商在与客户沟通时一定不要问这些问题。

7. 变通枯燥性话题

在销售中有些枯燥性的话题，也许这些是你不得不去给客户讲解的内容，但是可以将这类话语讲得简单一些，或者是用一两句话来概括，这样客户听了才不会产生倦意，也会让你的销售更加有效率。

当然，微商也可以换一个角度，找一些顾客爱听的小故事或是趣味笑话来刺激一下他们的听觉，然后再回到正题上来，这样的效果会更好一些。

8. 回避不雅之言

每个人都希望和那些有涵养、有水平的人相处，不愿意和那些没有涵养或“出口成脏”的人交往。在微商推销产品时，销售人员千万不能讲那些不雅之言，因为不雅的语言会给产品和销售人员带来巨大的负面影响。

1.6.3　微商运营的九大禁忌

下面介绍微商运营的九大禁忌。

1. 不试用，不体验

不投资，只转发，这样不仅没有切身感受，推销产品也没有底气。微商主要是通过文字语言来谈生意，如果这种语言每天都复制别人的，那么就成了“复制机器”，没了灵魂、没有诚意，一般人是不愿意和这种人做生意的。

建议：要用心做事，全心投入。你敷衍客户的同时，客户也能感觉到你的敷衍，就不会购买你的产品。

2. 从不囤货

从不囤货的这类人缺“量”，一个没有胆量的人是无法做生意的，现在是一个“大鱼吃慢鱼”的年代，一个连两三千元的货都不囤的人，想日进斗金、想学到微商的精髓，这是不现实的。

建议：微商是一个“四两拨千斤”的行业，不需要你投资几十万上百万元，只要投入少量的资金就可以开始创业。

3. 不招代理，只会零售

微商不招代理等于把自己的圈子越做越小，招代理等于做批发生意，货出得快也进得快，生意圈子会越做越大，而且营销网络也会越来越广。

建议：微商一定要借助平台、借助团队，建立自己的营销团队，要想做好、做成功，没有团队运营是很难的。

4. 上家不发图片，我也不发图片

这类人一般是缺“伯乐”，因为你的管理者和你的经历阶段完全不一样，所以代理要观摩管理者在你这个阶段时的文字内容，把值得学习的经验用上，而不是只看到管理者成功时期的动态。因此，微商每天都要有自己的实拍图或客户的反馈图。

建议：你要常与管理者沟通、分析心得。当你在用心做一件事情时，你的管理者能够感受到，他会在心里评估你是否值得他用心培养。

5. 遇到问题，就退缩

例如，遇到客户退单或用过产品后出现问题时就“慌神”，把一切责任推给管理者。这类人一般是缺“炼”，而且这是一种极度不负责任的表现，自己只接受成功带来的好处，将风险让别人承担，这样的人是没有人愿意合作的。

建议：在遇到问题时，要在第一时间找出问题的根源，冷静处理，遇到实在解决不了问题时再请教你的管理者，共同找出解决方案。当你有能力独自一人解决问题时，也就说明你成长了。

6. 不感恩，不上进

这类人缺“进”，有了一点小成就，就自以为了不起，目中无人。要记住“吃水不忘挖井人”这个道理，不然很容易就被淘汰。

建议：微商永远都要记住帮助过自己的人，要有上进心，每天为自己定目标，每天进步一点点，就是成功的好开始。

7. 不会沟通

不会聊天的人一般是缺乏信心。俗话说，生意是聊出来的，一定要好好聊，有耐心、有热情地与客户聊天，大胆展示你的诚心与诚意。

建议：找出与客户的共同点，共同喜欢的话题。例如，跳舞、唱歌等兴趣爱好，先与客户沟通、熟悉，再进一步引导他购买产品，达到销售产品的目的。

8. 没有格局，没有思维

这类人缺“悟”，总是跳不出自己的小思维，满足于现状不思进取，不懂创新和改变。但是，微商的发展速度非常快，不进则退。

建议：经常与成功的微商聊天，参与微商团队的学习，多吸取每个人的优点，改变思维扩大格局，懂得创新和改变才能立足。

9. 不是行动派

“我在做，你在看”，这是最致命的一条，就是懒惰安于现状，没有行动、没有执行力、没有斗志、容易泄气，不懂得坚持。

建议：多学习、多问、多想办法，给你很多的办法，你不去实施、不去积累经验，那都是没用的。只想急于求成，也是不可能的。所以，微商要坚持分享，持之以恒，通过不断的积累，让自己不断成长，只有这样才会有更好的收获。

所以，微商在营销时代想要成功，下面 3 点很重要。

① 选择一家成功的微营销企业，成为其产品代理，学习他的成熟营销技巧。

② 代理的产品一定是大品牌，经过国家权威机构认证，并且有正式的授权书。

③ 把学到的知识成功落地，成为自己的影响力。

Chapter 2

第 2 章

微信：社交电商是未来的主流模式

微信的兴起，使网络经济时代的商业模式有了新突破，微信营销渐渐火热起来。

本章主要介绍微商在进行微信营销时该了解的基本知识、微信群和微信公众号的营销技巧，以及微信营销中存在的隐患，帮助微商玩“赚”微信营销。

微信营销的特点和优势

微信营销的基本价值

个人→微信群的运营技巧

企业→公众号的运营技巧

微信营销中存在的隐患

2.1 微信营销的特点和优势

微信的诞生使得微信营销借风而起，成为当今企业广泛使用的营销模式之一。微信功能越来越多样化，没有时间、空间的限制，商家可以按照客户的需求准确营销，使得微信成功跻身移动互联网行业中的领头地位。

不断增长的微信用户使人们的生活更加多彩，渐渐地人们也变得越来越依赖微信。当然，微商在进行微信营销时，要对它有一个基本了解，这样才能更好地进行营销。本节主要从以下 3 个方面来介绍微信营销的特点和优势。

2.1.1 微信营销的模式

微信营销其实是基于微信平台的一种网络营销，它具有的五大模式，都是基于微信自身功能而形成的。

1. 活动式微信——漂流瓶

微信有一个可以增加“粉丝”数量的功能——“漂流瓶”，此功能在 QQ 邮箱中也有。与 QQ 邮箱中的“漂流瓶”不一样的是，微信中的“漂流瓶”是在微信中接收和发送消息，可以看到他人的微信号，如果聊天愉快可以直接请求互加微信号。

漂流瓶的具体增加“粉丝”数量方式为：进入微信下方的“发现”界面，点击“漂流瓶”按钮；进入到“漂流瓶”界面后，点击“扔一个”按钮；弹出编辑界面，编辑要扔出瓶子的内容，点击“扔出去”按钮，即可完成操作。

与此同时，在海上捞瓶子的人就会看到运营者扔的瓶子，如果瓶子的内容很吸引人，很快就会有人回应你，而且这些人都是来自四面八方的，没有地域限制。

2. 地理位置推送——LBS

位置签名 LBS 是微信众多功能中最能体现网络营销价值的，它精准的定位功能给很多行业在微信中投放促销优惠信息带来方便，起到了很好的增加流量作用。微信功能中的“附近的人”，就是运用了 LBS 功能使用户可以查找自己所在地理位置附近的微信用户。

“附近的人”是微信的一项功能，与摇一摇、漂流瓶很相似，是指搜索附近的人，系统除了显示附近用户的姓名等基本信息外，还会显示用户签名档的内容。

微信运营者也可以用“附近的人”进行增加流量、增加“粉丝”数量，其具体操作方法为：进入微信下方的“发现”界面，点击“附近的人”按钮，确定和设置运营者的地理位置，确定获取地理位置后，“附近的人”就会自动搜索距离较近的人，微信运营者就可以和他们打招呼。

如果微信运营者的目标用户是女性群体，可以选择“只看女生”选项；如果面向的是男性群体，可以选择“只看男生”选项；如果不限制搜索群体，就可以选择“查看全部”选项。

“附近打招呼的人”是对方已给你发了微信信息的人，如果不想查看“附近的人”，也不想被别人查找到，就点击右上角的 ··· 按钮，选择“清除位置信息并退出”选项即可。

3. 社交分享——公众平台

微信公众号之间互推是一种快速增加“粉丝”数量的方法，它能够帮助运营者的微信公众号短时间内获得大量的“粉丝”，效果十分可观。

相信大家在很多的微信公众号中，曾见到过某一个公众号会专门写一篇文章给一个或几个微信公众号进行推广的情况，这种推广就是公众号互推。这两个或多个公众号的运营者会约定好有偿或无偿为对方进行公众号推广，能很快见到效果。

运营者在采用公众号互推增加“粉丝”数量增加流量时，需要注意的是，找的互推公众号平台类型尽量不要与自己的平台是一个类型的，因为这样运营者之间会存在一定的竞争关系。

两个互推的公众号之间最好是存在互补性的。例如，你的公众号是推送健身用品的，那么你选择互推公众号时，就应该先考虑找那些推送瑜伽教程的公众号，这样获得的“粉丝”才是有价值的。

4. 活动式推送——品牌促销模式

对于策划活动的形式，如果是品牌，可以由品牌代言人与用户进行互动聊天；如果是电商，可以做免费抽奖活动。当然，关注即送小礼品、转发有奖等活动也会很受用户的青睐。常见的关于微信公众号的互动活动类型主要有以下几种。

（1）赠送免费的电子图书。

对微商而言，假如在某一方面或领域有着非常丰富的实战经验，可以考虑把这些具有价值的干货内容制作成非常精美的电子内容（假如有相关出版物的效果将更好），通过“粉丝”留下的邮箱在 24 小时内送达，以此吸引读者关注。

（2）转发朋友圈有奖活动。

相对于赠送免费电子图书的互动活动，转发朋友圈有奖的活动在吸引“粉丝”方面的目的性更强，它是一种由一而二、由二而四……的类似的裂变的传播形式，主要是在朋友、熟人圈子中转发的，其在信任度和效率方面更加显著。

5. O2O 模式——二维码

二维码凭借自身强大的优势，给微商的营销带来了极大的好处，逐步发展成为微商不可或缺的营销利器。微商利用二维码进行营销时要了解它能为自己带来哪些优势，主要表现在以下几方面。

（1）投入的成本少。

二维码所需花费的时间成本、金钱成本都是很低的，而且易制作、能够长久使用，同时还能起到很好的宣传作用，这对于广大微商，尤其个人、小型团队微商来说能够节约一大笔营销成本。

（2）可使用范围广。

二维码在微商的经营中使用范围非常广泛，微商可以将其利用在个人文件、客户文件管理、产品包装及产品宣传上。

（3）编码形式多。

二维码可以把图片、文字等承载信息的载体转换为数字化信息进行编码，用条码表示出来，微商可以提供各种信息载体进行二维码制作。

（4）识别程度高。

二维码具有自己纠正错误的功能，当微商制作好的二维码出现被弄脏、弄破等局部损坏的情况时，也可以照常使用。这对微商来说可以减少一些不必要的麻烦和成本。

（5）信息承载量大。

一个小小的二维码包含了非常多的信息量，是普通条码信息量的几十倍。

（6）样式多样。

二维码可以制作成各种图形，这不仅可以吸引不同的客户群体，让他们选择自己喜欢的二维码样式进行扫描，还能让客户感觉更贴心。

（7）可靠性高。

二维码可以引入加密措施，它的保密、防伪功能的可靠性会更高。这不仅可以让用户对产品进行真伪检测，让用户买到正品，从而提高用户的信任度，还从一定程度上提升了产品的口碑、形象。

（8）提高营销效果。

二维码可以为微商提供每个扫码者的详细记录，从而可以选择出最好的宣传方式、地理位置做出精确营销；还可以设置不同的编码，通过分析统计营销效果。

2.1.2　微信营销的特点

微信公众平台的到来，将微信公众账号开辟出了一片新的营销战场，下面介绍微信营销的 3 个特点。

1. 畅通无阻的社交

微信给用户提供了畅通无阻的社交平台，据悉，在最受用户喜爱的微信功能的调查中，位居榜首的是语音对讲功能。也就是说，语音对讲功能是用户最喜爱的功能，由此可以看出微信的社交功能开发深得人心。

微信在最开始时，主要是为用户提供熟人社交平台，用户通过语音对讲、发送信息等功能与自己社交圈中的朋友进行联系，这些朋友大多来自 QQ 和手机通讯录，他们借由微信平台建立了一个更加强大的关系网。

后来，随着用户需求的变化，微信先后推出了“附近的人”“摇一摇”“漂流瓶”等功能。这些功能一经面世，就让微信的社交功能提高了一个层次，目前，已经构成以下三大社交圈子。

① 熟人社交圈：微信主要是熟人社交圈，很多微信用户的日常主要联系人都是他们熟识的亲朋好友，通过微信聊天系统，能够增进彼此的感情。

② 千米社交圈：这个社交圈主要是基于“附近的人”建立的，点击“附近的人”按钮，用户就会在打开的界面中看到 1000 米以内同样使用该功能的人。

③ 陌生人社交圈：微信用户的陌生人交际圈主要是由使用“二维码”“扫一扫”“摇一摇”及“漂流瓶”等功能添加的好友组成的。

2. 火爆的全民创业

随着微信入口的打开，微信创业已经渐渐成为一种热门的事业，微信外卖、微信自媒体、微商等诸多的商业模式诞生，微信公众平台的商机也日益凸显。

微信的交互式社交模式将持续炽热，依托于这些交互式的大众途径，微商将呈现出更多可供人们发掘的商机。有专家表示，在微信公众平台推出后，微商城、微网站、微平台等模式也迅速崛起，借由微信公众平台，不仅打通了整个移动电商的购物环节，在推翻传统电商形式的同时，也将吸引更多的创业者将目光投放在微信带来的商机上。

在传统互联网领域，腾讯的“金矿”是 8 亿 QQ 用户，在现在的移动互联网领域，微信的注册用户数量已经突破了 10 亿。很多人看到了微信庞大的客户资源，这些资源对于企业来说，是极其珍贵的。因此，抓住这些资源，对企业的营销和未来发展将产生巨大的推动作用，而且通过微信公众平台，企业可以吸收到更多的“粉丝”和用户，可以说，微信公众平台是一个拥有巨大商业价值的平台。

移动社交的时代已经来临，当微信等社交工具出现时，人们的生活方式也随着移动社交的发展而变化，微信的庞大用户群体让很多人看到了商机，于是电商、微商就诞生了。

移动互联网已经渗透到各个行业中，微信创业者在教育、出行、外卖、团购、自媒体等多个方面都做出了贡献。也正是因为这些激烈的商业竞争，让人们可以享受随时随地地进行购物、支付、查阅信息等服务。这种全新的沟通方式和消费方式不仅让商家看到了巨大的商机，也让人们的生活日益丰富。

3. 高速流通的信息

在微信上，微商可以借助微信公众平台和微信朋友圈，实现品牌的“病毒式”传播，这就是信息高速流通的特点和优势。为什么微信具备这样的特点呢？笔者总结了以下两点。

① 朋友圈中大多是亲朋好友，对于自己认识的人发布的信息，如果感兴趣，都会去关注一下。

② 关注企业或个人微信公众号的用户大多都是该平台的“粉丝”，对于企业或个人在微信公众号发布的信息都会比较感兴趣，而且看到自己喜欢的内容还会进行转发，这样就为微信公众号带来了更多的阅读量和“粉丝”。

2.1.3 微信营销的优势

微信营销从一出现就备受广大商家关注，不少企业、微商及个人都依靠它获得了不少利润。微信营销之所以会如此受关注，是因为它在营销方面具有以下 3 个优势。

1. 病毒营销

在网络营销中病毒营销又称为病毒式营销、病毒性营销、基因行销或核爆式行销，是网民通过社会人际网络，将品牌信息或产品信息像病毒一样不断地复制给其他网民的一种营销方式。以传播效果明显、传播速度非常快、传播范围广等优势深得企业和微商的喜爱，是网络营销中常用的营销手段。

微信的各方面特性，就特别适合病毒式营销，它的即时性和强互动性帮助商家将推送的信息第一时间传送到用户的手中，以各种活动、微信公众平台留言等方式，让用户在与商家进行互动的同时，主动将商家发布的信息传递出去，如发布到微信群、分享到微信朋友圈等，以此来实现商家信息的病毒式传播。

微信上的病毒营销之所以如此受青睐，是因为微商通过病毒营销可以让营销信息快速复制，然后像病毒一样向数以万计、百万计的受众传播和扩散。在笔者看来，病毒营销与其他网络营销方式相比，具有以下 3 个特点。

（1）潜在用户群体庞大。

病毒式营销其实就是一种人际传播，它是一种群体效应，通过人际社会关系传播的渠道，将产品和品牌信息与用户之间建立某种联系，从而达到向受众植入品牌的目的。例如，一个网民在微信公众平台上看到了一个十分有趣的活动或小游戏，他的第一反应或许就是将这个内容分享到微信朋友圈或微信群中，让他的小伙伴一起来参与这个活动或游戏，由此可以看出，在微信上进行病毒营销，其潜在的用户群体是非常庞大的。

（2）可以进行“轰炸”。

病毒营销主要就是提高微商知名度，以前有很多企业和微商不管网民的感受，就“轰炸”式地把信息发给网民观看，这很容易让网民反感。随着网络营销的快速发展，微商也注意到了这一问题，因此，轰炸式的信息开始渐渐减少。但是基于微信平台的病毒营销主要是通过人际关系进行传播的，因此受众在接受时，意愿度更高。比那种不顾消费者的感受进行轰炸式的传播方式更让人容易接受。

（3）“病源体”非常热情。

“病源体”是指散播品牌信息的目标受众，病毒营销主要是利用目标受众对品牌和产品的热情而发展壮大的，是几乎不需要成本的。而网民为什么会帮你打广告呢？原因有以下两点。

① 微商通过微信传递给网民群的信息，并不是赤裸裸的广告信息，而是经过加工的产品和品牌信息。

② 网民可以利用这些有趣的广告，复制分享到网络平台上来增加自己的人气和“粉丝”。

（4）“S”形传播过程。

病毒式营销通常呈现出“S”形曲线的传播理论，即在开始时很慢，当其扩大至受众的一半时速度加快，而接近最大饱和点时又慢下来。因此，企业或微商要针对这一理论，在消费者热情度冷却下来之前，尽快地将传播力转化为购买力。

2. 图文并茂

单纯的文字或语音消息推送，可能宣传效果有所欠缺，因此，微商可以运用

“图文并茂”的策略开展微信营销。

图文并茂的信息形式有以下两个优点。

（1）能够非常直观地将产品信息、优惠信息、活动信息等内容展示在目标用户面前。

（2）能够通过病毒式的传播吸引并挖掘潜在用户，通过为他们提供个性化的服务内容，来赢得他们的青睐。

3. 众多的盈利方式

想要利用微信赚钱，就必须了解微信公众平台的盈利方式，商家微信公众账号主要是引导用户购买，要想方设法地让用户掏钱包，而那些由个人经营的公众账号则主要是依靠收费来实现盈利的。下面介绍微信公众平台的 8 种盈利方式。

（1）电商盈利。

微信的浪潮已经席卷了各个行业，电商行业也不可避免。原始的一手交钱一手交货的买卖方式可以照搬到互联网上，在微信平台上也依然适用，而且相比传统模式，微信营销会更具有优势。微信平台的便捷化，让微信电商的脚步迈得越来越大，目前，已经有不少电商巨头企业开始投入到微信公众平台营销的大潮中。

（2）品牌代运营。

一些微商想要尝试新的营销方式，这又给了创业者一个机会。有些微信公众号已经在营销上小有成就，掌握了一定经验和资金，开始给这些账号另找财路，帮助一些品牌代运营微信。

现在的微信公众平台有很多“粉丝”过百万的独立账号，“粉丝”过千万的账号集群，这些账号的“粉丝”基本上是通过微信代运营模式，依靠以前在微博上积累的用户转化过来的。

（3）开放接口开发。

用户需求的多元化，给了创业者一个机会。其实客户的需求很多，关键看商家是否能够满足客户的需求，以及是否具备留住客户的能力。例如，政府部门可以搭建一个微信办事平台，学校可以搭建微信版家校通。

总之，在微博上实现过的事情都可以到微信上再来一遍，而且与微博相比较，微信的随身性、实时性、互动效果，或者最终结果都要更强大、更好，因此开发起来会更有价值。

（4）流量广告。

流量主功能是腾讯为微信公众号量身定做的一个展示推广服务，主要是指微信公众号的管理者将微信公众号中指定的位置拿出来给广告主打广告，然后收取费用的一种推广服务。

（5）自营盈利。

很多微信自媒体人在微信公众号的“粉丝”涨到一定的数量之后，就开始自营产品进行“捞金”，这种盈利方式需要满足以下 4 个条件。

① 公众号运营了很长时间，平台有一定的“粉丝”量。

② 平台运营者有产品或有购进产品的渠道。

③ 产品定位必须符合平台的风格，受用户喜爱。

④ 不能提供虚假信息，售卖假货、低劣产品。

（6）微商招代理。

传统的微商招代理，通常是通过微信朋友圈或微信群，其实利用微信公众平台也可以招代理，微商招代理是一种比较“反常规”的商业模式。因为微商招代理既能够让代理交钱，还能够让代理专注地为公司做事，微商招代理都要缴纳一定的入门费用，这笔费用并不是无偿的，通常来说，代理缴纳费用后，公司会为代理提供相应的产品、培训及操作方法。

（7）卖培训、卖视频。

通过文字或视频给用户提供培训也是一种很好的变现手段，作为微信公众号的运营者，常常苦于没有内容发布，但是却拥有很好的技术。这时，就可以把自己的技术转换为公众平台的内容，发布出去，让成千上万的想要学习技术的用户成为你的“粉丝”。

（8）赞赏功能。

为了鼓励优质的微信公众号内容，微信公众平台推出了“赞赏”功能，由于还在公测期间，因此只有部分公众号能够开通“赞赏”功能，开通“赞赏”功能的微信公众号必须满足以下 3 个条件。

① 必须开通原创声明功能。

② 除个人类型的微信公众号外，其他的必须开通微信认证。

③ 除个人类型的微信公众号外，其他的必须开通微信支付。

2.2 微信营销的基本价值

微信的火热带动了微信公众号的电商营销，微信公众号已经成为企业电商运营及微商运营的一个窗口，企业和微商都离不开微信平台提供的营销机会。

微信对电子商务的冲击和影响是全方位且深远的，首先，最显而易见的是它有效降低了成本。在微信问世之前，电商的宣传媒介主要是邮件、短信、传单等，无论是哪一项，它的花费都是巨大的，而形成鲜明对比的是，这些在微信上几乎都是免费的。其次，微信采用全新的形式和客户交流，它在传统文字交流的基础上，加入了语音和视频的因素，大大地完善了商家与客户之间的互动。

2.2.1 一对一互动赢得好感

微信除了拥有庞大的用户群之外，还能够让用户和企业微信平台实现一对一的互动聊天和精准化的推送模式。通过这种互动模式，微商能够很快地与用户建立联系，形成朋友关系。

2.2.2 O2O 模式带来新机遇

O2O 已经不是什么新概念了，现在使用微信进行 O2O 闭环已经成了一种趋势。O2O 是指将线下的商务机会和互联网线上活动结合在一起，具有功能集约化、回路一体化的相对优势。

例如，很多商家现在都采用“注册即有礼”的活动形式来吸引客户，其中一些商家就是将线下的活动优惠作为礼品，让线上注册的用户凭微信截图去实体店铺领取。它的性质类似会员卡，但却比会员卡要方便很多，因为它无须携带，只要一部手机，就能享受。

商家在推出优惠活动的同时，借机宣传公众微信的二维码，将活动折扣作为关注礼品，以此诱导用户的关注，激发用户的购买欲望，从而达到商家预期的宣传效果。

2.2.3 物联网领域被催生

物联网就是互联网等多种高新技术将所有的东西“连”起来，让原本没有“生气”的设备变得智能起来，能够自己“感应”并“处理”相关的信息，要想实现这一效果，它必须具备 3 个最关键的设备：感应处理终端、传输通道及控制处理平台。

而微信的到来，催生了另一个物联网世界，因为微信可以将人和上网的机器连接起来，通过一部手机，人们就能够操纵世界。

2.2.4　获得高效转化率

微信电商由于系统的后台管理和客服服务，能够给用户带来更好的购物体验，尤其是对在朋友圈利用好友关系进行一对一营销的微商来说，微信就是一个天然的转化器，基于信任基石打造的交易渠道，能够获得更高的转化率。

2.2.5　优质的付款环境

目前，基于微信移动支付，微信电商能够为客户提供一个优质的支付条件，因此，顾客才愿意主动掏钱包，而不会担心支付安全的问题，从笔者看来，微信电商支付的价值主要体现在以下 3 个方面。

1. 支付环节可靠

微信电商给客户提供一个可靠的付款环境，可以打消客户的某些顾虑，一般客户的顾虑主要表现在两个方面：担心付款后微商不发货和付款过程中不安全。

针对客户付款后微商不发货的问题，商家可以选择一个有担保的交易平台，让顾客放心付款，打消客户的顾虑。

针对客户担心付款过程不安全的顾虑，商家可以选择让客户通过第三方平台去支付，以此来提高客户支付环境的安全。

2. 支付方式多样

随着时代的发展，微信电商行业付款的方式也越来越多。微信电商可以给客户提供的支付方法主要有以下 4 种。

① 微信支付：微商客户可以选择微信支付。微信支付是微信与第三方支付平台财付通联合推出的付款方式，目的是为广大用户提供优质的付款体验。

② 支付宝支付：客户还可以选择支付宝付款。支付宝付款已然成为当今时代流行的付款方式之一。现下大部分支付活动都能够使用支付宝快捷支付。

③ 红包支付：当客户在购买完商品后，可以选择通过红包付款。红包付款可以给微商与客户之间营造一种融洽、轻松的氛围，从而增进两者之间的互相信任。

④ 面对面支付：如果是同城交易，微商还可以给客户提供面对面付款的方式。当微商把产品派送给客户时，就可以通过面对面付款将货款支付。

3. 支付过程便捷

便捷的付款过程是指客户能够以一种最简单的方式将货款付给微商，在付款期间不需要耗费过多时间。因为付款所耗费的时间过长会让客户感觉到担忧，进而有些客户会为了避免麻烦而产生放弃付款的念头，因此，便捷的付款过程也是微信电商的一大价值之一。

2.2.6 主动的营销方式

不同于传统实体店或一般的电商购物平台的那种只能等客上门的被动型运营模式和营销方式，微信电商的运营模式和营销方式具有一定的主动性。

微信电商的这种主动性的营销方式主要表现在两个方面：主动寻找开发客户和主动向客户传递产品，这种主动性与传统的坐等顾客上门的营销方式相比较更具优势。

前期微信电商需要通过各种渠道、方式增加流量加好友，然后再将加入的好友开发成客户，这一过程是主动的。

同时将商品信息传递给客户时，微商也不像传统线下经营那样。传统线下或电商购物平台都是等顾客有兴趣了解时，再向他们传达商品信息，而微信电商则是先向对方传达商品信息，引起对方的兴趣和注意，然后再趁机促成交易。

2.2.7 信息能够快速传播

微商是基于移动社交平台进行营销的销售行业，而信息的快速传播是移动平台的优势，因此移动社交平台可以将微信电商信息更快传播。

移动社交平台具有将平台内容快速分散裂变的功能，因此也可以理解为微信电商在使用移动社交平台进行产品营销时，移动平台自身的优势将使微信电商产品营销效果进行快速裂变，让微信电商花一倍的时间可以收获数倍的效果。微信电商产品营销效果可以分为 3 个方面：人脉资源积累、产品信息传播及产品口碑积累。

微商在进行产品营销时需要进行自身人脉资源的积累，因为越多的人源将会产生更多的客户。根据裂变定律所说，认识一个人之后，他会再让你认识 25 个新人。那么移动社交平台会将裂变定律再进行裂变，让你积累一个人脉资源后，再认识 25 个几倍的新人。新积累的人脉资源越多，裂变的次数就会越多，微商的人脉资源就会越来越雄厚，因此在一定程度上成交率也会提升。

微商在向外界传播产品信息时也会产生效果的裂变，传播范围也会比微商所能接触到的范围更广阔。因为你的产品信息可以通过客户传递出去，客户又可以通过身边的人脉传播出去。因此微商将收获更佳的产品宣传效果。

微商在营销过程中除了积累人脉和产品销售外，还需要注重产品口碑的积累。通过移动社交平台，微商产品的口碑也会以数倍的形式传播开来。这种口碑积累将会对微商的销售产生巨大的作用，因此微商一定要注重产品质量，做好优质口碑积累。

移动社交平台的快速传播性，使得这个平台上传播的信息都会产生裂变，这对微商来说是好也是坏。好的方面是，产品信息、推广宣传效果会更好；坏的方面是，如有产品负面消息时，传播速度会加快、范围会更广，因此微商要严把产品质量关。

2.2.8　提供精准的传播

微信公众平台页面与京东、淘宝页面相比，简单多了，微信运营人员不用花太多时间在微信公众平台页面的制作上，只要把大量时间放在微信内容和图片上即可。同时，用户进入微信公众平台查看微信公众号的历史消息，能够一眼就看到那些精心准备的内容，而不用花时间在各种页面、各种模块中找自己想要的内容。

而且，与其他社交工具相比，通过微信推送的消息到达用户的手机后，用户能够在第一时间获得手机的提醒，从而保证微信消息推送的实时性和精准性，不会让用户错过微商推送的内容。

2.2.9　提供精准分析能力

由于微信公众号的传播源于用户的自主选择，因此通过微信公众号进行营销会比其他的营销方式更为精准，同时微信营销还能为微商提供基于用户行为的更深入的分析能力，主要包括以下两方面内容。

① 产品分析能力：提供内容丰富、形式灵活多变的内容和产品，增加用户黏性，提高产品销售量，带来可观利润。

② 战略分析能力：基于用户行为大数据，逐步改变广告投放方式和营销环境，降低“垃圾广告”的投放量。

2.2.10　提供便捷式购物体验

微信庞大的用户群体刺激了微网站的开发，微网站就是基于微信公众号建立的一个 Web 网站，它是一个能够适应智能手机用户市场的 Web 网站，能够兼容多种智能手机操作系统，能够与微信、微博等社交平台链接，在移动互联网营销中占据着非常重要的地位。

很多微商看到了微信庞大的客户资源，这些资源对于微商来说，是极其珍贵的，因此抓住这些资源，对微商的营销和未来发展将产生巨大的推动作用，而且通过微网站，微商可以吸收到更多的“粉丝”和用户。可以说，微网站是一个拥有巨大商业价值的平台，可以帮助微商在微信上与用户进行互动、帮助微商传播品牌价值，以及能够引导用户购买公司的产品。

微信公众号是微网站和微信衔接的一个纽带，如进入聚美优品的微信公众号，用户只要点击“极速免税”按钮，就能跳转到“聚美触屏版”的极速免税店界面，“聚美触屏版”的极速免税店就是基于微信移动端的微网站。

用户通过微网站，就可以直接到达企业的购物商城，购买自己想要的产品。这样的模式，相比 PC 端的购物网站来说更加便捷、互动性更强、拥有很好的传播力、拥有较高的成交率、拥有很高的转化率，以及拥有很高的曝光率。

简而言之，有了微网站，企业就能够给用户提供更加便捷式的购物体验。

2.3 个人→微信群的运营技巧

现在，无论是政府还是大部分企业，所从事的电商都可以称为传统电商，未来代表大众的电商方式将会是社交电商。社交电商将是主流的模式，而微商就是属于社交电商的“先锋队”。

目前，微商主流的 3 种营销方式是：公众号微商城、微信朋友圈及微社群。下面主要分享混群增加“粉丝”数量的方式，如何利用别人的微信群进行营销，将别人的群友变成自己的群友，将别人的客户变成自己的客户。

2.3.1 微信群“掘金”技巧

不管是微商在自己的微信群中，还是在其他人的微信群中，要想被群成员记住，就要有自己的闪光点。当微商成功吸引群成员的注意力之后，就能更好地展现自己，只要你足够优秀，群里面的成员就会慢慢向你靠拢，即可拥有自己的追随者。

相反，如果你不让自己在群里变得耀眼，那么你就会慢慢遗忘这个群，同时也会被群里的成员所遗忘。所以，微商一定要保持自己在微信群中的地位，可以从以下 3 个方面去打造。

1. 让自己在群里有价值

微商要让自己在群里变得有价值，群成员才会认可你，进而才会追随你。因此，微商可以时不时给群里的成员提供一些自己生活或工作中具有实用性的技能。

例如，你进的是一个微商群，可以给群里的人时不时提供一些行之有效的增加流量方法，或者与自己的“粉丝”互动的方法，或者维护客户的技巧等。如果群里的其他微商在使用了你的方法之后，确实获得了不错的效果，那么他们就会对你产生一定的信任，觉得你在微商经营这一方面是比较有经验的。这时，你只要后期再时不时提供一些高效可行的且多数人都不了解的方法，群里的微商就会渐渐地以你为中心，你也就形成了自己在群里的影响力。

做群里有价值的人，需要微商自身有一定的真才实学，所以微商一定要注意自己经营经验方面的积累。

2. 提升自己的吸引力

微商要成为微信群里的焦点，除了要让自己在群里有价值外，还要注意提升自己的吸引力。

3. 成为群里活跃气氛的人

相信大部分人都会有一个共同点，那就是喜欢与乐观积极、充满趣味的人交往。因此，当你在一个微信群里能时不时给大家带来乐趣、调动群氛围时，相信很多人都会记住你。

让群活跃起来的方法有很多，你可以在群里分享一些有趣、搞笑的短视频或小笑话；也可以利用微信的红包功能给大家发红包，发红包的游戏还可以与掷骰子相结合，让游戏可以进行更长的时间。

2.3.2 “称霸群雄”的混群秘诀

微商不仅要有自己的微信群，还需要加入其他人的微信群，以下是“混群刷脸”的 9 个步骤。

① 在混群之前，先设置好头像、昵称、个性签名，互联网贩卖的不是产品，而是个人形象。

② 要混就混付费群。付费群都是一群愿意为价值买单的人，彼此间有很大的信任感。免费的群基本上都是广告，而付费的群中大多数是有购买力和购买意愿的群成员，这些群里的成员都有付费意识，可以缩短我们的教育成本，缩短成交周期。

③ 彻底了解要加入的群。

④ 进群后推崇群主，群主是整个微信群影响力的中心。

⑤ 在群里推崇活跃分子，寻找群里能为你说话的人，获取客源。

⑥ 融入社群，多互动，增加曝光率。

⑦ 群管是微信群影响力的中心，学会主动充当群管的角色。

⑧ 学会给群成员贡献价值、建立信任。一切有价值的东西，都可以成为增加“粉丝”数量的方式。

⑨ 学会转化微信好友、实现后续成交。

2.4 企业→公众号的运营技巧

微商在进行微信营销时，微信公众号平台也是一个重要的领域。微商可以借助这个平台，打造个人和企业的微信公众号，并实现和平台“粉丝”在文字、图片、语音上的全方位的沟通和互动。

2.4.1 选什么号很重要

在申请微信公众号时，会有一个选择公众号类型的页面，在该页面中，微信公众号的运营者需要选择自己的账号类型，一旦账号建立后，账号类型就不能再修改了，但是订阅号可以升级到服务号。

众所周知，微信公众号的账号类型有三类，分别是订阅号、服务号和企业号，下面分别进行介绍。

1. 订阅号

如果想用公众平台简单发消息，做宣传推广服务，建议可选择订阅号，有关订阅号的介绍有以下 4 点。

定义：为媒体和个人提供一种新的信息传播方式的微信公众号类型。

主要功能：通过微信公众号给用户传达资讯。

适用人群：个人、媒体、企业、政府或其他组织。

群发次数：订阅号（认证用户、非认证用户）1 天内可群发 1 条消息。

2. 服务号

如果想用公众平台进行商品销售，建议可选择服务号，后续可认证再申请微信支付，有关服务号的介绍有以下 4 点。

定义：为企业和组织提供更加强大的业务服务与用户管理能力的微信公众号类型。

主要功能：偏向于服务类交互。

适用人群：媒体、企业、政府或其他组织。

群发次数：服务号 1 个月（按自然月）内可发送 4 条群发消息。

3. 企业号

企业号主要是用于公司内部通信，想要关注企业号的成员，就必须先验证通信信息。因此，如果企业或微商想要通过一个微信公众平台来管理内部企业员工、团队，就可以申请企业号。

4. 关于选号的建议

选号的时候，一定要慎重，如果是用户企业内部通信管理的，就应该选择企业号，而对于订阅号和服务号，企业和个人就需要根据自己的目标需求进行选择，如果因为账号类型和目标需求不匹配，就会造成花在账号上的时间和精力都白费了，下面介绍 3 种类型账号的特点。

① 消息显示方式：企业号和服务号，出现在好友会话列表首层；订阅号，折叠在订阅号目录中。

② 消息次数限制：企业号，最高每分钟可群发 200 次；服务号，每月主动发送消息不超过 4 条；订阅号，每天发送一条。

③ 验证关注者身份：企业号，通讯录成员可关注；服务号，任何微信用户扫码即可关注；订阅号，任何微信用户扫码即可关注。

④ 消息保密：企业号，支持保密消息，防止成员转发；服务号，消息可转发、分享；订阅号，消息可转发、分享。

⑤ 高级接口限制：企业号支持；服务号支持；订阅号不支持。

⑥ 定制应用：企业号可根据需要定制应用；服务号不支持；订阅号不支持。

企业或微商在运营公众号时，必须知道自己想要哪些功能，如果想要开店或涉及支付等方面的内容时，就不能是订阅号，必须是服务号或企业号。同时服务号认证需要收取 300 元/次的认证费，认证后才能使用各项高级功能，但是有效期只有 1 年，1 年后需要再次认证。

2.4.2 公众号命名方法

公众号的名称很重要，它决定了用户对公众号的第一印象，一个好的名称会给公众号带来更多的目标用户，可以说微信公众号的名称就如同实体店的名称，要想让用户记住自己的店铺，就必须在名称上下功夫。下面介绍 8 种命名方法。

1. 提问式

提问式的微信公众号名称就是站在用户的角度考虑问题，想要表达的意思就是："你想知道什么，只要关注我的微信公众号就可以了"，什么值得买？就是为用户提供当天精选的精品促销信息等。

2. 直接式

直接式的命名法就是直接以企业或微商名称，或者服务、产品名称来命名的一种方式，对于一些知名的企业来说，这种方式是最好的，它有如下几点优势。

① 用户的识别度高。

② 借助品牌知名度易于传播。

③ 因为是根据企业或品牌的名称命名的，所以“粉丝”只要一搜索就能搜到。

3. 区域名

区域类的名称就是为本地类的用户提供服务的微信公众号的命名方法，这种方式主要是针对用户定位为本地用户的公众号，而且这种方式的特点是更方便获取精准的目标用户。

4. 趣味性

对于哪类微信公众号可以采取趣味性的命名法呢？笔者认为用户定位、产品定位、内容定位都朝向新鲜、好玩、有趣、有料等方向的微信公众号可以采取这种方式来命名。

5. 企业+领域

顾名思义，就是采用企业+领域的方式命名，如百度电影、百度外卖、豆瓣同城等。

6. 行业名+用途

行业名+用途的命名法，最典型的微信公众号有电影演出票、法律小常识等。

7. 百科类

百科类的微信公众号命名法运用得比较广泛，可以运用在各行各业中。例如，美甲百科、生活百科、时尚生活百科、新闻百科、茶百科、玉器百科、篮球百科等，“百科”一词代表微信公众号的主要功能是为用户提供相关的百科知识。

8. 形象法

形象法是将微商的品牌或服务形象化的一种方法，利用传统意义上的修辞手法，将具体事物抽象化，如拟人、比喻等。

2.4.3 创办公众号的意义

微信公众平台的广告语就是：“再小的个体，也有自己的品牌”，展示了它的最大目标——给任何人或微商提供一个展示信息、流通资本的平台，通过这个平台，用户可以利用自己的强关系来加强自己品牌的影响力。

而微商创建微信公众号的意义是什么呢？那肯定是通过微信平台实现盈利，

但是想要获得盈利，微商需要了解哪些方面的策略和方针呢？

1. 定位打下基础

虽然微信具备高效快速的传播效应，但是微商并不能将它单纯地看作一个销售平台，现在的网络上，已经有了各种宣传渠道，所以微商不缺宣传渠道，而是缺消费者的信任和认知，如果消费者不知道微商的品牌，那么商家做再多的事，也是没有用的。

因此，微商首先要做的，就是通过微信平台，打造出自己的品牌，获得消费者的信任，那么如何获得消费者的信任呢？第一步肯定是要根据微商制定的目标，进行用户定位，进行用户定位的时候，要分析目标用户群体的共同喜好和特性，这样才能为后面的内容营销打下基础。

这也是微商创办公众号的第一个意义，因为公众平台的后台有很多大功能模块，能够帮助微商通过各类数据分析用户的特征，实现精准的微信营销策略。

2. 推广创造价值

因为微信公众平台无法像微博一样主动添加“粉丝”，只能等“粉丝”自己来关注，所以在微信公众平台上进行推广时，微商可以借助以下渠道来增加微信的曝光度。

① 自有媒体网站。如果企业或微商旗下有自己的网站和杂志等自有媒体，可以在这些自有媒体上发布微信公众号的二维码来吸引用户。

② 微博平台。微商可以利用官方微博推广微信公众账号二维码，如在自己的官方微博上，将微信公众号的二维码放在了首页上，用户只要用手机扫描首页上的二维码，就能进入并关注其微信公众号界面。

③“反哺”生态圈。微博、微信、网站可以发生“反哺”作用，什么是“反哺”作用呢？“反哺”作用就是微博、网站和微信构成一个良性循环的生态圈，通过微博“粉丝”二次转发获得新“粉丝”，然后新“粉丝”转化为网站用户，网站用户又通过网站成为微信公众号的“粉丝”，以此不断地促进各个平台“粉丝”的增长，形成一种良性的循环。“反哺”作用并不是任何生态圈都能够实现的，它的前提是这个生态圈必须给用户不断地提供有价值的东西。

3. 导航迎来商机

因为微信是熟人经济，所以很多用户关注一个微信公众号可能是因为朋友介绍的，或者是看到朋友在朋友圈分享的信息而关注的，而如果用户自己搜索微信公众号，就要通过微信搜索导航功能。

通常来说，用户不会关注太多微信公众号，原因如下。

① 商家推送的信息过多，而用户时间有限，不可能全部阅读。

② 推送的频率过高，用户的手机一天到晚都被刷屏，很容易产生厌烦感。

③ 有的用户会考虑到隐私方面的顾虑，不想个人隐私让太多账号知道，从而减少对公众账号的关注。

基于上面几点，用户会对公众账号的推送内容有严格要求，因此，商家需要对自己的微信内容进行高要求、严把关和精编制。这样，用户通过微信导航，就能在浏览账号时，快速准确地挑选自己感兴趣的内容，然后添加关注，只有用户关注了微信公众号，才能为之后的盈利创造商机。

2.4.4 平台内容的技巧

众所周知，微信是以推送信息为主，那么平台就应该以内容为主，微信平台的内容其实也有一定的技巧，下面将对微信平台内容的技巧进行详细的阐述，主要包括以下 5 个方面。

1. 图文技巧

关于图文，微信公众平台有单图文和多图文之分，这两种不同的图文形式，呈现出的效果也是不一样的。

如果微信公众号发布的是单图文消息，那么在平台的推送页面上，显示的内容包括标题、封面和摘要。

如果微信公众号发布的是多图文消息，那么在平台的推送页面上，显示的内容主要是每则信息的标题和封面。

2. 水印

图片的水印也是微信公众运营者需要注意的一个问题，下面介绍设置图片水印的方法。

首先进入微信公众平台，单击“公众号设置”按钮，进入“公众号设置”页面，单击“功能设置”按钮，就能看到“设置水印”一栏，单击“设置”按钮，就会跳出相应的“图片水印设置”界面框。

图片水印的设置有 3 种形式：使用微信号、使用名称、不添加。微信公众号运营者可以根据自己的想法设置微信图片的水印，然后单击“确定”按钮即可。

3. 视频

关于视频，微信公众号运营者可以将一段想要发布的视频上传到微信公众平台上，然后保存到素材库中，在发布视频时选择“从素材库中选择”选项，或者将视频保存到计算机中，通过“新建视频”选项来添加视频，微信运营者单击“选择文件”按钮，就能上传视频。需要注意的是，视频大小不能超过 20MB，如果超过了就可以先传至腾讯视频，然后再添加。

4. 语音

语音和视频一样，微信公众平台的运营者可以先将语音录制到计算机中，再在微信公众平台进行上传。注意，语音素材需要进行分类，而且语音的文件大小不能超过 30MB，时间不能超过 30 分钟。

5. 有关长度

随着社会的发展，人们慢慢步入了一个快节奏时代，在这个时代，碎片化阅读渐渐成为人们的一种阅读习惯。因此，很少有人会静下心来阅读大段的文字，对于微信公众平台上发布的图文信息，最好能够控制在用户 5 分钟就能读完的长度，1500～2500 字即可。

如果微信公众平台发布的是长篇大论的文章，就要注意发布的时间，最好选择晚上发布，这样用户就有足够的时间去阅读，理解文章的主旨和内涵。

微信公众运营者还要从以下两个方面进行考虑。

① 考虑到用户的流量：微信运营者要在图片的个数和清晰度上进行取舍。

② 考虑到用户阅读场景：微信运营者必须在文章的长度上进行取舍。

2.4.5 关联小程序的技巧

小程序，全称为微信小程序，它与微信有着莫大关联。微信公众号可以通过小程序这一应用入口，实现更大范围内的运营和推广。

1. 添加小程序

关于微信公众号与小程序，两者之间可关联的关系有很多，主要有以下 3 种。

① 公众号可关联同主体的 10 个小程序。

② 公众号可关联不同主体的 3 个小程序。

③ 同一个小程序可关联最多 500 个公众号。

既然有着如此多样的可关联关系，那么它们是怎样实现相互关联的呢？其操作方法是：进入“小程序管理”页面，单击“添加”按钮。出现“添加小程序”对话框，有“关联小程序”和“快速注册并认证小程序”两个选项，选择相应的选项，即可一步步添加小程序。

2. 解除关联的小程序

上面介绍了添加关联小程序的方法，下面为大家介绍解除关联小程序的方法，具体操作如下。

进入“小程序管理”页面，移动鼠标指针至已关联的小程序上，显示“详情”按钮并在其上单击。弹出“小程序详情”对话框，显示了已关联小程序的各项信息，单击“解除关联”按钮。在弹出“取消关联小程序”对话框中，用管理员微信扫描二维码，即可确认取消关联。

2.5 微信营销中存在的隐患

微信营销已经成为一种潮流，不仅为微商提供了一个绝佳的营销平台，也为用户的生活增添了一道新的风景。然而，微信存在的隐患也不少，微商要谨慎小心。

2.5.1 陷阱在身边

打开微信，在“查找公众号”界面的“搜索”文本框中输入“代购”两字，刷出的账号源源不断，而且大多是经过腾讯认证过的账号，这些账号往往打着“奢侈品代购”“全球代购”的名头，代购的产品丰富多样，有品牌的服装、箱包、手表、化妆品等。而且不知从什么时候起，微信朋友圈内也突然多了不少打着“代购”名头做微信营销的好友。

这些账号常常在微信朋友圈内发送大量国际名牌商品的广告信息，而且价格往往比正规店内便宜一半甚至更多，这对微信用户来说无疑是巨大的吸引。不过想贪图此类代购便宜的用户可要当心了，微信代购存在风险，手机那端等着你的可能不是名牌，而是一个陷阱。

1. 仿品随处可见

打开微信，在各种公众账号列表中，可以看到各种代购信息，除此之外，还有附近的人、朋友圈中也都充斥着大量的代购信息，它们的价格比实体店的价格要便宜不少，多以化妆品、奢侈品代购及服饰鞋包销售等为主。

为什么微信代购这么流行？原因在于：一方面，微信代购的产品很实惠，用户花很少的钱就能提升个人档次，这大大满足了他们的虚荣心；另一方面，微信代购没有经过第三方电商平台，买家和卖家在虚拟空间内直接交易，因此代购也为商家带来了无可限量的商机。

但是这也可能会带来一些意想不到的陷阱，一般购物的流程都是客户给地址，厂家直接发货给客户。而在微信上代购，则是由微信号主在工厂拿货，它要避免把工厂和客户的资料泄露给双方，因此厂家先把货发给微信号主，然后代购再发给客户。

通过这种代购形式所买到的产品，没有大的质量问题是不退不换的，客户就算买到了瑕疵品或高仿品，也只能吃个哑巴亏，很多用户买到仿冒品时虽然很生气，但是最后都只能默默忍气吞声。

2. 假号诈骗定金

除了仿品随处可见、商品的质量无法得到保证外，代购号的另一个行骗手段就是诈取用户的定金，他们将产品吹得天花乱坠，然后以各种优惠和折扣来吸引用户下订单。

2.5.2　无正品保障

由于微信交流具有高度的隐私性和一对多精准的朋友圈子服务特性，以及庞大的用户群体，不少商家纷纷瞄上这一块“肥肉”，在平台上公开售卖高仿名牌产品。因为并不是每个人都有机会出国，然而国外的奢侈品牌却比国内的便宜不少，因此奢侈品代购应运而生。

高仿品在微信平台上能够经营得风生水起，原因在于以下 3 点。

1. 微信是避风港

那么多商家之所以选择微信平台，是因为现在市场上对高仿产品查得很严。即使有实体店，都不能光明正大地摆出来卖，更不敢上淘宝网开店，因为不仅流程复杂、审查还很严，随时可能被封店。

2. 易“撒网”找客户

不少卖家除了采用熟客介绍的方式外，还会使用微信功能中的“摇一摇”和“附近的人”来“广撒网”寻找客户。这些商家定期与用户沟通、交流，然后不断地在朋友圈中发产品图片，发得多了，喜欢的人自然会留下来看，而留下来的人总有一天会成为客户。

3. 受骗后难维权

在微信上买东西，一般采用先打款后发货的方式，这样用户很容易被诈骗。目前，微信没有实行实名制，很难查到用户的真实信息，一旦遇上骗子，消费者自身权益很难得到保障。

不过，商机中也蕴含着危机，当用户正因为货物比柜台便宜而高兴时，那可能只是一个高仿品；当用户还幻想在海外购物小票能确保消费者的权益时，那可能只是一张从淘宝花了 10 元钱买的假票据，那么，用户要如何做才能防止受骗呢？

首先，用户需要了解的是，因为高昂的国际运费，代购不可能存在太大的价差空间，因此，那些低于 5 折的代购化妆品基本都是假货，而低于 7 折的代购奢侈包也基本不可信；其次，对于那些提供给用户的小票，都是代购者花 10～40 元在一些交易平台上购买的高仿假小票，这些高仿的小票轻松地仿冒了中国香港、新加坡、法国等专柜的票据。

虽然假小票只要拿条形码到正品专柜一扫，就会真相大白，但是专柜一般不会提供这种辨别服务，因此微信商家往往会很自信地支持顾客去验货。

一般来说，化妆品的代购，网上售价如果是国内专柜价的 7～8 折，那么一般为真货；而如果售价是正价的 5～7 折，就可能是真货、假货掺着卖。售价在 5 折以下的，基本上都是假货，3 折以下售卖的，不可能是真货。那些打着代购旗号的，其实都是变着法子行骗。

有安全专家表示，对于网络诈骗关键在于提高网络安全意识，从源头将诈骗拒之门外，据介绍，买家容易遭遇的新骗术主要有以下 3 类。

① 他人代付：骗子利用买家对奢侈品的喜爱，在论坛、微博等发布低价专柜商品信息诱导买家进店，骗子在买家拍下宝贝之后，给其发送一个请求代付的支付宝链接。代付是帮别人支付，代付者是没有淘宝交易记录的，而且即使退款也是退到被代付人的支付宝账户中。

② 货到付款：卖家在论坛等发布低价的品牌商品信息，有些用户为了确保正品，会提出货到付款，以为自己的权益能受到保护。但实际上，骗子就是利用用户这种心理，先骗取定金，如果用户拒绝签收仿品，那么定金也收不回了，就算想投诉，也没有确切的凭证。

③ 骗取定金：骗子利用微信发布奢侈品商品信息，保证正品和质量，极力鼓吹用户购买，等用户给指定账号打了定金之后，这些骗子就会消失得无影无踪，甚至直接把用户从微信上拉黑。

2.5.3 广告有“毒”

众所周知，微信“朋友圈”能够实现好友间图片、心情的实时分享，因此，微信营销商抓住这个“商机”，让大量的广告信息将之占领。由于微信中人与人之间的熟识性，在朋友圈发布消息的通常是“好友”或“好友的好友”，因此这种“套近乎”的销售方式很容易达到广告效益的最大化。

在微信朋友圈中，最容易上当的是女性客户，下面介绍在朋友圈中是如何发广告来欺骗用户的。

1. 假货推广

随着微信朋友圈的广泛应用，越来越多的人从中看到了商机，在这个几乎“零门槛”的“社交商圈”中，借着“朋友”的由头发布各类产品的信息。很多消费者因此放松警惕，很容易就上当，有时候就算买到了假货、次品，也会碍于朋友的面子，自吞苦水。

2. 点赞有礼

“原谅我又来点赞啦，朋友们都来帮我赞一个，我想拿礼品。”不少商家承诺，只要用户能集满若干个“赞”，便可获得相应礼品，因此这种“点赞有礼”的活动在微信朋友圈中逐渐流行起来。

“集满 28 个‘赞’赠送港澳 4 天 3 夜单人游”“集满 50 个赞就能享受微友写真套系 5 折”，在朋友圈，这样的广告层出不穷，继微博营销之后，不少商家又将目标瞄向了微信朋友圈，用“集赞送礼”的方式吸引网友眼球。但是很快，就有网友发现，有些商家只是利用“集赞”达到宣传的目的，礼品并不能兑现。

通常情况下，商家会在自己的微信公众号中，向微信“粉丝”推送“集赞送礼”活动的详细信息，而网友只需将活动帖分享到个人的微信朋友圈中，当被点赞的次数达到商家规定的数量时，再截图发送给商家，便可获得相应等级的礼品或相应的优惠。

操作如此简单，为了能拿到奖品，不少网友通过私信朋友来“拉赞”。很多用户表示，身边有很多这样的“集赞”狂人，他们每天也收到不少“求赞帖”。

2.5.4　走出误区，微信营销要点

自微信公众平台上线以来，微信营销信息泛滥得让人烦恼，那么如何避免微信营销陷入误区呢？下面重点来看微信营销的六大要点。

1. 质量重于数量

微信营销的核心是有效“粉丝”，而有效“粉丝”是指那些具备价值、互动质量比较高的“粉丝”，很多微商为了面子加了很多“僵尸粉”，而这些“粉丝”基本上没有任何实用性价值，更不用说挖掘他们的购买力。所以对于企业来说，要注重“粉丝”的质量，不单单重视“粉丝”的数量，因为只有高质量的“粉丝”才有价值，才能真正转化为微商的利润。

2. 实现真正互动

众所周知，微信营销的一大好处就是即时互动性，商家可以与消费者之间通过微信进行有效的沟通。然而，不少微商以为机器人陪用户聊天或自动回复就是互动，这完全是错误的理解，如果一直是机器人陪聊，那么客户就会远离你。

想要改变这种现状，商家首先必须树立正确的观念，如果商家想要留住用户，想要将用户转化为利润，就一定要策划真正的交流性互动，因为陪聊不等于互动。例如，通过一些优惠信息、折扣消息，或者根据公众号的性质设置些搞笑的段子等，这样既能实现互动，又能吸引用户。

3. 认清 App 价值

现在很多微商并没有认清微信端 App 的价值，一味地觉得自己做个 App 就万事大吉了，其实大错特错。相对于传统 App 的被动式营销而言，微信端的 App 更多的是借助微信朋友圈、线下经营门店、优惠促销活动等吸引用户扫描添加，其综合推广成本更低，而传统 App 不仅开发成本高、开发周期长，而且推广起来也更为困难。

4. 不要过度推送

有句话是“过犹不及”，微商必须把握信息发送的频率，不必过多地去群发，即便是一条有价值的消息，推送的次数过多，也只会造成困扰，尤其是一些心灵鸡汤类的无聊内容，更会引起用户的反感。

除了发送频率之外，微商还要考虑的问题就是阅读率，阅读率是指点开消息阅读的用户所占总用户的比例。因为微信公众号的广泛性，用户并不可能只关注一个公众账号，所以他们每天会收到无数消息，这些消息分别来自不同的商家，而且即使用户非常留意某个账号，也不一定会一一翻阅这个账号的所有消息。

很多微商的消息阅读率都比较低，这可能是因为：过多的微信信息让用户心烦而不去阅读，或者是用户并不是及时在线。因此，很多时效性的内容即使后来被阅读，实际意义也不太大，商家预想的宣传效果也就无法达到。

5. 注意内容编写

没有任何修饰的微信内容就像一杯白开水，单调而无味，用户完全不会感兴趣。因此，微商如果想要通过微信推送的内容来吸引用户，就应该注意内容的编排和撰写。如果微信消息没有新意，没有趣味，没有吸引力，也没有多大的实用价值，那就意味着没有用户。

6. 盲目跟风营销

开发一个微信应用程序接口（API）的确是功能强大，但是一定要清楚自己需要什么功能，千万不要随便开发。例如，有些企业，看到其他商家开发了“查地图”的功能，于是也跟着开发一个，但“查地图”功能对这个企业公众号而言，并没有任何的实用性。

有不少人看到别人做微信营销，自己也就盲目跟风，结果是捡了芝麻，丢了西瓜；还有人误认为微信营销就是一切，却不懂如何去掌握好营销的节奏。对于微商来说，营销向来是多元化的，只有配合好，才能招招有效，如线上线下营销结合、微博与微信互动营销、微电影与微信互动营销等。

所以，微商一定要明确自身的品牌定位和“粉丝”到底需要什么，然后再根据“粉丝”的需求去提供相应的服务、开发相应的功能，千万不要“邯郸学步”，最后反而把公众号搞得复杂难懂。

针对以上问题，微商要根据自身的情况提前准备好解决措施，只有这样才能在营销过程中出现问题时及时应对，保证营销的正常运营。

Chapter 3

第 3 章 朋友圈：轻松打造强关系和高黏性

在移动互联网环境下，新型社交工具——微信进入了商家的视野，营销走进了朋友圈这一信任圈层，并不断地通过各种渠道拓展目标好友，引导人流，促进成交。

那么，有什么方法能够让朋友圈的人对自己的产品和信息，不仅不觉得烦，还很喜欢，从让人烦、不信任到喜欢看、追着来买？本章将讲解微商如何利用朋友圈来打造强关系和高黏性客户。

微商朋友圈：打造朋友+专家的形象
优化微商朋友圈形象，提升好感
打造极致诱惑朋友圈的 15 种内容
提升朋友圈营销转化率的 10 个绝招
情感营销促进和用户的情感交流
互动营销引出更多的潜在客户
维护朋友圈，避免被好友拉黑和屏蔽

3.1 微商朋友圈：打造朋友+专家的形象

当微商刚开始做朋友圈营销时，一定不能做的像一个新手一样，就知道发图片和写一些产品介绍。例如，你是卖化妆品的，在发朋友圈时，如果这样做，可能你心里在想：只要我一直不断地发图片，然后就会有人来找我。

有这样一个笑话：有个新手，刚接触微信营销，于是按照以上方法不断地发图片。结果一段时间后，当他要跟微信中的好友聊天时，才发现很多微信好友都把他删除了。从这个笑话中不难看出，这些事情有可能正发生在你的身上。

这里解释一下淘宝与微信的区别，这很有必要，因为有很多商家就是从淘宝转移到微信上的。淘宝是基于商业而产生的关系，而微信是基于关系才有的商业，所以两者本质方向是不同的。未来的社会属于“粉丝”经济社会，如果一个企业，或者微商没有拥抱你的“粉丝”，那么企业离倒闭也就不远了。本节主要介绍朋友圈的营销增加流量方法，让企业和商家的产品通过朋友圈更好地销售出去，也让大家都融入这个新的时代，成就美好生活。

3.1.1　微信朋友圈到底有哪些特性

打造个人的品牌就是要展示微商的价值，去传播价值和交换价值。如今，很多人都在做自媒体，但是并不知道如何才能做好。其实就是大家喜欢什么，大家关注什么，我们就去写什么内容。因此，现在做微商也是一个道理，微商一定要了解朋友圈的特性。

在朋友圈做营销时，微商首先要做研究，如果微商不知道朋友圈的特性，就不能很好地打造朋友圈。

那么，朋友圈到底有哪些特性呢？

1. 朋友

无论是微信圈子还是 QQ 圈子，无论是我们关注的还是关注我们的，基本上都是属于一个朋友之间的关系，至少也是曾经交流过的。

这就解决了一些前提性的问题，因为圈子里的朋友对我们有一个基本的信任，那么他就会放心地把钱交给你，因为我们是朋友，我们之间有信任度。

2. 圈子

俗话说“物以类聚，人以群分”，如果能在一个圈子里混，那么肯定是有共同爱好、共同经历的人，这也是朋友圈营销的价值所在。所以，对于朋友圈的

"粉丝"，我们心里要有数，他到底属于哪一类人？他到底对哪一方面感兴趣？

当微商对朋友圈这两个特性充分了解了以后，就能够发挥朋友圈营销强大的威力和无限的效果。关于圈子这方面，我们可以打造一个社群，不管是微信群，还是QQ群，重要的是要用心去经营。

3.1.2 快速进入微商的朋友圈状态

微信火爆来袭，成为营销的主流平台，朋友圈则成为宣传产品的有力渠道，通过熟人圈子来销售产品，有很大的真实性。利用朋友圈营销之前，首先要掌握好朋友圈的一些基本运营技巧，从而快速进入微商的朋友圈状态。

下面介绍朋友圈的4个定位。

① 品牌名（微信名）。

② 品牌LOGO（头像）。

③ 广告语（个性签名）。

④ 广告位（相册封面）。

其实，不仅是新代理，很多高级别的代理也有不知道朋友圈该发什么内容的，甚至也有迷茫或想偷懒不愿意发的时候。微商都是商人，朋友圈就是你的门面，如果说你连自己的门面都不愿意打理，顾客能愿意买吗？代理能愿意来吗？

因此，完美的朋友圈必须是丰富多彩的，不是说每天发点广告就完事了，你要想怎么去吸引代理，他们感兴趣的是什么，他们为什么都关注团队。笔者认为一个真正的微商每天发朋友圈要保持在6～9条。

如果说你的朋友圈每天只发2～3条，而且还全都是广告，那么你就不能称为合格的微商。另外，还有一些人做了微商后，从来不发自己的生活状态，好友可能连他长什么样子都不知道，头像也不是真实的，我们需要的是一个真实存在的朋友圈，如果你什么真实的信息都没有，那你凭什么让别人相信你。

陌生人的信任感是怎么建立的？微商不像实体店那样能和人面对面交谈，都是通过朋友圈展现的，你的生活状态就是展现你个人魅力的时候，可以让别人更加了解你。例如，笔者的一个代理说过，他就是从朋友圈看到我的生活状态，加上观望了我很长时间，觉得我是一个真实存在的，是一个靠谱的人，所以才跟我做了代理，因此我们应该做的就是通过朋友圈给别人真实感和安全感。你想把微商做好，零售肯定不是最终目的，你的最终目的就是为了招代理壮大自己团队。

3.1.3 了解微信朋友圈的营销流程

朋友圈营销最重要也是最核心的一点就是打造"朋友＋专家"的形象。例如，客户要买一台计算机，他当天去买的时候，是不是会找一个比较懂行的朋友陪着他一起去挑选，并且这个朋友的建议他多数会采纳，这就是“朋友＋专家”的威力。所以，我们也要在朋友圈打造这样的一个形象，在整合圈子的过程中，要不断地去学习相关的专业知识，然后在朋友圈不断释放出来，这样一来，我们的专家形象就大大增加了。只有够专业，才能够信任。

例如，“手机摄影构图大全”公众号的创始人构图君就经常在朋友圈发一些构图技巧和摄影技巧，并且与自己生活动态息息相关，给人的代入感和真实感非常强，吸引了众多“粉丝”的关注。

需要注意的是，不要等着朋友来问你，你自己试用产品后与人分享也是很重要的，在分享的过程中可以适当植入一些广告。下面介绍朋友圈营销的流程。

① 建立信赖感：信任是朋友圈成交的基础。

② 找顾客的伤口：找到顾客的需求，找到他的痛点，然后去“撕开顾客的伤口”，扩大顾客的痛点和危机。

③ 帮助顾客抚平伤口：如果想帮助顾客“抚平伤口”，就要帮助他解决他的抗拒和危机，这样才有机会最终成交。

所以，知识分享一方面可以巩固你在朋友圈专家的地位，另一方面也是在变相地为产品做广告。在这个过程中，有些朋友就会跟进讨论结果或效果，有的朋友就会来评论。在他们评论的时候，微商的影响力就大大增加了。

这个影响力会远远大于我们整天分享的力度。所以微商在分享时可以找一些朋友先试用一下，然后让他们给你做反馈，这个过程称为客户见证，让第三方来为我们说话。

最后，细节决定成败。对于微商来说，大到做销售策略，小到朋友圈规划，最重要的就是细节决定成败。因此，无论是做兼职微商，还是把它当成职业来做，都要去关注这方面的知识，成大事者心中就必须有爱、有规划，机会总是给有准备的人的！

3.1.4　容易被忽略的朋友圈营销点

下面给大家介绍一下，目前最容易被微商忽略的一些微信朋友圈营销点。

1. 关注微商大咖

很多微商新手对于发朋友圈有些盲目，建议最好关注一些做得久的微商，并养成一个习惯，那就是每天看看那些做得好的微商，他的朋友圈是如何发的。有好的适用于我们的地方，就可以直接去模仿，模仿熟练了，就可以根据自己的情况来发挥了。

2. 微信朋友圈营销的目的

微商做微信朋友圈营销，做到后面就是维护客户的关系，所以微商要有 99%的时间去培养客户的信任感，不要老想着去推销，老想着去发产品。

3. 一定要根据“粉丝”的情况去做规划

微商不要被那些一个月赚到很多钱的人冲昏了头脑，因为他们怎么做，做得有多好，我们只能去看看、去了解，适合他们的方法不一定适合自己。

微商的“粉丝”再多，如果不能转化成客户，就会毫无用处，所以需要微商制定目标去了解他们。因此，微信朋友圈营销到后面就是靠内容去营销，在内容基础上最大化地把“粉丝”转化为客户。

4. 一定要重视互动

在前期“粉丝”数量比较少的时候，可以与他们一对一地进行交流，但是当“粉丝”数量达到 2000 人甚至 5000 人时，不可能再一一去和“粉丝”交流。这时怎样去和“粉丝”互动，就是微商要好好考虑的问题了。可以常去给他们点赞，去给他们评论，这样才能够把“粉丝”激活，然后进行增加流量。

3.1.5 提高朋友圈的内容创作效率

微商，起于微（微信），立于信（信任），而朋友圈动态就是微商要重点规划的内容。那么，朋友圈的内容到底怎样写，才能提高内容创作效率？针对这个问题，下面介绍 3 个技巧。

1. 符合客户的爱好

首先要明确客户也就是我们的“粉丝”，他们最喜欢看的文章是哪一类。想一想，一般自己平时喜欢看什么，如喜欢看笑话，喜欢看情感，那么就可以把这些内容结合到自己的产品中，这样写出来就不会让客户产生反感的情绪。

2. 多发技巧类文章

推荐使用一些技巧类的文章，因为这个效果会更加好。例如，做洗护产品的微商，可以发一些头皮的问题，如头皮屑、掉发等都可以发，然后再发到底有哪些方法可以帮助他们解决头皮的问题。需要注意的是，发这种信息一天最多不要超过两次。

3. 发图片的注意事项

微商平时总会转发别人的图片，有的图片会带人家的微信号，有的会带有日期，发的时候最好发 1、3、6、9 张，这样发出来的整体内容会更协调更好看。最后一定要仔细检查一下，争取做到万无一失。

3.2 优化微商朋友圈形象，提升好感

微商想要在朋友圈进行营销推广，就要先塑造自己的形象，包括微信头像、昵称、个性签名等，对这些设置进行优化，对朋友圈的营销是有帮助的。

3.2.1 微信号昵称取名技巧

纵观微信界面，昵称可谓多种多样、风格不一，可以根据微信号昵称的含义和取名类型将它们分为两类。

含义：包括爱好、性情、思想、愿望及上微信的目的。

类型：包括真名型、用 ID 表决心型、××代购型、英文型、引经据典型。

在朋友圈中，拥有一个既得体又很有特色的昵称是非常重要的，对普通人来说可能这个昵称无关紧要，只要自己高兴便好，但对于微商来说，就要仔细斟酌、再三考虑，因为微商有着自己的目标，要给好友呈现出独特的理念才行。因此，微商的昵称一定要有很高的识别度，总体考虑两点：易记、易传播。

1. 微信昵称起名的因素

在给微信昵称起名时，要注意以下 6 个因素，因为它们会影响微商的销量，所以要把握好要点才能起一个满意的昵称。

① 突出商品重点。

② 商品效果。

③ 简单好记。

④ 独特化名称。

⑤ 巧妙嵌入广告。

⑥ 拒绝恶俗。

2. 微信昵称起名的误区

在微信起名时一定要避免以下 6 个误区，因为这会影响好友对你的好感。

① 没有汉字。

② 全是符号。

③ 使用繁体字。

④ 名称前面加很多 A。

⑤ 名称太长没有重点。

⑥ 负能量字眼。

3. 微信昵称简单的好处

微信起一个简单好记的昵称，主要有以下两个好处。

① 增加信任度：让用户有一种亲近的感觉。

② 方便用户记忆：营造记住了就不会忘记的效果。

使用自己的真名对于增加“粉丝”信任度是很有帮助的，因为自己的银行卡和支付宝账号都是实名制，用户看到的是真实姓名，就会产生好感。如果不想让自己的名字弄得众人皆知，使用自己的小名，也不失为一个好方法。

使用广告作为昵称是很危险的，要慎用，因为好友的眼睛是雪亮的，一旦看到广告就会产生排斥情绪。另外，信任不是一下就建立起来的，是需要长期积累的。

3.2.2 与众不同的头像

除了微信昵称以外，微信头像应该是最引人注意的。在微信界面中，可以看到，用户的头像是多种多样的，而不同的头像代表不同的心理。

1. 微信头像代表的不同心理

在代表不同心理的头像设置环境下，拥有一个别出心裁的头像，能够得到好友的好感。微信头像主要分为以下几类。

① 用生活照作为头像：对自己的接纳度较高。

② 用证件照作为头像：中规中矩。

③ 用艺术照作为头像：思维较开阔。

④ 用童年照作为头像：较感性，觉得过去美好。

⑤ 用家人照片作为头像：有很强的依赖性。

⑥ 不用头像：性格较粗犷。

2. 微信头像设置的技巧

朋友圈的头像设置也是有技巧的，要根据自己的定位来设置，主要从以下 4 个方面进行。

① 个人品牌：最好用自己的头像。

② 本地化商铺：可以用店铺照片作为头像。

③ 某类产品：可以用明星产品的照片作为头像。

④ 企业品牌：可以用品牌企业 LOGO 作为头像。

大部分微商通常选择使用自己的照片来作为头像，更加具有真实性，会增强好友的信任感，因为微商的核心是人与人之间的关系，要建立彼此之间的信任使用自己的照片再合适不过了。

3.2.3　印象深刻的个性签名

所谓“个性签名”，就是使用能充分表现自己的话语（签名）来进行标注的方式，是微信和 QQ 等社交平台展现用户信息的重要内容。个性签名的内容主要有目的和特点，其中目的是指展示自己的个性和喜怒哀乐，而特点是指具有很强的个人风格。

在微信的个人签名中最好不要直接出现产品信息，微信的文字介绍类似现实生活中的名片。文字介绍在很大程度上决定了“粉丝”数量的多少，只有那些自然、大气的文字介绍才会吸引别人的注意，引起别人与你继续沟通的兴趣。例如，不要在个性签名中直接列出产品广告，而是去展示自己的优势和正能量。

3.2.4　朋友圈封面设置

朋友圈的封面设置也是很重要的，一打开好友的朋友圈就能看到。朋友圈的封面是一个与昵称和头像不一样的个性设置场所，朋友圈的封面只有特意查看好友相册时才会显示。

朋友圈的封面与昵称、头像的相同点是可以个性化设置；不同点是朋友圈封面可用于直接打广告，效果很好，且不会有刷屏的现象。可以说，朋友圈的封面是非常好的广告展示地。例如，经营服饰的微商朋友圈的封面就设置成店铺的信息图片、舞蹈工作室的朋友圈封面就设置成工作室 LOGO 图片。

3.2.5　二维码展示功能

二维码已成为微商的名片，非常实用，而且还可以更换二维码样式，可以选择多种二维码形态，让自己的形象更加生动、有趣，不再呆板，激发好友的添加欲望。

在微信朋友圈中，很多微商在宣传自己的产品，或者要朋友帮忙宣传的时候，都会附上一张二维码照片，因为这样会更方便添加。

3.2.6　打造良好的形象

说起微商，很多人会产生一些排斥感，因为微商刷屏的概率是最多的，这样难免会产生负面影响，使微商的形象在潜移默化中被抹黑。

现在，大多数微商都会注意不去随意刷屏，更注重自己的商品质量，打造良好的形象。这也是需要时间去积累的，慢慢去改变好友固有的偏见，用行动来证明自己的价值。

一般人都不想看到朋友圈满屏都是广告，所以微商要换位思考，不要什么都一股脑地发在朋友圈，以示自己的存在感，这是非常危险的，被好友屏蔽的概率也会加大。

因此，微商在朋友圈发的图文内容，需要注意图文的两个特性：实用性和针对性。

因此，微商在发图文时，一定要深思熟虑，要学会筛选有用的、有价值的信息进行发布，要对自己朋友圈的好友进行分析，知道大家的喜好，有针对性地进行营销与推广，少发心灵鸡汤，多发实用的经验。

选择做微商，就意味着自己成为一个自媒体。而在微信朋友圈这个渠道上进行营销活动是非常有利的，因为微信的好友基本上都是熟人，大部分人还用自己的名字作为微信号，更具信任感。然而从事微商行业，必须先认识自身，知道自己的性格和优缺点所在，做到扬长避短，取精华、去糟粕。下面以经营护肤品的微商为例，介绍他们的优、劣势。

1. 经营护肤品微商的优势

经营护肤品微商的优势有以下 10 个。

① 护肤知识丰富：对各类护肤品、化妆品非常熟悉，了解各个品牌的信息。

② 热爱交朋友：经常出门社交，对人热情大方，朋友众多。

③ 熟悉各种社交网站：经常活跃于网站、微信、微博、论坛、QQ 群等。

④ 具有冒险精神：敢于尝试新事物，有自己独特的见解。

⑤ 做事比较认真：踏实，有浓厚的学习兴趣和一定的实力。

⑥ 乐观的生活态度：善于发现事物乐观积极的一面。

⑦ 富有责任心：能够把自己的工作做到极致。

⑧ 办事能力强：有较强的分析能力、组织能力和管理能力。

⑨ 竞争意识：能主动地利用资源创造价值。

⑩ 敏感思维：能很快察觉出环境的变化。

2. 经营护肤品微商的劣势

经营护肤品微商的劣势有以下 8 个。

① 容易冲动：对什么人都容易敞开心扉说话，容易落人话柄。

② 涉及面窄：所熟悉的微商渠道不够广。

③ 遇强怯场：面对比自己强势的人时胆怯，不敢展示自己。

④ 难以坚持：对自己不感兴趣的事情难以持之以恒。

⑤ 知识局限：对其他专业知识学习的深度不够。

⑥ 方向感不强：缺乏行业经验，进入行业一段时间仍未找到方向。

⑦ 生活匆忙：没有足够的时间打理自己的朋友圈。

⑧ 不会合理拒绝：有些不合理的帮助会给自己带来很多麻烦和不便。

3.2.7　打造个人品牌印象

作为微商，要有自己清晰的定位，卖什么东西，如何去营销，要重视个人品牌的打造，要在朋友圈留下深刻印象，要让好友知道自己经营的品牌，也就是要打造品牌印象。下面介绍 9 个有助于打造个人品牌的技巧。

① 找到适合的领域：这个领域一定是你熟悉的，并且是精通的。

② 选择目标受众：精准地找到目标客户，因为你的精力与资源是有限的。

③ 发现受众的问题：分析客户的需求点、痛点，越强烈越好。

④ 分享你的故事：向客户描述你的奋斗故事。

⑤ 找产品：找到好的产品，可以帮助客户解决问题。

⑥ 建立客户网络关系：最好是让客户主动加你为好友。

⑦ 宣传你的产品：提供免费的试用装，一些免费的学习视频、电子书等。

⑧ 分享免费内容：分享最好的、质量最高的内容，能最快地吸引客户。

⑨ 寻找合作伙伴：找到更多的合作伙伴与你一起操作。

3.2.8　用故事展现理念

作为一名微商，仅卖产品是远远不够的。需要有吸引人的价值，才能让用户持续的关注。这可以通过故事来展现，故事具有非常强的说服力，可以塑造用户品牌、激励客户。

可以说，好的故事也是成功的开端，它是我们个性、理念与梦想的承载，可以让好友更深入地了解我们。故事在品牌上的运用也是如此。每一个品牌都有故事，所以微商品牌也需要有自己的故事。

故事可以让读者产生同感和共鸣，从而激发好感，进而主动关注微信朋友圈的品牌状态、关注品牌产品，最后点击品牌微信号头像。在点击量增加的同时，其朋友圈的浏览量也会慢慢增多，这就是一个好故事带来的力量。

品牌故事主要包括以下 3 种。

① 自己的故事：用来自我塑造。

② 客户的故事：用来间接塑造自己。

③ 名人的故事：用来自我激励。

故事就是一个很好的广告，看似在说自己的经历，其实是在为自己的产品打广告，并且在故事中体现出用户的痛点和需求点，得到用户的共鸣。

3.2.9 给自己增加标签

作为微商，不仅要通过自身的产品功能和价值来吸引顾客，还要不断地打造吸引眼球的话题，给自己增加人气。其中一个很好的方式就是给自己增加标签，给人留下不可磨灭的印象。

微商之路或许不会一帆风顺，但成功的人总有自己的经验和方法，所以给自己增加合适的标签就是一种成功的营销方式，自己为自己代言。

3.2.10 吸引陌生人关注的技巧

微商想要在朋友圈赢得好友的好感，增加信任感，需要多提升自己的存在感，展现帅气、甜美的形象，颜值高吸引力就强，可以间接引发情感上的共鸣。下面主要介绍吸引陌生人关注你的 5 个技巧。

1. 形象帅气、甜美

谁都喜欢“高颜值”的事物，如果是帅哥美女，那么对于与陌生人的交流来说就是一把利器，通过“高颜值”还能吸引到不少“粉丝”与追随者。所以，微商在朋友圈除了发产品广告外，还要多发一些个人照片、自拍照、旅行照等，照片越好看越能吸引到陌生人的关注，多展示自己帅气、甜美的形象。

2. 表现高端品位

一个有眼光、有品位、有格调的人，更能被人所喜欢、所追逐，有足够的人格魅力。因此，朋友圈不要发低俗不雅的信息，而要发有一定品位格调的、源于生活又高于生活的内容，让微信好友觉得你是一个具有高尚人格魅力的人。

所以，微商应该在朋友圈中发布一些有品位、有知识、有内涵的软文，让朋友圈的人觉得你是一个非常有品位、有格调的人。

3. 展示学识渊博

俗话说“光说不练假把式”，在朋友圈中，微商不仅要让客户看到你的远大理想、奋斗目标，更要让客户看到你的成功、你的努力，知道你是一个有真才实学的、能给身边的人带来益处的人。

微商可以在朋友圈中分享一些成功的案例，可以是自己的也可以是团队的，还可以将朋友圈的背景墙设置为比较有学识、有知识层次的类型。

当然，微商自己也需要经常参加一些培训机构组织的培训课程，休闲之余不断学习、充电，这样才能不断进步，同时把自己学习理解到的知识、技巧分享到朋友圈中，既能给团队、代理做一个学习的榜样，更能让客户看到你的成功、你的真才实学。

4. 体现个人情怀

在朋友圈中一直打广告的微商确实不太讨人喜欢。毕竟当微商执意要将广告植入他人私生活时，就应该考虑到有可能不被人接受。聪明的微商在日常的营销中也会尽量融入一些更加充满个人情怀的内容，这样的微商不仅不会引起反感，甚至会让人喜欢上他的文风，期待每天看到他发的朋友圈。

所以，微商要多发一些有个人情怀的内容，会使得你在朋友圈好友中脱颖而出，成为朋友圈中的红人。并且，分享生活中的点点滴滴，也是最容易让其他人与你产生互动的方法。

5. 有很强的上进心

无论是哪个时代，一个具有远大理想、勇于拼搏、敢于奋斗的人都更容易引起人们的关注和鼓励。

微商在朋友圈中分享的时候，最好多发布一些正能量的内容，不管你是什么性别、什么年龄，有梦想、敢于追逐，什么时候起步都不算晚。让人觉得你积极向上、有很强的上进心、努力奋斗，感受到你个人的热情与温暖，不仅能够激励到朋友圈中的客户，并且还能提高他人对你的评价与看法，吸引人们的关注，让朋友圈中的人更加信任你，支持你的事业。

3.3 打造优质朋友圈内容

在如今万众创业、人人微商的时代，微商的朋友圈就像实体店的商铺一样至关重要。朋友圈体现一个人的灵魂所在，如果说朋友圈的文字都是自己编辑的，那么你在朋友圈的一言一行、图片类型及喜欢用的表情，都会慢慢地成为标榜你个性的一个行为。

这样一个小细节，时间长了就会刻在人们心里，留下深深的印记，所以经营一个有灵魂、有质量的朋友圈是微商必须学会的技能。下面介绍打造极致诱惑朋友圈的 15 个技巧。

3.3.1　分享生活中的趣味

每个人在生活中肯定发生过一些令你开心的事情，也许它来源于网络，也许它来源于生活，如果你觉得它有趣，就可以把它分享到你的朋友圈，让你的朋友也开心一下，加深朋友对你的印象。

3.3.2 分享属于自己的智慧

每个人在成长过程中都会有一些感悟，这些感悟是你亲身经历过的，用文字把这些感悟描述出来，分享给你的朋友，也许你的这些感悟恰好和一些朋友的经历类似，这个时候他看到了就会和你产生共鸣，更加地关注你。即使没有这些经历的朋友看到，也会加深他对你的印象，因为这些智慧是你的真实感受。

而且，人们总喜欢看成功人士的演讲和他们取得成功的故事，反映出人们内心对成功的渴望，希望能从中得到启发或找到成功的捷径。而微商从走上微商道路开始，每个人的收获都是不一样的，心得感悟也是不一样的。

正所谓“前人栽树后人乘凉”，这句话很有道理，微商在朋友圈中可以多发一些微商营销的心得感悟，可能一些刚入门的微商或准备做微商的新手，会对这些心得感悟产生不一样的联想启示，从而有所收获。

3.3.3 分享社会热点

人们的好奇心是永无止境的，如果微商愿意每天多花一些心思去各个途径捕捉一些当下热门的话题、新闻和流行的东西，收集整理好分享到朋友圈中。当你的好友每天都会从你这里了解到一些奇异的事情时，他就会比较关注你。因为你的朋友圈能给他带去新鲜感。你的分享一定要吸引朋友的眼球，让微信好友期待你的分享。

3.3.4 分享家庭生活

朋友圈中有些好友也许从来没有与你见过面，更不了解你的家庭生活。因此，微商可以把生活中与家人在一起的照片分享到朋友圈，让微信好友从你的真实生活中了解你。如果你有属于自己保持家庭和睦幸福的一些小技巧，也可以分享到朋友圈，让大家借鉴学习，同时感受到更真实的你。

3.3.5 分享自己的日记文章

写文章不仅可以被你的“粉丝”认可，还可以帮助你提高知名度，传播影响力，增加更多的“粉丝”，这是一个良性的循环。不管你写哪方面的事，只要把自己的一些特殊经历，认为最有成就感的事情用心写出来，就会得到朋友的认可。

3.3.6 创造话题与朋友互动

微商可以在朋友圈中发表一些互动性比较强的话题，让微商好友参与讨论，创造的话题最好是比较新奇的内容，这样可以调动大家的积极性。创造话题时要抓住热点、制造热点、强势宣传，最后一定要珍惜每一个参与讨论的好友。

3.3.7 分享产品的订单

不管微商的营销方式和手段如何发展，都离不开晒单、晒好评来吸引顾客。微商营销不仅要达到提高产品销量和知名度的目的，而且是树立微商品牌、口碑及产品形象的一种微营销方式。下面主要介绍朋友圈晒单、晒好评吸引顾客的营销技巧。

1. 朋友圈晒单

微商在朋友圈中进行产品营销活动推广的过程中，除了发布相关的产品营销软文以外，还需要配上产品的图片和基本信息。为了让顾客信任，也可以晒一些成功的交易单或好的评论，在晒单过程中需要注意以下两点。

（1）产品营销广告要适度。

在晒单的过程中广告必须适度，因为不管在哪个营销平台中，无谓的广告刷屏是人们十分抗拒的，所以万万不能犯了这一营销大忌。但对于微商来说，晒单其实是非常有必要的，任谁看到大量的成交量都会对商品本身产生心动和行动，所以这需要我们把握好尺度。

（2）产品的信息真实可靠。

必须要在单据上显示真实的产品信息，将所有真实信息展现给好友看，以诚信为本，否则会让消费者觉得我们不真实，从而产生排斥的情绪。

2. 在朋友圈晒好评

微商在进行微商营销的过程中，除了需要发表产品的文字与图片以外，为了让顾客更充分地信任我们的产品，还需要把产品的好评拿出来“晒一晒”。微商晒好评的渠道，主要体现在以下两点。

（1）在微信朋友圈中晒好评信息。

如今微信已成为国内最大的社交软件，消费者会通过微信平台向微商咨询相关的产品信息，有时买单也会通过微信支付，有些消费者也会在微信中对产品进行认可、表扬，微商可以将这些信息进行截屏操作，然后将评价晒到各大网络社交平台。

（2）在电商平台中晒好评信息。

在微店、淘宝、当当、美团等电商平台中，买家的评价十分重要。如果微商将晒好评比喻成“晒谷子”，那么微信的“晒”是掌握在自己手中的，而电商平台就是大家一起晒。

电商平台的好评对比微信好评，前者影响力大过后者，但缺点是互联网时代的公开透明性，一旦出现差评，前者一般情况下难以清除，从而给微商带来同样巨大的负面影响。

3.3.8 分享客户的见证

微商把产品发给客户之后，跟踪物流，当物流显示到达客户手中时可以再与客户确认一下，待其使用之后，让他帮忙分享一下使用感受，或者要一些反馈图，然后将反馈图发至朋友圈。

如果客户不愿意，微商可以做适当的引导，给予一些赠品，在客户下次购买时一起邮寄过去。最好当客户分享之后就能够给客户寄出赠品。

3.3.9 分享你的专业知识

微商一定要了解自己的产品，不然客户就无法信任你、不会购买你的产品。你的专业知识一定要超过你的客户，在朋友圈中毫无保留地分享你的专业知识。你的这些专业知识有可能会帮助他们解决一些实际的问题，即使解决不了，也会让客户感受到你对产品的专业。

3.3.10 分享小视频

现在微信推出了一个功能——小视频分享，这对于微商来说，是一个非常好的功能。例如，代理收到大量货品、见到谁，这些都可以通过视频的方式发出来，这样会给人感觉真实可信。很多人总是说微商做假，如果微商可以用视频的方式将事情分享到朋友圈，那么可信度就会很高。经常使用视频，这样你的客户和“粉丝”就会更加对你有信心。

总之，朋友圈的内容一定要丰富多彩，酸甜苦辣都要掺一点，这样才能有滋有味。不要一味地去刷产品，用心经营你的朋友圈，它带给你的价值会超出你的预期。

3.3.11　分享辛苦

在大多数人眼中，做微商很轻松，不用早起上班打卡、坐在家里一边看着电视一边吃着零食、一边带着孩子一边敷着面膜、跟客户一边聊天一边卖产品、在朋友圈发几条产品信息、一边招代理一边与团队出去吃喝玩乐等。

似乎做微商就是很光鲜靓丽的，既有钱赚、又轻松。却很少有人知道，微商背后的努力和付出，经常因为家人的不理解而受到责备；每天上百个快递要寄，写快递单就能写到手软；团队培训学习到凌晨一两点；从到厂家拿产品、给产品拍照片、修照片、发朋友圈、培训代理等都得会。

所以，微商在朋友圈营销过程中，除了在朋友圈中发产品的图片和产品信息之外，还可以偶尔向朋友诉诉苦，将自己拿货、发货、深夜上课培训的照片分享在朋友圈中，让朋友看到一个努力认真为这份事业打拼的微商，赢得朋友的信任。

3.3.12　分享激情

生活不仅有辛苦，还有着为梦想奋斗的无限激情，想要得到客户的认可，就要有可以激励人心的感染力。

微商、“网红”“自明星”可以在朋友圈中分享自己或团队积极乐观、拼搏上进的有激情的内容，或者一些大咖的成功案例，这样能起到鼓舞士气的作用，在这样的潜移默化下，朋友会对你更加信任。

3.3.13　分享增员

俗话说得好：耳听为虚，眼见为实。要想吸引更多的人加入你的团队，跟着你一起做微商代理，在朋友圈说的再天花乱坠、再厉害、再成功，人家顶多也只会信你 3 分。所以，微商需要经常在朋友圈中分享新进的代理名单、合照、与新代理加入团队时的聊天记录截图等，让原本还在观望状态的、有意向的朋友圈好友下定决心，加入你的团队。

3.3.14　分享团队

现如今做微商从来都不是一个人，其背后还有一个庞大的微商团队，团队是商户最坚实的后盾，微商、“网红”“自明星”团结互助才能促进团队的强大，团队越强大，在自明星道路上才会走得越长久。

在朋友圈中分享自己的团队、分享团队培训、上课等一系列活动的照片，让朋友知道，你并不是一个人，你所从事的事业和销售的产品都是有一定权威性的，是有团队一起经营的。

3.3.15 分享体验

这里的体验，是指使用产品后的体验效果，在朋友圈中多分享产品的体验效果，可以增加一定的可信度。

第一个使用产品的自然是微商自己，微商可以将自己使用产品时的过程拍照或拍个小视频分享在朋友圈中，并和朋友分享使用后的效果体验，引导朋友购买产品。朋友用过后的使用体验与你一致，会促使他们再一次购买产品，还能获得朋友对商户的认可，效果好还会帮助你做宣传。

3.4 提升朋友圈营销转化率的绝招

如今，朋友圈做生意是微商的主流方式之一，但是朋友圈生意越来越冷淡，转化率越来越低，很多微商都说刷朋友圈、发广告没人看，而且好友还抱怨“我的朋友圈都是微商”等这样的言论。想要做好微商，就必须想办法提升朋友圈营销的转化率，下面介绍 10 个提升朋友圈营销转化率的绝招。

3.4.1 会做社交，懂得“耍宝”

简单来说，微商就是能“自黑”，做一个能耍宝、能卖萌、“心大起来包容天地”、正能量极强的人。

例如，微博上的一些段子手，像“回忆专用小马甲”之类的，会让你越看越欢乐，毫不介意别人说他是一个一米五的光头，于是他默默地把广告植入你心中。

玩社交能玩好的，一定是个性非常鲜明的人，他们身上有着一种很亲和的特质，能很快与别人自来熟，非常容易亲近，什么都能聊得很好。像这样的人，做微商也是比较容易成功的。

3.4.2 一定要增强良性互动

微商与电商最大的不同，微商是以情感、以人为中心来产生交易的，而电商则是以产品为中心，做一个产品页面放在那里等客户来咨询。但是，微商需要主动出击，通过互动来给人留下深刻的印象，然后产生信任，最后购买产品或成为新代理。

现在很多微商还是以群发早上好、晚安、注意增添衣服，以及鸡汤段子的方式增强互动，这种方法的效果不明显，甚至有些微信好友会感到反感。相反，如果是经常在朋友圈中分享一些诙谐幽默段子，这样会引起微信好友的关注，还可能会在下面给你评论互动，加强你们的联动性。

因为你的消息能带给微信好友无限的快乐，好友就会主动去看你分享的内容，以及转发分享到自己的朋友圈。毕竟，在一个“段子手”满天飞的时代中，“神回复”才会引起别人的关注。不会的人，可以多去学习，不要把不懂幽默当作微商不成功的借口。

3.4.3　形成真实的购买力

之前，会有各种微商“晒单”是假单的消息，被无数次地曝光在大众面前，给微商发展造成了极坏的影响。所以，现在要想自己的微商之路越走越宽广，从一开始就不要“晒假单”，完全可以凭借自己的实力把自己的产品宣传好。

微商可以多“晒”自己顾客用产品之后的真实反馈，分享客户内心真实的感受；也要实事求是地告诉顾客产品可能会对某些肤质不适合；或者对比一下其他同类产品的优缺点，客观地描述自己的产品。这样顾客就会觉得你是一个很真实的人，而不是“王婆卖瓜自卖自夸”。

当然，这一切的前提还是要有质量过硬的产品、丰富的产品知识信息等一系列强大的依托为背景，然后打造一个有温度、有质量的朋友圈。所以，微商一定要高调地宣传自己的产品，当然也不是要“吹牛不打草稿”，这个度一个要控制好，不然很容易适得其反。

3.4.4　明星效应带动“粉丝”消费

现在已经是“粉丝”经济时代，“粉丝”文化已经发展得十分完整了。由此，有些聪明的微商老板会选择邀请一些知名艺人、明星代言微商产品和品牌，这种做法能够帮助他们收获很丰厚的利润。明星效应已经对人们的生活产生重大影响，电视中的明星代言的广告对我们会产生潜移默化的作用，如提高企业的美誉、提升产品的销量及提高品牌知名度等。

对于资金比较雄厚的微商企业，可以考虑邀请一些当红明星、艺人来为自己的微商品牌代言，在朋友圈中发布产品营销信息时，可以附带一些明星使用产品的照片，增强品牌吸引力。一般来说，投资与收获是成正比的，肯出钱请当红明星、艺人代言，获得的回报也是丰厚的。

下面介绍明星效应的 3 个作用。

① 一个优质明星，往往能够带动整个品牌的格调，而在现在这个人们文化水平越来越高的社会，购买者对“格调”这个词是非常看重的。

② 除了普通群众以外，该明星的“粉丝”绝对会买产品的账。他们不仅自己会购买产品，还会拉动身边的人一起购买产品。一传十、十传百，慢慢地，来购买产品的“粉丝”和顾客就会越来越多。

③ 明星身上的光环也能够影响到微商的品牌，顶着“某某产品”代言人的头衔能够帮助此品牌提高知名度。

所以，微商如果在资金比较雄厚的情况下，可以通过明星效应的方式带动消费人群，特别容易引起“粉丝”的强烈关注。

3.4.5 限时限量加快朋友下单速度

古话说“物以稀为贵”，即越紧缺的资源价值越大。这种方式同样可以应用于朋友圈的微商行业，微商可以把这种心理用在产品的营销活动中。制造某种产品供不应求的状态，会让消费者对这种产品充满好奇心，并且尝试购买一探究竟。

微商制造产品的稀缺性可以从两方面入手，一是限制产品售卖的数量，二是限制产品的优惠时间。

1. 限制数量

数字是相对来说比较抽象的概念，很多时候，如果没有人提醒，一般人对数字的敏感度可能并不太高。

所以，在微商营销活动中也必须要注意到，微商可以通过微信朋友圈的方式随时提醒顾客限量商品数量的多少等，给对方造成一种紧张感，让顾客觉得“如果再不抓紧时间，好东西就白白溜走了”诸如此类的感受，这样就给顾客制造一定的稀缺感和压迫感，在一定程度上拉动销售的数量。

随着经济生活水平的不断提高，人们开始追求个性与时尚，所以每个人都希望自己是独一无二的，那么限量购买的商品往往能够成为“独树一帜”的物质代表。

微商可以利用人们的这种心理来进行营销活动。将自己品牌中的某种商品定为“限量版”，标明发售时间先到先得，商品的销售量一定会大大提高。但必须注意，这一方法更适用于相对来说较为高端、高品质、高口碑的商品。

2. 限时抢购

限时抢购又称为闪购，最早的闪购模式是以互联网作为依托的电子商务模式。一般来说，开放“限时抢购”活动的时间点，都是在市场相对来说比较疲软的时候。这段时间可能由于市场货品饱和所导致的销售额并不那么乐观。为了刺激消费，微商可以开启“限时抢购”的活动。

无论如何，“价格”都是消费者在购买商品时考虑的最基本因素。所以任何时候，“低价”对消费者都有着致命的吸引力。这就意味着，“限时低价”一定能够起到拉动销量、刺激购买的作用。

微商需要注意的是，在微信朋友圈的优惠活动营销中，限时优惠对用户来说有着强烈的吸引力，微商一定要营造一种“优惠不是时时有”的氛围，让用户抓紧时间购买。

3.4.6　利用跟风心理提高购买率

热销氛围可以让消费者产生从众心理，形成“羊群效应”。羊是群居动物，它们平时习惯随大流，并且是盲目地跟随大流。只要羊群中有任何一只羊开始往前冲，牵一发而动全身，这时所有的羊都会与它一起向同一个方向冲，浑然不顾它们所朝向的方向有没有危险或有没有食物。当“羊群效应”用于心理学来描述人类本能反应时，也就是人们平时所说的“从众心理”。

人们常常随大流而动，哪怕与自己意见可能全然相反也会选择否定自己的意见跟随大众的方向，甚至是放弃主观思考的能力。所以微商如果有自己的实体店，就可以在实体店中拍摄产品热销的情景照片，然后在朋友圈中发布这些热销的照片，让产品产生热卖的氛围，引起消费者的兴趣，充分利用消费者的从众跟风心理。

在营销过程中，如果微商可以合理利用这种盲从心理，就有可能大规模地拉动商品整体销量。

3.4.7　对比竞争对手，突出产品优势

人们常说：“竞争对手不仅仅是敌人，还是自己最重要的老师”，所以往往微商通过引入外界的竞争者，能激活内部的活力。从竞争对手那里获得灵感，也是微商营销的方法之一，主要有以下两种。

① 了解对手：所谓知己知彼，百战不殆，随时了解对手商品的动态，结合自身产品，做出相应调整。

② 对比产品：微商可以将同行业产品与自己的产品放在一起进行对比，无形中推荐自己的产品。

3.4.8　送体验、送产品、送服务

通过赠送产品进行促销是最古老、最有效、最广泛的营销手段之一。人们往

往抵挡不住赠品的优惠而产生消费行为。赠品促销的好处非常多，主要体现在以下 4 个方面。

① 增强促销力度、宣传品牌气势、刺激消费。

② 吸引消费者的注意力、刺激顾客转移消费档次。

③ 鼓励顾客重复消费，或者增加消费的额度。

④ 对抗、抵御其他品牌的促销手段。

微商应从生活中去感受营销，相信大部分人都很乐意接受各种各样的礼物。一方面可以感受到赠送礼物的人对自己的感情，另一方面免费得到东西认为自己赚到了，并且充满惊喜感地得到总是让人欲罢不能。

3.4.9 了解产品塑造价值

在营销过程中，微商必须意识到，我们所销售的，看似是商品这个实体，实则售卖的是产品本身所存在的价值。所以，在向顾客推销某些商品时，微商应仔细询问用户本身的情况，选择一个正确的切入点来推销自己的商品。

微商应该从以下 3 个方面为产品塑造价值。

1. 效率高低

现如今是一个讲究效率的时代，能够快速见效的东西往往更加受到用户的欢迎。时间就是金钱，所有人都希望可以在最短的时间内收到最大的回报。

例如，培训机构，要是能够打出类似“一个月掌握新概念英语”“20 节课雅思上 6.5 分”之类的广告肯定会更受家长的青睐。又如，减肥产品，能够越快瘦下来的肯定越受用户注目。所以，如果想让顾客购买商品，一定要将商品的高效率功能体现出来，为商品塑造效率上的价值。

2. 难易程度

难易程度很好理解，越容易上手的产品自然更受欢迎，特别是高科技产品。由于它自身的高端性导致这些商品操作方式比较复杂。就以手机为例，现在的智能手机年轻人可以随意使用，可是年纪稍微大一些的、用惯了原来的翻盖式、带键盘手机的或许还不太习惯。这个时候，越方便的智能手机自然会让人倾心。

因此，微商在推销产品的过程中就一定要提到产品容易操作、容易上手的优点，以此来塑造产品本身的价值，让顾客侧目。

3. 安全性能

安全对于商品，特别是电子商品来说，是一个非常基本的评价标准。安全是基础，也是最重要的部分。换句话来说，这就要求微商所售卖的商品不能对购买者造成任何伤害。

如果微商可以保证产品对人体本身不会造成任何伤害，那么商品的成交率就会大大提高。

3.4.10　促销活动提升品牌的宣传效果

现在的微商竞争尤为激烈，要在众多同行竞争中屹立于不败之地就要靠新老顾客的不断支持来带动产品销售额。下面以奖励促销、满减促销、积赞促销 3 种方式，介绍微商促销活动的营销技巧。

1. 奖励促销

奖励促销是指在进行一场促销活动时能够给到促销受众一些好处，如二次消费回扣、满减、抽奖等，其意义就是让消费者觉得自己赚了。

2. 满减促销

满减促销是指消费者在店里消费的金额达到了指定的额度时，可以享受相应的折扣或优惠，如满多少减多少活动。

3. 积赞促销

积赞促销方式主要体现在微信朋友圈中，消费者通过转发微商的促销活动信息，获得相应的朋友圈点赞数量，从而得到微商相应的促销优惠福利，微商通过这种方式也能获得较好的品牌宣传效果，这也是微商常用的营销方式。

3.5　情感营销促进和用户的情感交流

情感营销是微商在朋友圈中做营销的重点，打造差异化内容，促进与用户的情感交流，从而为推销产品打下良好的基础。有很多微商每天都在发朋友圈内容，效果却总是差强人意。因为大多数微商在朋友圈发布的内容不是满屏的广告，就是在晒收入、晒出单，这样会增加用户的紧迫感。

如果是在微商还比较少的时候，这种方式或许能吸引一部分用户，因为人们总是愿意接受一些新鲜的事物。但是，如今的微商已经泛滥了，朋友圈中有的内容大部分都是微商刷屏发自己代理的产品内容，这样微信好友就会感到厌烦。而如何从众多微商中脱颖而出，这也是微商需要注意的。

微商要紧抓住核心，微信朋友圈本来就是一个小圈子，既然是朋友，就要展示出你的生活、身份是足够真实的。让朋友欣赏你，愿意接近你，觉得你是一个有品位、有生活、充满情感的人，而不是一味地只会刷广告的令人厌烦的人。

很多微商认为要做好朋友圈营销，就是要不断提高自己的曝光率。其实，提高曝光率是无可厚非的，但不能单纯地认为满屏刷广告就有助于提升营销的质量。并且一旦把持不住泛滥式的刷屏，就会遭到越来越多朋友的反感。下面介绍微商朋友圈情感营销的相关概念和技巧。

3.5.1 朋友圈情感营销的概念

朋友圈情感营销是指从消费者的情感需要出发，唤起和激起消费者的情感需求，诱导消费者心灵上的共鸣，寓情感于营销之中，让有情的营销赢得无情的竞争。而微信更易于情感营销，因为做微商的本质就是以人为本。

如今微信上消费者在购物方面，更倾向于一种情感上的满足，心理上的认可。因为微商的本质就是人，一切都以人为基础。所以做微商，首先要把人营销起来，才能更好地营销产品。这就解释了很多微商虽然拥有成百上千的用户群体，但是转化率总是不尽如人意。因为别人连你都不曾了解过，没有对你的信任，看不到真实感，就不会接受你推荐的产品。

3.5.2 怎么做朋友圈情感营销

微商要做朋友圈情感营销，必须做好以下 6 点。

1. 个人信息

微商不要把产品名放在个人昵称、头像、签名上。个人信息应该是最真实的自己，如果觉得自己不上镜，可以使用美颜相机进行美颜，或者可以是背影、侧脸出境，保持神秘感。这样就不会让用户觉得和你聊天，就好像对着产品聊天一样。

微商可以去翻一下自己的好友通讯录，头像或昵称里面带产品的是不是让大家的心里有一种抵触感。营销的根本就是把产品忘掉，以人为本。

2. 发布生活类的信息

微商可以在朋友圈中发布自己的个人照片、出去游玩照片，或者与朋友、团队合影的照片。照片最好拍的充满能量，充满阳光，给好友感觉你是一个有正能量的人，并且可以给别人带去正能量。

3. 轻松、诙谐幽默的互动

微商可以根据网络上的热点新闻，发起一个话题，或者修改某些段子来造成互动效果。并且，可以把这些做成一个活动，让朋友圈的好友都能参与进来，如果活动策划得好，不仅很容易达到裂变的效果，还会瞬间拉近与用户的距离，从而产生信任。

4. 与用户进行情感的沟通

微商在与朋友聊天时，不要总是推销自己的产品。换一个角度想一想，如果你是对方，在与朋友聊天时不先问候，一开始就一直与你聊产品怎样，你还会继续聊下去吗？所以微商一定多做换位思考，假设自己是你的聊天对象，从这个角度去思考问题，让朋友喜欢与你聊天，主动购买你的产品。

5. 专业知识必须具备

如果你是代理护肤品的微商，那么就应该对自己销售的产品知识了解透彻，把自己打造成一个护肤达人。微商可以在朋友圈中经常发一些护肤小知识，用专业知识帮助朋友解答一些护肤方面的问题。当你帮助到他的时候，他就会对你产生信任感，顺带购买你的产品。

6. 定制专属贺卡

微商可以在一定的节日，挑选朋友发送专属贺卡。根据朋友的特点选择一些别出心裁的文字策划，多花一些心思。人与人相处，一定要真诚相待，不管是网络还是现实。只有他信任你这个人，才能信任你卖的产品。

总之，一切都是以人为本，不要以产品为本，要做最真实的自己，以诚相待，做好口碑，赢得大家信任，销售就是顺带的事情。简单的事情重复做，重复的事情用心做，这样成功的概率就会大大增加。

3.6 互动营销引出更多的潜在客户

微商需要做好最基本最重要的两个方面，即增加流量和转化。关于增加流量方面的技巧将在第 5 章详细介绍，本节主要介绍转化技巧。

微商要记住一句话：人数多不代表你的货就卖得多，质变一定需要量变，但是量变不一定就能质变。所以，微商在增加流量之外，一定不能忽视如何把好友转化成客户。加好友只是微商的方法，成交才是微商的最终目的。

作为微商，吸引好友来对你进行关注，最直观的方法就是朋友圈的展示。一个优质的朋友圈可以塑造一个很好的形象，从而去吸引他人。打造优质的朋友圈前面有详细介绍，此处不再赘述。下面主要介绍朋友圈中优质的互动技巧。

当微商把朋友圈塑造好，再去做好一些互动，那么微商就能把潜在客户吸引出来，从而带动自己的销售。互动引发关注，关注带来成交，所以朋友圈优质的互动是成交的源头。微商可以看一下自己的好友数量有多少，然而真正有过聊天、有过互动的有多少。

俗话说得好：人与人之间的吸引力来自彼此之间是否有关联或相似性。微商在朋友圈营销这方面，与陌生人的关系就是来自互动，互动主要有以下两种方式。

3.6.1 去互动别人的圈，给别人点赞评论

如果想要得到什么，就应该先去付出什么。微商想要得到微信好友的点赞评论，那么就应该先去给好友朋友圈发表的内容点赞、评论。每个人都喜欢被关注，当你关注了他，他也会相应地关注你的朋友圈。

中国人都喜欢礼尚往来，如果有人天天给你点赞，相信你也会去他的朋友圈点赞和评论，这样彼此互动就会慢慢变得熟悉。所以，微商可以每天坚持 30 分钟去看微信好友的朋友圈，并且点赞、评论、互动起来，这对于微商来说是非常有必要的，特别是好友的生活状态，像美食、自拍什么的都可以去评论、去赞扬，如“这个看起来好好吃”“你长得真好看啊”。例如，有些妈妈会晒自己的小孩，微商也可以去评论，如“好可爱”“好聪明”“一家子真有爱”等。

微商每天花 30 分钟去自己的朋友圈互动，坚持下来，你就会发现朋友圈慢慢活起来了，点赞的多了、评论也多了，这就意味着你的被关注率已经提高了。

一般来说，微商的好友量都很多，所以每次通过朋友圈去点赞、评论，会有些广泛，为了避免遗漏，可以进行地毯式的互动。

① 把好友分组，一组 50 个，把组别的名称改成：互动××（日期）。微商可以先分成 7 组，坚持一个星期。然后每天有目的性地到这些人的朋友圈去互动，而不是漫无目的地看朋友圈内容去互动，并且这样有计划性的互动也会督促微商每天去做。

② 这个星期你互动完了 7 组，下个星期再对每一组进行精简，将有些无法成为顾客和代理的直接移出去，通过评论和聊天不断地精简每一组。一个月每天半小时做这 7 组就可以了，不然时间会被浪费。所以，微商可以多花一些时间有效地盘活已有的“粉丝”数量。

3.6.2 设计一些互动方法使自己被互动

微商除了主动参加互动外，还需要设计一些有趣的环节来引起好友的兴趣，使自己被互动。下面介绍 7 种引起互动的方法。

1. 猜谜发红包

微商可以把问题设置得稍微有趣一些，然后答案要简单，这样比较能引发好友的参与欲望，如“这张图片中一共有多少个人”“图中哪个产品是爽肤水”之类的问题，就算好友不知道正确答案，也能轻松回答。像答案很复杂的、需要一大堆文字描述的，或者要想很久的问题是不需要的，还有就是像脑筋急转弯，或者是一些比较专业性的知识也是不适合的。

刚开始做活动时，互动的人或许会比较少，但是也能吸引一些你没有见过或不是很熟悉的人参与活动。然后你可以锁定他们，因为他们将会成为你的精准客户。

2. 点赞送红包

点赞送红包这个方法，一般是让一些不熟悉的人找话题切入，多去产生关系，因为能点赞就肯定有关注，微商可以马上找话题去与他聊几句。

3.“逗比”的段子

人们一般都喜欢搞笑的东西，所以段子很容易引发互动。好友在琳琅满目的广告信息中看到你的段子，会是一种很不错的体验。可能就有人因为你的幽默感，而介绍好朋友加你，这样微商的客源就又扩大了。

4. 问答式的朋友圈

问答式的朋友圈就是朋友圈发表的内容以疑问句结尾的状态。例如，“还有没睡的吗？”，像这种互动率也是较好的。微商可以借鉴微博热门话题，分享一些内容，还可以看好友的朋友圈一般都分享什么内容，结合好友关注点，制造话题。

5. 价值输出

价值输出就是输出对别人有用的东西，主要包括以下 3 个方面的内容。

（1）分享自己的微商经验。

现在每个人都会有很多微商好友，如果你能发一些对他们有用的东西，他们就一定会持续关注你，这样有助于你转化代理。不管你做微商的时间有多长，都或多或少地有一些自己的心得。微商可以把自己的见解和心得发到朋友圈，内容可以不用太多，表达出一个观点即可。

时间久了，你会发现有很多小微商来问你一些微商方面的问题，这样有利于你扩大客源。

（2）分享自己的专业知识。

微商可以分享一些自己的专业知识。例如，做黑糖青汁养生类的微商，经常分享一些与健康、排毒、瘦身有关的知识和小技能。这些除了能体现出微商的专业外，也能和一些潜在客户互动，告诉他们到底什么才是好的。

这些专业知识内容可以去微博上找，在微博上关注一些养生类、健身类的微博，适当地用自己的语言改编，这样就会变成你自己的东西。另外，可以在淘宝上看类似产品的详细内容，再将这些知识分享到朋友圈。

（3）分享自己的兴趣或特长。

如果感觉自己没有什么特长，兴趣爱好也是可以的。如果是“淘宝达人”，就可以分享好东西应该去哪里买，如果爱好旅游，就可以分享旅游攻略。所以，微商不要觉得价值就是很“高大上”，一些看起来很日常的知识也是对别人有帮助的，多去分享，这就是价值。

6. 好文配合适的人

微商平常看到一些公众号文章或朋友分享的文章，不要仅自己看完就结束了，可以想一想这篇文章是否适合微信好友看。

例如，微商看到一篇幼教的文章，觉得不错，就可以把链接分享给朋友列表中的“辣妈”，这个时候，平常的备注就至关重要了，发送给她之后带上一句话：我觉得这篇文章挺适合你的，你可以看一看。

这些都能产生话题，引起互动，80%以上的好友会感谢你的，所以微商要上心。这个方法既适合与陌生人互动，也适合老顾客。多花一些时间去了解顾客，谁都喜欢被关心、被关注。

7. 温馨小贴士

温馨小贴士，就是一些日常的提醒，可以自己去做，也可以自己去找，然后放在一个统一的相册中，这样要用的时候随时都能找到。例如，很多人会经常出差，那你也可以准备几张这样的图片保存起来，如出门物资必备、外出安全把控等，看到朋友圈有出差的信息，就可以提醒对方，这样既温馨又实用，对方也会很感谢你。

实实在在地把微信的社交本质用起来，以上就是引起互动的一些方法。有些要坚持每天做，有些可以隔一段时间再做，有些一遇到就能做。只要坚持做下来的，再加上自己走心的朋友圈，这样你的人缘、销售才会好起来。

3.7 维护朋友圈，避免被好友拉黑和屏蔽

微商主要成交的场所就是微信，所以微商要好好维护自己的朋友圈，避免被

好友拉黑、屏蔽。下面介绍 5 个维护朋友圈的小技巧。

3.7.1 朋友圈推送时间不规律是误区

微商朋友圈广告应该精准投放，朋友圈推送时间不规律会导致很多微信好友注意不到你朋友圈分享的内容。

互联网上最活跃的 3 个群体就是白领、妈妈和学生，然而他们的活跃时间是不同的。白领的活跃时间一般是上班中和睡觉前；妈妈群体活跃时间一般是宝宝睡眠时间；学生群体活跃时间是放学后和放假时。

天天发广告的微商，是最无奈的微商；但是连一条广告都不发的微商，是“离死不远”的微商；一个好的微商，一定是对朋友圈内容规划做得好的微商。微商每天发布的内容一般要保持在 5～8 条，内容要符合网民心理，坚持做原创，发送的时间段要根据客户群体的生活规律来定。

结合上面 3 类群体的活跃时间，建议在以下 5 个时间段分享朋友圈内容。

① 上班派，7：30～8：00。

② 午餐派，12：00～13：00。

③ 下班派，17：30～18：30。

④ 晚餐派，20：00～22：30。

⑤ 被窝派，00：00～2：00。

3.7.2 玩转互动朋友圈

微商不仅要做好微信营销，更要做好朋友间的情感营销，经常点赞和评论朋友发表的动态，混熟朋友圈，微信朋友圈与 QQ 空间最大的特点就是同一条内容你看不到不是你好友的评论，做好真正的朋友圈营销不一定是你微信上的好友。

一些刚开始做微商的人，“粉丝”更多的是 QQ 好友，所以微商可以经常关注 QQ 好友动态，适当地在他的 QQ 空间下评论与他的朋友互动，然后相互加微信好友，这样你的朋友圈也会越来越广。真正的朋友圈营销是做到交流—交心—交易—交情。

微商朋友圈分享的内容要让客户有参与的空间，要学会引导你的“粉丝”参与进来。下面是引发“粉丝”互动的 3 个关键点。

1. 痛点

痛点是指用户的核心需求，是必须为用户解决的问题。用户在做某件事的时候觉得非常不方便，甚至感到非常难办，做起来很痛苦，这就是用户的痛点。例如，我想出门就能打上车，但我在比较偏远的地方，出租车非常少，这就是一个出行痛点，因此出现了滴滴出行这个产品，它就是用于解决用户的出行痛点。再如，中午要去吃饭，但外面下雨了，我没有带伞，怎么办？这个时候饿了么、美团外卖及百度外卖等外卖场景就出现了，解决了吃饭的痛点。痛点其实就是人们日常生活中的各种不便，微商要善于发现用户的痛点，并帮助用户解决这些问题。

2. 痒点

痒点是指用户的心理满足感，以及潜在需求。在用户解决痛点的场景比较多时，此时痒点的效应就出来了，痒点可以促使用户心中产生一种“想要”的想法，当他看到或听说某个感兴趣的产品或功能时，心里就会痒痒的。

如果说痛点是解决用户的问题，那么痒点就是激发用户的欲望，在情感或心理上为用户带来更好的满足感。例如，同样一个枕头，都是用于解决用户睡觉的痛点，但其中一个枕头还有按摩的功效，这就是为用户带来了痒点，相信会有更多人选择。

3. 尖叫点

尖叫点是指超出用户预期的惊喜，能打动人心。例如，你是一个商务人士，出差要住酒店，当“五星级的待遇，四星级的价格”时，是不是很心动。五星级的酒店通常是五星级的价格，而现在只需四星级的价格即可入住，更加超值。

再如，农夫山泉有点甜，农夫山泉是饮用水产品，解决的是用户口渴的痛点，而“有点甜”就是尖叫点，是在超出痛点之外的一个卖点。

在微营销时代，用户对于产品和服务要求就是“体验为王”，谁的产品和服务可以真正令用户满意，谁就能赢得用户。因此，微商需要为用户提供优质的产品，给他们舒适和贴心的体验，在解决用户痛点的基础上，带来更多的痒点和尖叫点，只有提升自己产品的核心竞争力，才能引爆产品和服务。

3.7.3 巧妙提高好友印象认可

微商想要提高自己的信任感，除了日常中发布的一些说说外，也可以写一些日记或开通一个个人微信公众号，打造自己的影响力。而最好的途径就是做别人想做却没有做成的事。

另外，现在自媒体方面是一个很大的红利点，微商如果先打造自己的公众号个人品牌，就可以帮助你提高知名度，传播影响力，增加更多的“粉丝”。公众号文章可以把你的一些特殊经历写出来，把你认为最有成就感的事情写出来，只要你用心写，就一定会得到朋友的认可。所以，微商一定要坚持用心写文章。

3.7.4　如何在互联网上建立信任

社会学大师查尔斯格林在《可信赖的顾问》中提到一个公式，用来计算商业领域的信任，信任=可信度×可靠度×亲密程度/自我意识。这个公式同样也适用于微商。

3.7.5　社交情绪管理原则

对每个人来说，分享内容的动机一定是为了表达自己及客户对自己信仰的品牌精神，而不是协助品牌传播广告。有句话说得很对："你以什么样的心态对待别人，别人就会以什么样的心态回报你。"

微商切记不要干巴巴地发广告，因为这让人更多的感觉是敷衍，而不是沟通，没有人愿意接受敷衍。微商只需抓住机遇，在这个竞争激烈的社会，随时跟上步伐，不然就会被社会淘汰。

Chapter 4

第 4 章

内容：火爆高效的软文和视频营销

随着互联网的发展，现在网络营销的方式也越来越多，不过最基本、应用最广泛的还是软文营销。能够快速且节约成本地提升微商和产品的形象，提升企业与产品的知名度和公信力的特点，使得软文成为很多微商最喜欢而且有效的营销手段之一。

本章主要介绍软文营销的形式及技巧，以及视频营销内容的玩法。

软文营销的形式及技巧

微商如何写好产品软文

5 种不同软文的写法

16 个撰写文案的小技巧

6 种短视频营销内容的玩法

4.1 软文营销的形式及技巧

微商工作中最重要的一环，就是朋友圈，而软文就是朋友圈中最好的推广形式。

4.1.1 软文的定义

古人云“润物细无声”，相对于硬广告（硬性广告）来说，软文的精妙之处就在于它将宣传内容隐藏于精美的文章内容中，让用户被精彩的文章吸引，忽略了广告，却又在阅读时了解到策划人所宣传的信息。

软文应该是双向的，能够让客户得到他想要的内容，也了解了策划人所要宣传的内容。下面就带领大家一起走进软文世界，体会软文的魅力。软文的定义有两种，一种是狭义的，另一种是广义的。

1. 狭义的软文

早期来说，软文是指企业在以报纸、杂志等纸媒介为主的宣传载体上，付费刊登的纯文字性广告，这就是狭义的软文定义。早期的软文，又称为付费文字广告。

2. 广义的软文

广义的软文，范围要大一些，企业通过有计划地策划，以提高企业品牌形象和知名度或促进企业销售为目的，在报纸、杂志或网络等宣传载体上所刊登的具有宣传性、阐释性的文章，都可以称为软文，其中包含了特定的新闻报道、深度文章、付费短文广告、案例分析等。

4.1.2 软文的形式

综观广告市场，软文虽然千变万化，但是万变不离其宗，主要有以下 6 种形式。

1. 新闻事件式

新闻事件式软文就是以新闻事件模仿新闻媒体的口吻进行文章的撰写，让读者感受到事件的权威性。但是，在撰写新闻式软文时，企业需要结合自身条件，多与策划沟通，天马行空、闭门造车是会造成负面影响的。

不可置疑的是，新闻式软文具有很大的权威性，可以让读者对文章中提到的广告内容信服。

2. 悬念疑问式

悬念疑问式软文利用的是人们的好奇心理，抛出一个问题，引得大家猜测和关注。然后在合适的时机给出答案，它属于自问自答式。

例如，“什么使她重获新生？”通过设问引起话题和关注是这种方式的优势。先提出问题，下文就公布了问题的答案，这种自问自答的方式可以很大程度上引起读者的兴趣。

悬念式软文设问时需要掌握分寸，提出的问题要富有吸引力，且能体现需要传递的信息。答案要符合常理，要能自圆其说，而不是漏洞百出，作茧自缚。

3. 故事叙述式

故事叙述式软文通过讲述完整的故事来带出产品，利用产品的“光环效应”和神秘性给消费者造成强烈的心理暗示，从而促进销售。

这类软文的目的并不是讲故事，关键在于通过听故事这一接受知识的方式，传递故事背后的产品线索。因此，一篇成功的故事类软文，对于故事的知识性、趣味性、合理性都有很高的要求。

4. 情感爆发式

广告的重要媒介之一就是情感，在软文中，有更大的情感针对性，通往人的心灵，易于打动人，走进消费者内心世界是情感的最大特色。因此，在软文营销上，“情感营销”一直非常靠谱。

5. 心理恐吓式

与情感爆发式软文截然相反的是心理恐吓式软文，不同于诉说美好的情感，恐吓是直击读者软肋的。

事实上，在给人留下深刻印象这方面，恐吓所形成的效果要强于赞美和爱，但是这种方式往往容易遭人诟病，所以需要把握分寸，不能过火。这种软文形式大多应用于健康养生广告中。

6. 全民促销式

促销式软文常常与上述几种软文一起使用。这类软文利用的是“攀比心理”和“影响力效应”等多种因素，通过直接配合促销，或者使用“买托”造成产品的供不应求状态，刺激消费者产生购买欲。

4.1.3 软文营销的技巧

软文营销对于软文发布平台的要求很高，因此软文营销需要微商撰写原创文发布到权重较高的网站，由此获得较高的排名与曝光率，进而实现软文营销的目的。微商在进行软文营销时需要注意以下 3 点。

1. 流程化步骤

软文营销所采用的发布平台的权重对于搜索引擎的收录也起到很大作用，软文营销重要的是整合所有可利用资源，量身打造专业合理的软文营销方案，制定推广步骤，然后在知名平台上发布软文。

软文营销将软文推广进行了商业流程化操作的方式，获得了国内大量知名企业的热捧。

2. 成功的秘诀

一篇优秀的软文对于微商来说是相当有用的，被读者阅读、认同再转载，无形中就为企业做了宣传，但是并不是所有的软文营销都是成功的。要想使软文营销成功，就要做到以下 4 点。

① 定位精准：只有针对消费者找准软文目标对象切入点，软文才有准确的目标定位，从而进行针对性营销和精准营销，软文才有发布方向。

② 标题热点：软文标题决定软文三分之一的成功率，标题对于软文的营销力度影响极大。只有通过标题吸引读者视线，软文才能成功发挥自己的优势。

③ 内容精选：标题吸引人还不够，要利用内容进一步影响读者意愿。行业类软文需要语言简洁、逻辑通顺、主题清晰，引起读者共鸣。

④ 营销巧妙：软文营销，软文的重点在于软，而营销的成功要点在于巧妙。只有够软且够巧妙，将广告的意图藏起来，才能离成功更近。

3. 影响收录

网站收录是指与互联网用户共享网址，网站首页提交给搜索引擎后，搜索引擎的“网络机器人”就会光顾，每次抓取网站时向索引中添加并更新网站。

因为“网络机器人”的自动抓取功能，网站站长只需要提供顶层链接即可。“蜘蛛”也就是搜索引擎的抓取工具，能够自动找到其他网页。被提交的网址经过审核符合相关标准，就会在 1 个月内按搜索引擎的收录标准被处理。

软文对于搜索引擎的影响主要有以下两点。

① 发布平台的权重：网站的权重是影响收录的关键，权重较高的网站会比权重偏低的网站更容易被收录。

② 软文的操作方式：软文的操作方式，如软文如何选择标题，软文如何发布，一篇软文发布几个平台，发布的频率等，都会影响收录。

软文在收录后容易被忽略，因此优化软文重复次数不要太多。营销软文在发布时最好是大批量的，广撒网才能多捞鱼，发布范围越广，效果越好。这些效果不能量化成为具体的数字，但是却值得仔细花时间去研究。

4.1.4 软文如何助力微商推广

随着移动互联网技术的快速进步，移动互联网的应用变得普及，微商越来越多。同行的增多使得微商刷屏的广告起不到作用，微商要与时俱进，利用新的营销方式来打开市场。

如今，很多微商已经有了要做软文营销的认知，但要知道，微商软文，可不是好写的。那么，微商软文应该如何撰写呢？下面介绍两种不同的微商软文营销技巧。

1. 个人微商软文营销技巧

下面介绍撰写个人微商软文的 4 个技巧。

（1）好友增加流量。

微商是通过微信朋友圈进行产品宣传的，并且通过微信社交 App 来完成产品销售的绝大部分步骤。

微商的基础就在于微信，微商通过发布朋友圈进行产品营销，对潜在顾客进行耳濡目染，促成销售。微商的潜在顾客是微商的微信好友。微商在做软文营销时，第一步就是进行增加流量。通过撰写有趣的软文，吸引好友转发，进而获得更多好友。

（2）推广品牌。

有人认为，微商不同于传统销售，微商所销售的产品，通常并不知名，因此对于品牌营销就不太重视了。但实际上，微商更加需要进行品牌推广。只有在朋友圈中通过软文营销打造出品牌影响力，才能打下销售的基础，甚至获得更多代理。

（3）赢得信任。

信任是销售的基础，尤其是在朋友圈中，相比于毫无关系的陌生人，消费者往往更愿意选择有信任感的朋友。

而打造信任感是一个长期的过程，需要耐心地操作，以及通过专业的软文营销与长期的答疑解惑塑造微商在消费者心目中的形象，才能获取信任。

（4）销售产品。

无论如何，营销的最终目的在于销售，微商通过软文进行营销，也是以销售产品为目的。因此，微商在撰写软文时，要时刻把销售产品这一最终目的记在心里，才能够撰写出合适的软文。

2. 企业微商软文营销技巧

传统企业转型微商模式时，最常用的微营销方法就是软文营销。那么，企业微商的软文营销又有哪些技巧呢？下面以 4 个不同行业作为举例来说明。

（1）旅游微商软文营销技巧。

旅游是如今比较火爆的行业，特别是在节假日的时候，旅游备受人们的关注，也因为这样关于旅游的软文就比较多。旅游企业微商的软文一般来说是非常好撰写的，也正因为好写，很多软文撰写者都不会注意一些小细节，就会导致自己的软文并不受读者的欢迎。

旅游软文成功的条件包括对受众进行精准定位、广告意味不要太重、将最精华的内容展现出来，以及是读者喜欢的旅游软文类型这 4 点。在软文撰写中，使用叙述的手段，对景物进行描写，或者抒发议论，通常可以获得较好的效果。

（2）数码微商软文营销技巧。

随着互联网时代的来临，科技的进步，数码行业也在日新月异地发展着，对于数码行业的软文撰写者来说，撰写数码微商软文应该做到及时、正确地将软文发送出来，这样读者才不会失去阅读的新鲜感，才会有效果。

对于数码企业微商来说，软文的关键点是非常重要的，而所谓的关键点就是能让读者感受到软文的说服力、被软文所感染及主动传播软文。数码软文营销的关键点包括“攻心”才是成功之道、让读者更有代入感、从价值和应用角度出发这 3 点。

资讯类的数码软文通常都具有实效性，用户喜欢看资讯类的软文是因为通过它能够在第一时间获得自己想要的信息，所以数码产品资讯类的软文，必须要及时而且新鲜，老生常谈的内容不是资讯。

（3）房地产微商软文营销技巧。

房地产行业对软文的投入是非常大的，几乎每家房地产企业都利用过软文拉拢客户、找到精准客户、发布活动等，但不见得每一篇房地产软文都具备企业所期待的效果，要想写好房地产软文，还需要了解一些技巧。

随着软文市场的开发，房地产企业看中了软文的市场，不少房地产企业都投身于软文中，也正因为如此，房地产软文不管是在报纸上、杂志上，还是网站上、新闻上都已经形成了铺天盖地的境况。因此，房地产商又开始瞄准了微商这个行业。

可以这么说，写房地产软文非常容易，但写一篇效果好的房地产软文却不那么容易了。很多房地产软文的标题都是以看似与推广产品没有关系，但却是与推广产品联系在一起的形式，并获得消费者的关注，这样的标题往往比较新颖，让读者看不出是一篇软文，容易吸引读者阅读。

（4）汽车微商软文营销技巧。

随着互联网的发展，软文已经成为各行各业营销的重要手段，对于汽车销售和汽车租赁来说，也不例外，一篇优秀的软文能够为汽车品牌的宣传推广和汽车的销量带来不可预估的效果。

如今，传统汽车行业已经开始利用微信、微博、App 等微营销工具，并使用软文作为主要的微营销手法进入移动互联网微商行列。汽车软文面对的受众可能不像其他行业一样那么广泛，毕竟汽车是一种高消费产品，因此，其写作的方式应该切合消费者的心理，这样的汽车软文才能获得精准人群的关注，软文效果才能体现出来。

汽车行业软文写作技巧的本质在于吸引消费者，主要有两点，一是用活动吸引消费者；二是用高性价比吸引消费者。

4.2 微商如何写好产品软文

软文营销在微商行业的比重越来越大，那么微商如何才能写好一篇产品软文呢？本节重点通过介绍产品软文的标题、开头和结尾、内容及分享来教会微商写好产品软文。

4.2.1 产品软文的标题写作

对于软文写作技巧，就不得不提软文标题设计了。从上学刚接触作文开始，老师就常告诉学生："题好一半文"。意思是说一个好的标题就等于一半的文章内容。不过优秀的标题也不是那么容易写出来的。

1. 软文标题的要求

（1）简单直接。

对于软文标题的设计，最重要的莫过于简单直接，读者最喜欢的标题，就是简短好记，扫一眼就可以在脑海里产生印象。若是使用长句作为标题，难免会给人一种冗余的感觉，会引起读者反感，而不是对于软文的阅读兴趣。

（2）呼应正文。

软文撰写者需要先明确软文的主题内容，并以此命题，再着手软文的写作，这样才能做到软文标题与文章内容紧密相连。如果软文的标题和主题相关性不大，无论撰写软文的目的是什么，都会让读者产生被欺骗的感觉。

（3）画龙点睛。

如果把软文比作一个大房子，标题就是这栋房子的大门。读者第一眼往往看到的是大门，而如何能够让软文标题吸引读者眼球呢？在设计软文标题时，可以尝试使用一些比较有吸引力的词，来抓住读者的眼球。

不仅如此，软文的标题还需要点题，必须在标题中体现出软文所要表达的主题，软文营销是有目的的，所以，如果软文的标题主题模糊，不仅无法吸引读者，也是没有任何意义的。

（4）擅用关键词。

软文是给搜索到的用户看的，因此在软文标题的设计上，微商需要充分考虑搜索引擎收录的问题。而搜索引擎收录的重点就在于关键词。

因此，在软文标题的设计上，需要充分考虑关键词的融入，无论针对的是搜索引擎还是使用搜索引擎的用户，只有把关键词和长尾关键词妥善地融入标题中，才能更好地让搜索引擎收录文章，用户才可以通过精确的查找，搜索出需要的内容。

2. 软文标题写作的原则

一篇软文能不能引起读者的点击，首先看的就是标题，标题能否吸引读者视线极其重要，尤其现在的网络营销软文，标题吸引视线，才会有点击率。所以在撰写软文时，如何拟写软文标题，是至关重要的一环。

衡量一条标题的好与否，不仅要看有没有吸引力，还会有其他的一些原则，只有遵循下面 5 个原则，撰写的标题才称得上是优秀的标题。

（1）百度收录原则。

只有被搜索引擎收录的软文才能得到传播，才能实现它的价值。要被搜索引擎收录，标题需要新鲜原创，不能雷同，最好能有一定的流行度。

（2）换角度思考。

拟写标题时站在用户角度，思考用户会用什么搜索语句寻找问题答案。与用户搜索语句匹配度高的文章标题才能获得好排名。

（3）关键词组合。

能获得高流量的软文标题，都组合了多个关键词。单一关键词的短标题，通常在搜索引擎中排名不佳，而组合关键词针对性强，排名也会靠前。

（4）标题形式新颖。

软文标题写作要尽量使用问句，引起人们的好奇心；软文标题写作尽量要具体详细，可以加入数字；要尽量将利益写出来，增加标题的吸引力和销售力。

（5）不同阶段标题。

用户在不同阶段，搜索产品的关键词是不同的，因此针对不同阶段的需求，软文也要拟定不同的标题，才能精准锁定用户。

3. 标题设计的技巧

一篇软文的灵魂就是标题，针对的产品或服务不同写作技巧也不同，撰写者需要进行思考，才能写出有针对性的优质标题。在利用噱头吸引视线的同时，将内容安排得缜密有价值，会更加吸引读者。

（1）符号标题。

一般来说，软文标题中包含三大亮点：数字、观点和事例，推广者可以采用数字或符号来使自己的标题更有说服力和吸引力。

（2）学会借势。

借势是一种常用的软文写作方法，而且借势完全是免费的。借势一般都是借助最新的热门事件。

（3）使用特色语言。

拟写标题时可以通过一些带有特色的语言来吸引读者视线，如诗词、成语典故、谚语、歇后语等；如果是发送到地方门户网站的软文，标题还可以使用方言土语和人名地名；而针对另一些特殊情况，还有行业内专业术语、口语、军人常用语等这些词汇也可以使用。使用特色语言的标题，为了吸引视线，通常双行体较多。

（4）使用谐音/多音字。

汉语是一门博大精深的语言，在切合软文内容的前提下，通过利用多音字、谐音字，尤其是语音相同或相近含义却相反的词语，赋予标题深刻内涵，引起读者思考，都是可以给读者留下深刻印象的标题。

（5）进行对比。

在标题中使用对比的方法，不仅可以突出产品的优势，还可以利用对比方的名气来提升自己的名气，所以进行对比也是有区别的。

4.2.2　产品软文的开头和结尾

软文营销具有其他营销方式所没有的优点，而软文营销的重中之重就在于软文的撰写。

1. 软文开头和结尾的写作技巧

下面就来介绍软文写作中常用到的一些实用性技巧。

（1）软文写作读者为上。

软文要对读者有价值。一篇优秀的软文，需要获得读者的认同与信任。因此，需要从读者感兴趣的话题入手，通过搜索并整理资料，并由之展开软文撰写，从而消除与读者之间的陌生感。

微商需要时刻谨记，软文的生命力就是给读者看。不同身份、不同职业的读者对于软文有不同的需求。

为了能够满足读者的需求，软文撰写者需要根据对象的不同来使用不同的文风。例如，在撰写针对职业方向的软文时可以多使用职业相关的专业语言；而当软文的目标受众指向年轻读者时，多使用当下火热的流行语言。投其所好，是软文得到传播的最好渠道。

（2）软文需要体现价值。

软文本身只是文字的组合，虽然它有宣传产品、企业品牌的功效，但软文要实现自我价值必须要附着于其他产品之上。

一篇优秀的软文，除了要体现它宣传产品和企业品牌的功效外，还需要体现 4 个价值。这样的软文，除了软文必须达到的功效之外，还具有极强的阅读性，能够使读者在接收软文传达信息的同时，获得愉悦感。软文的价值主要体现在新闻价值、学习价值、娱乐价值及实用价值这 4 个方面。

软文的新闻价值是把需要宣传的点，与热门新闻相结合，使得读者在阅读软文时能够了解到新闻动态，这就是软文的新闻价值。具有新闻价值的软文容易被搜索引擎收录，也因为拥有附加价值而让读者乐于传播分享，软文的传播率和转化率都是非常高的。

软文的学习价值在于软文宣传点上结合知识点或知识体系，从而让读者能够在阅读软文时获得知识。这样的软文，缺点是针对的知识面有些狭窄，对于不需要此类知识的读者就会缺少吸引力，不过一旦读者正好是需要这类知识的，那么软文的宣传效果就会大大提升。

软文的娱乐价值应该是软文撰写者最熟悉的一点了。在软文之中不着痕迹地融入笑点或娱乐事件，让读者会心一笑的同时，降低对软文的戒心。不过相较其他三种，娱乐性质的软文宣传效果就显得差强人意了，大多数情况下读者都会一笑而过，不会太在意。

软文的实用价值是读者在看过软文之后，如果能够获得实际的用处，并且借此改善生活中的某一方面，那就是软文的实用价值得到了体现。

软文的实用价值能够帮助它得到极高的转化率，尤其在软文中提到的“案例”，往往能够得到读者的重视。撰写者如果能够利用好举例来插入产品，会给读者留下极深的印象，并且很有可能当场就通过搜索引擎等来进行试验。

（3）软文要有切入点。

软文不同于其他文章，需要一个切入点才能很好地推广产品的宣传语。而切入点的定义，就是软文主题关于什么，或者说，撰写者在撰写这篇软文时，从什么角度入手，向什么方向发展。

（4）软文要有观点思想。

电商尤其是微商，在撰写软文时有一个明确的目的，就是宣传产品品牌，使得产品关键词搜索页面的位置名列前茅。如果某种产品的代理只有一个，是不需要这么做的，消费者只要进行搜索就会找到这个代理。

而如果某种产品有多个代理，这种情况下，在实体经济中能够从规模、装备水平、研发实力等因素，直观地通过比较得出孰优孰劣。但是在电商平台，虚拟经济中，这种评判方式显然是不能成功的。

（5）写作思路需要扩展。

撰写的软文必须有血有肉且有结实的骨架，骨架指的是要宣传的产品，而血肉就需要撰写者通过扩展思路来获得。

在撰写软文时，常常会发现表达完观点以后，文章的篇幅依然很短，要解决这样的问题，就需要进行思路扩展。在软文中表达观点时，可以适当地举出与观点相应的例子，再进行拓展延伸，从而充实文章内容，并且更加明确地阐述观点。

2. 软文开头的 6 种写作方法

一篇软文最重要的部分在于标题与文章主旨，而除此以外便是软文的开头。在撰写软文时，需要时刻铭记的是开头必须能够吸引视线，只有在开头吸引到注意力，才能够有让受众往下看的欲望。

所谓“转轴拨弦三两声，未成曲调先有情”就是这个意思，一篇绝妙的软文，至少在开头就能留住受众，下面的内容才有可能传播出去。

（1）想象与猜测型。

想象猜测类型的开头可以稍微增加一些夸张的写法，但不要太过夸张。可以适当采用拟人、比喻手法的写实风格。做到在第一眼就引发读者对于下文内容的揣测与好奇，从而使得读者产生继续阅读的欲望。在使用想象猜测类型的软文开头时，要注意的就是开头必须要有一些悬念，给读者以想象的空间，最好是能引导读者进行思考。

（2）波澜不惊型。

波澜不惊型也称为平铺直叙型，表现为在撰写软文开头时，把一件事情或一个故事有头有尾地说出来，也有的人把这样的方式称为流水账。

平铺直叙类型的方式，软文中使用的并不多，更多的还是媒体发布的新闻稿，但是软文中也可以在适当的时候使用。例如，介绍名人或是重大事件时，借助这些事情作为噱头就已经足够吸引读者的视线了，平铺直叙更加简单明了。

（3）开门见山型。

开门见山型的开头，就是需要直截了当，直奔主题，毫不拖泥带水地将主题体现出来。在软文的一开始，就引出文中的主要人物、点出故事、揭示主题或点明说明的对象。在使用这种简单明了的开头方式时，务必语言朴实迅速切入正题，直接将要表达的内容主题摊开，这时候切忌吊胃口。

在使用开门见山型做软文开头时，要注意软文的主题或事件要足够吸引人，如果主题或要表达的事件没办法快速地吸引读者，那这样的方法最好还是不要使用。

（4）幽默故事分享型。

幽默感是人们进行社交，进行沟通的桥梁。所谓幽默，就是通过使人获得快乐、喜悦、愉快的感觉，来让人发笑。在软文写作中运用幽默这一特质，往往效果会令人意外。

许多使用了幽默、有趣的故事作为开头的软文，都能够吸引读者的注意力。没人不喜欢看可以带来快乐的文章，这就是幽默故事分享型软文开头的意义，并且以分享幽默故事作为开头的软文，能够在开头迅速确定软文中心思想与情感基调，更有利于吸引读者。

（5）引用名人名言型。

有一个写软文时需要掌握的小窍门，就是在撰写软文时，多去查一下与这篇软文主题相关的名人名言，或者是经典语录。这种开头，更容易留住受众。如果能够在文章开头，使用短小精练的名人名言，既点明主旨又意蕴深厚，或者是使用诗词、谚语等，都可以起到引领内容、凸显主旨与情感的作用。

通常情况下，读者会因为这样的开头而认为作者知识储量丰富，文采斐然，从而对软文更有信赖感。这种提高软文可读性，又吸引受众的写法，在软文写作中很常见。

（6）修辞手法型。

熟练运用修辞手法，是每一位软文撰写者必须掌握的能力。比喻、比拟、借代、夸张等都是常用的修辞手法，使用修辞手法撰写开头非常容易，而且由此可以衍生许多开头，运用得当能为软文增色不少。

其实，写软文与写作文有很大程度的相似点，但是与写作文相比，写软文更加自由一些，只要软文的内容有价值，将产品或企业的宣传融合进去，就是一篇优秀的软文。

3. 软文结尾的 5 种写作方法

俗话说，写文章要做到“龙头猪肚凤尾”，意思就是说，软文的开头要画龙点睛且吸引视线，而软文的正文需要内容翔实丰富。凤尾指的就是软文的结尾。那么，要如何撰写一个优秀的软文结尾呢？

软文的结尾与广告末尾的附文不一样，附文常见于报纸上的付费广告，用于详细介绍企业名称、产品服务购买方法等信息。而软文的结尾，更加看重对开头的呼应，有头有尾。

（1）抒情法。

以抒情结尾，多见于记叙文性质的软文，除此以外，说明文与议论文也可以使用，只是较为少见。使用抒情法收尾，要求撰写者真情流露，只有打动自己才能够让读者感受到情感的波澜，引起读者的共鸣。

（2）祝福法。

祝福式收尾常见于营销软文，在撰写这种结尾时就需要站在第三者的角度来祝福企业或产品的远景。

在企业新店开业或推出新产品，或者举行活动时，这种方法是极为常用的，特别是当祝福结尾的软文达到一定的数量，将会非常壮观。

（3）回味无穷法。

所谓“余音绕梁，三日不绝”，就是要给听者留下深刻的印象和回想的空间。软文写作中也常常会用到这种方法，在撰写软文结尾时，很多撰写者喜欢在结尾处留白。给读者一个想象空间，通过发挥想象力来揣测撰写者的心思，往往会起到意想不到的作用。

回味无穷的结尾除了精心设计之外，很多时候都是将自生活中的灵感或情感，加以提炼后得到的。

（4）首尾呼应法。

首尾呼应，就是常说的要在结尾点题，写软文要有头有尾，在前文说的内容，在最后肯定需要点一下，也就是收回来。

常用的软文布局形式就是总—分—总，在软文开头提出观点，而后正文内容对观点进行充分的分析论证，结尾自然而然地再次点明主题凸显主旨。这就是一种最自然的首尾呼应的写作手法。

写作软文时，通过首尾呼应，可以起到强调主题、加深印象、引起共鸣的作用，同时能让结构显得严谨，内容完整，全文自然明确。

（5）号召法。

号召法结尾常见于公益性的软文，撰写者在前文讲清道理，在结尾顺势向人们提出请求或发起号召。而读者在看完内容后，往往会被号召打动，引起共鸣，从而降低对文章发起号召的戒备。

4.2.3　产品软文的内容布局

在铺天盖地的软文海洋中，如何让自己的软文脱颖而出？除了吸引人的标题之外，还需要什么？

答案就是正文的布局，通过不同类型的布局，让软文呈现出不同的风格。就算内容相似，但是风格不同，这就足以让软文给读者留下印象。下面主要介绍产品软文的内容布局和正文写作。

1. 经典型正文布局

只有合理的布局，在实施下面的步骤时才可以有条不紊。在软文写作中，对软文的整体布局也是非常重要的。

软文布局，就是在软文撰写过程中对素材、文字、标点符号及数字的排兵布阵。“凤头、猪肚、豹尾”，就是通常所说的完美的软文布局。“凤头”就是软文的开头，要足够吸引人；“猪肚”就是中间内容尽量详尽和精彩；“豹尾”就是结尾巧妙，强而有力。

（1）层层递进型。

层层递进型的正文布局的优点是逻辑严谨，思维严密，按照某种顺序将内容一步步地铺排，给人一气呵成的畅快感觉。而这种布局方式在撰写时也有明显的缺点，就是对于主题的推出不够迅速，如果开头不能吸引读者，那么后面的内容也就失去了存在的意义。

在议论形式的软文中时常会用到层递式布局，特点是论证严谨，层层深入，一环扣一环，每个部分都不能缺少。

层递式布局又分为两种情况，一种是论述时按照“是什么”“为什么”“怎么样”，另一种是层层深入地讲道理。在软文中运用层递式结构时，要注意内容之间的逻辑关系，不能颠倒顺序。层层递进型软文的优势在于一步步地引导读者，慢慢地让读者接受软文中的广告，不会让读者感到突兀。

（2）并列型。

从若干方面入笔，不分主次、并列平行地说明事物或叙述事件，就是并列式文章的定义。

并列式文体的每一部分相互并列平行，是独立的主题，将事件论题分成几个方面进行描述、议论和说明。常规意义上的并列式软文营销的内容，基本上划分为两种布局方式。

一种是围绕一个论点，利用有并列关系的论据，并列平行地论证论点，要注意不让各方面出现交叉或从属。另一种是围绕中心论点，列出若干平行关系的分论点。并列平行的分论点各自独立，但紧紧围绕中心论点。

（3）悬念型。

悬念是指观众、读者对故事情节发展很想知道又无从推知的关切和期待心理。悬念式软文通过设置悬念，能够持续吸引受众的关注。

悬念式营销需要注意的是，不能一次性放完所有资讯，而应该提炼几个产品核心、神秘卖点，根据进度，慢慢放出。要做到这一点，只要沿着正确的方向，按照以下步骤合理布局即可写好软文营销内容。

步骤一，保持悬而未决的状态，不要过早揭开神秘面纱，影响引人关注的效果。

步骤二，紧密结合受众心理需求，根据受众的期待发展情节，重视受众的感受是成功的基石。

步骤三，不断深化冲突，制造悬念，就是要把最精彩的东西留到最后，才能给人以惊喜。

（4）先抑后扬型。

倒置式布局，相当于记叙类文章写作中常用的一种技巧，即“抑扬”，先抑后扬，也称为欲扬先抑，是一种常用的写作手法。其核心理念是利用“欲扬之，却先抑之；欲抑之，却先扬之”的特点，避免平铺直叙。

先抑后扬型软文的布局，需要做到百转千回，突出事物特点或人物思想感情的发展变化，同时使得软文产生诱人的艺术魅力。避免平淡普通的写法，出现读者看完开头就知道结尾的情况发生。

（5）组合型。

组合型布局是指以为主题服务为目的，将生动典型的几个片段结合，在短小的篇幅中，立体而多角度地进行描述。这种布局多用于记叙文，在叙述事件、描述人物、表现商品特点、烘托品牌等方面效果极佳。

在撰写组合型的软文时需要注意，开篇要亮明主题，然后通过几个经典片段横向展开作为分论点，结尾归纳总结或进行必要的引申，都是为点明主旨服务。除此以外，布局时需要有大局观念，软文的各个组合片段看似毫不相关，但是内在联系紧密，并且分述部分应该以总述部分为总纲，或者总述部分是分述部分水到渠成的结论。

2. 创新型正文布局

无论是网站收录还是读者都喜欢创新，都喜欢新的东西，老生常谈的东西固然不会有错，但是缺少了新意，很难真正吸引读者。所以在撰写软文时，多尝试给软文增加一些新东西。

（1）创编型。

创编型正文布局，创编二字指的就是创新与改编。通过有创意的改编，将大家耳熟能详的童话、寓言等故事引入软文中，或是反讽或是戏谑，赋予软文“言在此而意在彼”的效果。

创编型软文布局的重点是在软文开篇就以一个大家熟知的故事来引出后文，当然，要在一开始就让读者知道，这个故事肯定和以前知道的有所不同，最重要的在于“新”上。

（2）说明书类型。

在采购物品，尤其是家用电器、数码产品及药品等物时，常常会有附赠的说明书。说明书类型的软文条理分明，可以详细地阐述产品信息、功能和使用方法。

说明书通常会有固定的格式，按照说明书的布局格式撰写软文，不仅条理清晰，还会增加很大的趣味性。

说明书类型的软文，目的是帮助受众更好地认识、了解产品，从而根据自身需求决定是否购买。因此，软文需要对产品进行详细的描述，说明书类型的布局，要实事求是，不可为了宣传效果而夸大事实。

（3）书信型。

在互联网越来越发达的今天，已经极少有人使用书信的方式联络了，也正因为如此，书信的行文布局会让人们产生眼前一亮的感觉。

软文撰写中，书信型的软文布局还是比较受欢迎的，借用书信的格式来撰写内容，有利于软文的成文。书信的受众目标明确，形式新颖，也十分考验撰写者的写作能力。

（4）实验报告型。

在科技实验工作中，撰写实验报告也是不可或缺的重要环节。作为一种描述、记录科研课题过程与结果的一种科技应用问题，实验报告与科技论文一样以文字形式来阐明科研成果，但却又与科技论文有所不同。

实验报告与说明书一样有着固定的格式，以这种格式写出的软文同样具有一定的趣味性。但是实验报告独有的专业性与实践性，赋予了实验报告型软文更强的说服力。

（5）独白型。

独白型也就是自问自答，像是在说单口相声一样，整篇软文都是自己问自己答，当然，还是需要一些巧妙的过渡。独白型的软文布局，在各大论坛是很常见的，只要内容有趣，还是很容易吸引读者的。

3. 常规类正文写作技巧

无论软文内容如何变动，形式如何变化，本质上软文还是文章，依然要遵循文章的一些形式与要求。根据软文的素材与作者撰写软文的思路，软文正文可以分为下面 6 种形式。

（1）情感式正文。

在情感消费时代，情感一直是广告的重要媒介，如今消费者购物时，常常是基于个人直观感性认识，进行感性消费。感性消费的人群，通常会比较注重精神生活的内容和情感需求，他们在消费时主要凭借的往往是个人主观感受。

情感软文以容易打动人、容易走进消费者内心为特色，如果企业在撰写软文时，做到动之以情，以情动人，就很有可能俘获大众的心，受到大众的青睐。

（2）促销式正文。

纯文字的促销式软文通常被划分到活动软文中，这种软文完全以文字的形式来向读者介绍品牌或活动的内容、时间、地点等信息。促销式软文，突出产品的供不应求，从而勾起用户的从众与攀比心理，刺激用户的购买欲望。

（3）事件式正文。

事件式正文是指以某个事件作为基础，进行一系列包含对事件的拓展、加工与深入分析在内的写作。

通常选取的都是具有很强新闻特质的事件，因而在短时间内，软文能够很快吸引人们的目光。对于需要做软文推广的企业来说，可以借此机会扩大知名度和曝光率。

（4）炮制式正文。

有些时候，会因为某些事情而在短时间内需要大量的软文，可是人力有限的时候，就需要使用炮制软文的方法了。炮制软文的概念就是批量写作，轻松快速。

例如，有的人一天最多写一两篇软文，而且还很艰难，可是有的人一天可以写近百篇。而后者就是炮制了，如同“玩耍”一般写文章。

（5）数据式正文。

软文的类型虽然不同，但大多都是以宣传品牌为目的，因此对于受众的说服力很重要。向用户呈现精确数据与精准分析的数据类软文，对于用户的影响更大。

通过统计数据，分析数据，而后以文字的形式呈现给用户，就是数据式软文。尽管被称为软文，但相较于大篇幅的文字软文，数据式软文更多的是调用数据、图表或评论举例搭配少量文字信息来穿插广告，进行合理的宣传。

数据类软文的写作方式与其他软文相似，不过其主要特色在于数据较多，因此还具有一些其他软文没有的特点。

数据式软文通过引用大量精准数据，能够给予用户一种专业性的感觉，它的可信度要高于其他软文。因而数据式软文可以帮助微商或企业迅速建立品牌影响力宣传品牌。

（6）观点式正文。

观点式正文是以表达观点作为主体，围绕某件事物提出自己的观点和主张，正面或负面皆可，不过负面观点不可太过，恶意诋毁是大忌。

网络上常见的以“某某认为”“某某指出”“某专家说”等为题的软文，都属于这种有利于树立个人品牌的观点类软文。值得注意的是，如果也想使用“某某认为”这样的方式写软文，那这个“某某”，必须是有一定名望的人。

观点类软文的优势在于对作者本身的影响力与其个人品牌的迅速建立与扩张，彰显权威、个性。此类文章通常能获得较高的转载与传播率，并且一般的观点类软文都比较短，比较容易书写，所以观点式正文还是比较常用的。

在撰写观点类软文时，观点的表达需要完整且明确，并且写出来的软文，最好篇幅精简，注意语言的锤炼。

4. 创新类正文写作技巧

介绍完常规类软文的写作技巧，下面介绍创新类软文的写作技巧。只有熟练使用更多类型的正文写作技巧，在撰写软文时才会得心应手，面对不同的软文才可以灵活使用适合的类型。

（1）研究式正文。

所谓研究软文，是以研究报告、研究资料、文献为基础，经过企业加工、修改，使这些学术文章与自身产品相结合，变成一篇地地道道的研究软文。而通过专家学者的地位名气与研究方向的独特，企业往往能够借此获得广泛的影响力。

研究软文的特点也很明显，由于研究软文主要用于社会现象、行业发展及学术等研究，其内容有很多专业的东西，因此容易传播，影响力也大。

在研究类软文中加入产品或企业的广告，一定要慎重，不可提及太多，不然会引起反感，结合手段一定要巧妙。

（2）专家式正文。

对于消费者来说，专家发布的建议、论文、文献等信息，往往都会被采纳，这就是专家效应，人们觉得专家是有学识的人、德高望重的人、值得信任的人，因为他们不仅仅是德高望重的专家，也是很多人的“偶像”。

因此以专家、名家的名义来打响个人品牌撰写的软文，就是专家式正文。围绕专家形象，能够提高软文的权威性，并且此类软文几乎都是专家的一些观点、建议，就会让行业内这些专家的崇拜者喜出望外，增加其信任感。

（3）揭秘式正文。

人们对于一些充满神秘感的东西容易产生好奇心理，只要企业抓住这一点，充分利用人们的好奇心理，撰写一些揭秘或解密类型的软文，定然会吸引很多读者的注意力。

（4）技巧式正文。

技巧式正文，顾名思义，就是通过普及一些小知识、技巧来撰写的软文，许多行业（如软件数码类、教育类）很适合采用技巧性软文来进行推广。

技巧软文可以算得上为数不多的撰写轻松且传播范围广泛的软文了。只要稍加留心就可以发现互联网上随处可见技巧性软文。软文内容少，成文迅速，能够迅速获得阅读量，并且只要实用，伴随而来的就是大范围的传播。

这些与生活息息相关的小技巧，经久不衰，不管何时都会引起一部分人群的注意力。所以，该类软文的转载量、传播率都是长期的。

（5）通信式正文。

通信式正文是一种比较常用的写作手段，主要用来报道企业新闻、动态消息、杰出人物，行文类似于新闻类软文。

一般来说通信式正文是一种准确、及时而又普遍的写作方式，它的基本要求在于有时效性地报道周围所发生的事与周围的人。企业撰写通信式正文的初衷是“既然做了就要说，并且一定要说出去，让很多人知道”。一般企业通过通信类软文扎根于基层、来源于基层、服务于基层。

如今不管是微商团队、个人微商或者网站，都开始像大型企业一样，具有了宣传意识，也逐渐发现了通信的重要性。于是企业开始将自己的动态、消息、人物及时向社会宣传，从而获得了一定的人流量和知名度。

4.2.4　朋友圈产品软文分享

下面介绍通过朋友圈软文推广产品的技巧。

1. 营造一个好的朋友圈状态

何谓朋友圈，顾名思义是朋友聚集的地方，除了一部分本来就是自己的朋友外，还有就是由陌生人变为朋友的，所以一定不能太商业化。

通过朋友圈宣传产品，不能赤裸裸地发产品图片。打造朋友圈一定要坚持，循序渐进，还需要有自信，需要不断学习，打造积极阳光的朋友圈，让客户对朋友圈内容感兴趣，从而购买你的产品。

朋友圈背后蕴藏的心理动机：信任。微商需要营造一个好的朋友圈状态，笔者做微商半年多，从一开始就非常珍惜自己的朋友圈，不止一次强调自己做一个有责任心的卖家，不卖假货，不卖自己觉得不好用的产品。在别人不相信你的时候，你应该审视一下自己的行为，是否真正做到了让人可以信任。

2. 选择销售产品

选择销售产品主要包括五方面的内容。

（1）产品热销程度、打包发货。

热销是非常重要的，例如，人们去逛淘宝商城，会不自觉地选择销量最高的产品，这就是热销的影响。体现产品热销，除了晒单外还要不断去创新想法。

（2）买家反馈、好评。

买家反馈、好评也是非常重要的，微商可以通过买家反馈、好评来判断产品的好与不好，从而选择好的产品。

（3）打造正规化运营。

简单来讲授权就是正规，遵守公司规矩就是正规。例如，有的人会嫌面膜贵，那么微商可以去打造一个故事，可以说一个贪便宜的人买了便宜货，导致脸部出现了不好的状况，这就是对自己的一种间接保护，告诉大家我的产品是正规的。

（4）传递正能量。

有很多人做微商会被朋友笑话，不要去和他理论。微商要在朋友圈里提升自己的责任感。微商还可以做一些社会公益，传递正能量，展示你是一个善良的人，一个乐于助人的人。

（5）注意事项。

微商不要去发被转发过无数次的文字和被转过无数次的图片，这样会降低产品的档次，而且转发不清晰的图片会影响美观，也让别人感觉你的消息是落后的。

3. 撰写朋友圈软文

撰写朋友圈软文有以下 5 个技巧。

（1）借势热点，引发讨论。

朋友圈已经成为很多人了解新闻热点的途径，新闻软文以其独有的热点价值，以及简单的操作方式，获得了营销者的广泛青睐。撰写者通过复述新闻事件，结合行业进行适当点评，就能将一个新闻事件应用为一篇行业营销文章。

（2）整理内容，汇总知识。

做品牌营销时适合使用这种方法，通过整理本年度行业大事件，在其中融入知识点，往往能够引起朋友圈的分享传播，并且通过发布这样的内容，能够在朋友心目中塑造你的可靠形象，在下一次遇到相关问题时，朋友会第一反应找你咨询。

而当你成功为他/她解答了困惑，会提升他/她对你的信任感。信任，就是销售的第一步。

（3）叙述故事，引起共鸣。

在微商营销圈子中，有一句话说："故事讲得好，销量不会少。"这并不是说去编造一个故事，那只是自欺欺人。

真正的故事，就藏在创业时的酸甜苦辣中，在于客户打交道时的有趣互动，在于辛勤工作时同事之间的互相支撑。真实地记录这些故事，发掘其中的营销价值，用生动而富有感染力的语言描写下来，更能打动人心。

（4）巧用图片，生动形象。

分享图片，可能会达到远超于软文的效果。个人微商通过分享产品、库存图片，或者分享发货流程图，都是较好的获取顾客信任的图片营销方式，企业也可以借助图片来打造企业形象。

例如，分享忙碌的工作场景，借助真实感人的素材直击用户内心；又如，分享企业活动图片、传递微商团队文化等。

（5）分享经验，塑造“大拿”形象。

在一个行业做久了，自然而然会积累很多关于行业的经验。通过撰写行业经验分享为主题的软文，吸引关注者的追捧与分享，获得更多“粉丝”，从而塑造一个可以被信任的名人形象。

4. 分享产品

微商对于自己的产品优势不能光靠嘴说，必须拿出一些实际的证明，在朋友圈中晒一晒自己的发货情况、订单量、产品动态，以及产品实图发给客户，之后发一些反馈图。这样的分享不仅可以刺激潜在客户，而且也是展示产品的好机会。

① 分享产品的实用价值，找到精确客户。针对目标客户群，把产品的实用价值分享给他们，抓住他们的共同所需点。产品的实用价值往往会超出他们的预期，这些实用价值即使不能带来实在的客户，也会为后续的成交和潜在的购买奠定基础。

② 分享日记。在朋友圈适时地发布一些自己用心写的日记，这样可以增加“粉丝”对于自己的信任度。有内容的东西和自己的人生感悟，不仅能提高你的知名度、传播影响力，更能获得“粉丝”的共鸣，加深对你的印象，也会关注你之后发的产品内容。

③ 分享社会热点和乐趣，人们对于新奇的事物，追寻的脚步从未停止过。每天在网络上、生活中，捕捉一些当下热门的话题、新闻、流行的事物，分享其中的乐趣，这对于朋友圈中的“粉丝”来说，是喜闻乐见的。理所当然，吸引了他们的注意，关注你的朋友圈也成了他们的习惯，就不愁产品推不出去。

④ 微商还可以创造话题与朋友讨论。在朋友圈发表一些互动性比较强的话题，让你的朋友参与进来，创造的话题最好比较新奇，这样可以调动大家的积极性。创造的话题要抓住热点，强势宣传，基于价值，最后一定要珍惜每一个参与讨论的好友。

很多微信用户的朋友圈中都会有微商的存在，而且大家很反感这些微商不停地发广告，但是如果微商能够把软广告写好，不但不会被人反感，而且还会有更多的人帮助你传播。

4.3 5 种不同软文的写法

微商软文主要有 5 种写法，即情景型文案、借力型文案、创意型文案、痛点型文案及广告型文案，下面分别介绍其写法。

4.3.1 情景型文案

在生活中，每个人既有感性的层面，又具有理性的层面。感性就是人们内心无意识的一种需求，在感性的层面之下，通常是美好的情景，这会让人们心情愉快。

拒绝是顾客的天性，微信好友也是如此，如果我们的文案不能吸引住他，那他会觉得你索然无味，不会被你吸引；相反，如果我们的文案可以吸引住对方，那么对方就会关注产品。情景型文案就能轻松达到这样的功效。

下面介绍一个典型的情景型文案案例。

灯下，我正在赶写堆积如山的作业，父亲轻轻地走进我的房间，把一杯热气腾腾的姜丝可乐放到了写字台上。透过层层雾气，望着父亲离去的背影，我的眼睛湿润了，泪水不知不觉地流了下来。

在这个文案中，通过把一种情怀塑造出来，营造了一个生动的画面场景，把读者的心抓住。写这个姜丝可乐文案的人并不是微商，写这篇文案也不是为了要去宣传某个产品，但是微商可以把它借鉴到自己的文案中，将场景切换成你需要的场景，将姜丝可乐切换成自己的产品。

情境型文案三要素：时间、地点、产品。

① 同一地点，不同时间，同一产品。

② 不同时间，同一地点，不同产品。

③ 同一时间，不同地点，不同人，同一产品。

情景型文案有一个特点，需要微商先去想象出一种画面，可以是客户使用产品的画面，也可以是客户使用产品之后产生的一个结果的画面。然后微商通过简单的、朴实的语言，把这个画面描绘出来，这样就可以把目标客户、潜在客户带入到这样的画面中，从而让他关注产品。

通过文字营造出这样一个让人身临其境的画面，有以下 3 种方法。

① 比喻法修饰文字，让文字变得更精美。比喻法会让读者觉得更生动、更形象、更直观。

② 动词配合比喻法，让场景动起来，其目的是添加震撼力。

③ 多做梦，让自己的想象力更丰富。

4.3.2 借力型文案

社会中很多的时事热点、热门事件、流行词语和行业中的名人专家，都是大众视角的聚焦点，茶余饭后饶有兴味的谈资。利用他们的风头，作为文案的借力，快速吸引微信好友和客户的注意力，达到快速传播的作用。

借力型文案的写法，就是当产品和发生的热点相关联时，可以找一个切入点进行文案写作。同时，采取抛砖引玉的手法，利用读者感兴趣的词语，引起大家的兴趣，再潜移默化地将自己的产品内容带出。

4.3.3 创意型文案

创意型文案的重点在于思维角度上的与众不同。创意对于任何行业的广告文案都十分重要，尤其是网络信息极其发达的现代社会，自主创新的内容往往能够让人眼前一亮，进而获得更多的关注。

创意是为广告主题进行服务的，所以文案中的创意必须与主题有着直接关系，创意不能生搬硬套，牵强附会。在常见的优秀案例中，文字和图片的双重创意往往比单一的创意更能打动人心。对于正在创作中的文案而言，要想突出文案特点，那么在保持创新的前提下需要通过多种方式更好地打造文案本身。创意型文案需要达到下面 10 个要求。

① 词语优美。

② 听觉享受。

③ 内容流畅。

④ 视觉打造。

⑤ 符合音韵。

⑥ 易于识别。

⑦ 方便传播。

⑧ 契合主题。

⑨ 易于记忆。

⑩ 突出重点。

4.3.4 痛点型文案

在互联网营销中有一个称为痛点的营销术语非常火热，尤其是很多企业都对这个词情有独钟。微商只有掌握好这种痛点，才能精确定位客户。

1. 软文写作中的痛点

软文的销售力，表现出来就是软文引发用户购买欲望的能力。只有将产品结合用户最关心最需要的问题，才能直入人心，打动客户，激发客户的购买欲望。软文的痛点也可以称为说服点，下面就来了解一下软文写作的 8 个痛点。

（1）安全感。

趋利避害是人的本能，人类内心最基本的需求就是安全感。在满足了衣食住行的口腹之欲以外，安全感是人类最基本的需求。

所以，最常用的说服点之一，就是结合产品的功用满足客户的安全感。例如，汽车销售软文中，常被强调的一点就是汽车的安全性能，这就是对顾客行车安全感的把控。

（2）价值感。

渴望体现个人价值，获得他人认可是每个人都有的想法，而要打动客户，将产品与实现个人价值联系到一起，是一个不错的想法。

（3）自我满足感。

比个人价值更高层次的需求就是自我满足感，这时微商需要在软文中点出“除了有价值外，更有适合受众的特色与风格”这一主题。

（4）爱情和亲情。

毋庸置疑，人类最大的需求和欲望是爱情与亲情。销售类软文可以将产品与之结合，成为一大有力说服点。在中外文学名著、影视剧中，爱情也是永恒的主题。因此在撰写软文时，通过结合人类情感，往往能够获得意想不到的效果。

（5）支配感。

每个人都渴望拥有支配权力，这种支配感，不仅能让消费者体会到自己对生活的掌控，也是自信的体现。

（6）归属感。

在软文营销中，微商运用归属感来说服读者，就需要把产品特性和读者的标签相结合，使得人们对号入座，从而受到产品的吸引。

（7）归根感。

归根感是一种比较高级的心理需求，对于经历坎坷，有所成就的中年人来说，归根感更能够戳到他们内心某个角落。归根感比较难以把握，通常可以用返璞归真的文字来描绘。

（8）不朽感。

生命终究会走向迟暮，但很少人能乐观地接受这一天的到来。对于死亡、衰老、健康不再、爱情终结等方方面面的担心，让人产生了对于不朽的追求。

2. 软文痛点营销的实际操作

痛点营销的实例随处可见，下面总结出了痛点营销的 3 个实际操作法则。

（1）从客户立场、愿意和期望入手。

在软文中给读者制造出一种“鱼和熊掌不可兼得”的感觉，让客户感觉不购买该产品和服务就会留下遗憾，甚至是一种“痛”。想要营造这种痛，最好的方法就是从客户的立场、意愿和期望入手。

（2）从自己的产品、资源和服务入手。

除了在客户的身上下功夫外，微商还要在自己的身上下一番功夫。特别是竞争激烈的行业，为取得竞争优势，可从产品定位、服务领先、性价比高等方面体现差异化，如产品差异化、品质差异化、服务差异化等，不打价格战，突出竞争优势。

（3）从与客户的互动、交流、服务入手。

与客户互动、交流、服务的方式有很多，如客服接待在线客户、微信平台在线交流、营销经理上门营销、社区经理处理故障等。这是最接近客户，与客户交流和互动的过程，从中能够第一时间了解到客户的需求，听取客户的意见。

4.3.5　广告型文案

由企业的市场策划人员或者广告公司的文案人员所负责撰写的对于硬性广告而言的“文字广告”，即广告型文案，称为广告软文。

广告软文的特征在于投入资金少；吸引消费者目光；增强产品销售力；提高产品美誉度。

写系列广告软文，能够在软文的潜移默化下，促成产品的策略性战术目的，引导消费群购买。

1. 6 种广告软文写作方法

点列式还是一大段的文章，要根据写作者的文字功底，如果文笔欠佳，推荐采用点列式写出产品卖点。广告软文的主要任务是引起人们内心购买的冲动，所以最后一段需要强化商品特有的销售点、价格优势或赠品。

（1）撰写电商软文时要“讨好”搜索引擎。

众所周知，软文除了吸引消费者关注的直接目的以外，还有一个提升搜索引擎排名的间接作用。所以，企业软文中提到商品时，需要有完整名称出现 2～4 次，从而方便搜索引擎“蜘蛛”的读取。

（2）图文并茂才是绝佳文案。

长篇大论的文字描述，语言再生动形象，也比不过图文并茂的解说。许多企业对于商品软文都有误解，要知道，商品软文不是写作文。

商品软文的要点在于吸引读者的视线，将之转化为顾客，因此，相较于让人头疼的大段文字，图文并茂效果反而更好。在软文中配上一两张形象的图片，加上到位的图片描述，阅读量与效果会远远高于纯文字软文。

（3）诱人文案，引导购买。

常购物的人都有这样的体验，到实体店里，本来只是想买一双鞋，结果经过销售员一通介绍，自己都不知道怎么回事，就买了衬衣、裤子、毛衣、外套回家了。

（4）有利的事实就是最好的软文。

在软文中，可以描述自己的产品或企业得到过什么奖，企业品牌是不是有名气，是不是行业中的销售冠军，是哪个网站网友口碑最佳的商品，哪个当红名人代言这个商品，或者这个商品有没有绝对的价格优势。

（5）撰写软文时谨慎细致。

撰写电子商务产品的广告软文，等同于建立一个销售页面数据库，也等同于录制了一段推销该商品的影片。

（6）随季节与销售情况修改软文。

电视广告都在不同时机有不同的广告进行轮换，防止观众的审美疲劳，软文自然也应该针对不同阶段撰写不同的版本。

2. 广告软文的 3 个必要原则

广告软文最常发布的地方，除了各大门户网站外，还有报刊，很多企业经常会把优秀的广告软文投放在报刊上，但是投放在报刊中的软文广告需要遵守 3 个原则。

① 绝对不能放在广告版，软文最好放在行业相关的版块中，绝对不能给人广告的感觉。

② 软文撰写中必须做到客观真实，绝对不能出现自卖自夸式口吻，必须回避一切带有广告意味的词汇、图片和形式。

③ 绝对不能留下联系方式，因为软文的目的在于改变消费者的观念与认识，而不是销售产品的广告。

4.4 16 个撰写文案的小技巧

微商想要写出好的文案，只需要掌握下面的 16 个小技巧。

4.4.1 消化产品与市场调研的资料

用不超过 30 个文字的内容将产品描述下来，包括产品的特点、功能、目标消费群、精神享受 4 个方面的内容。

4.4.2 表明对消费者的承诺

没有承诺，就不会有人买你的产品，承诺越具体越好，不要写下过分夸大的承诺。你的承诺靠什么保证，在文案中要考虑清楚。例如，“让你美丽”的承诺不如“消除你脸上的色斑”及“让皮肤变得洁白有光泽”效果好，“为你省钱”不如“让你省下 10 元钱”来得有力。

4.4.3 确定一个核心创意

核心创意也称为大点子、大创意，需要做到以下几点。

① 目的很单纯。

② 可延伸成系列广告。

③ 很有原创性，可以吸引许多漠不关心、漠然视之的消费者。

例如，奥林蒸馏水确定的核心创意是“有渴望，就喝奥林”，围绕着人的种种“渴望”和“口渴”的种种情景展开系列广告。

4.4.4 每一则广告最重要的是标题

标题主要有下面 3 种形式。

① 故事性。具有故事性的标题会吸引人认真读内容。例如，“意想不到，一部赛车开进了厨房”，这是为火王 97 新款燃器炉“赛车一族”创作的广告，将“赛车”开进了“厨房”产生了故事性，达到了吸引人们看广告的效果。

② 新奇性。一个可以引发人们好奇心的广告会吸引很多人来阅读。

③ 新闻性。标题写得像新闻会很受人注目。例如，为海南啤酒创作的“海南将要“桶”获膨胀”。为写好一则广告，在动手写正文之前，可以先写 15 个以上

的标题，然后从中选出一个满意的。

4.4.5 创意的方法

创意的表现方法主要有下面 9 种。

① 拟人化。当把产品拟人化以后，一般都会有好的创意。

② 逆向思维。例如，为艾维斯出租车创作的“在出租车行业里，艾维斯是第二位的”就令人耳目一新。又如，房地产商都喜欢说自己在“黄金地段”，一个房地产商做的广告却说它在“白银地段”诉求它“升值有潜力”；还有一则房地产广告是“我喜欢挑剔的买房人”。如果逆向思维应用到点上，会收到意想不到的效果。

③ 情景想象。许多广告要借助生活中熟悉的场景想象。

④ 借助热点话题、新闻。

⑤ 利用比喻、象征、联想等手法。将某一特点与某一物象或其他事物相比或产生联想，往往会出现比较惊人的效果。

⑥ 运用感叹语气来创意。例如，用“果然”“可恶”“亲爱的”等均很吸引人。

⑦ 运用版面创意。

⑧ 借助熟悉感。

⑨ 借助宠物、美女与宝宝。

4.4.6 讲事实

一篇好的文案，最重要的是讲事实，而不是装腔作势，赋予亲切感，融入真实的感情。例如，奥格威创作的“当劳斯莱斯行每小时 60 公里时，车内最大的噪声来自电子仪表”，文案列举了大量的事实，异常令人兴奋。

广告内文忌讳空洞的说教，要告诉消费者一些实在、具体的数字。赋予文案亲切感是指一定要以朋友的语气去写文章，娓娓动听，字里行间透露出你的真诚、可亲近，将这种气质带入产品中，消费者也会因为这一点而去购买产品。用真实的情感去写，感动自己的文字一定也会打动其他人。

4.4.7 直接向目标人群打招呼

如果微商的目标消费群是女性，那么最好在文案中出现女人、姐妹等字眼；如果是孩子的妈妈，那么就要出现“妈妈”；如果是男士，那么就要出现“男人”这一字眼。

4.4.8　好的广告文案不一定就是短文案

许多人以为没有人会去读长文案，而事实上，一个写得引人入胜的长文案也会吸引很多的读者。

4.4.9　文案中安排抽奖等，会更具有吸引力

在诉说赠品或抽奖时，要给人耳目一新的感受。

4.4.10　与某一事件结合起来写会更加生动

微商可以看最近的微信朋友圈广告是什么，然后借用这些热点来营销。

4.4.11　大脑中必须有足够的画面和参考资料

微商可以用纸笔记录好的创意，当自己思路枯竭时，可以打开这些“百宝箱”看一看，之前记录的创意能否使用。

4.4.12　切忌用生僻的字

要把读广告的人看成是初中文化的人，不要绕弯，内容通俗易懂，老少皆宜。

4.4.13　用词有技巧

常用的用词技巧如下。

① 常用：免费、亲爱的、尊敬的、省钱的、惊人的、公布、曝光、新闻、崭新的、快乐的、舒服的、感动的、秘密、真相、底细、某年某月某日、今天、明天、后天等。

② 多用：问句、动词、感叹句，语言要有起伏、韵律，文风要流畅。

③ 少用：因为、所以、不仅、而且等虚词。

4.4.14　学会新闻编辑的本领

新闻编排对于微商创作，有以下借鉴的方法。

① 学会剪辑，能从大堆文字中剪辑出最精练的几句。

② 会编排，平面广告讲究阅读率，好的编辑和版面编排就格外引人注意。

③ 能安排到合适的版面中，从而与众不同。

4.4.15 证言广告是有效广告方式之一

证言广告一定要写真事，语言十分贴切才令人信服。

4.4.16 坚持一个广告中集中说一点

最好是简单、单纯的承诺，说的点过多，容易让消费者遗忘甚至搞不清楚。

4.5 6 种短视频营销内容的玩法

信息传播的演变就是从文字传播到视频传播的过程。文字，持续性影响；图片，视觉化冲击；声音立体、亲和力强；而视频是将文字、图片、声音融合在一起，瞬间吸引人们的眼球，打动人们的内心，让商家的品牌极速传播，快速吸引成千上万的“粉丝”。

拥有视频营销就拥有了“千军万马”，视频营销可以让商家人气极速爆棚，人脉迅速裂变，订单成倍增长。视频主要分为短视频和长视频，微商分享到朋友圈的一般为短视频。下面主要介绍短视频的优势和玩法。

微商为什么要做短视频营销呢？微商主要有 4 种现状。

第 1 种：朋友圈人数比较少。

第 2 种：用户活跃度比较低。

第 3 种：客户对商家的产品和商家都不了解。

第 4 种：客户对商家没有情感。

而朋友圈是一个情感营销的工具，短视频营销就是做情感营销最好的一个方式。下面是笔者总结的常见的 6 种短视频营销内容的玩法。

4.5.1 介绍产品的视频

例如，微商介绍羽绒服，短视频可以很好地将羽绒服中所有的材质给展示出来，可以让顾客看到这个羽绒服的产品质量。

4.5.2 顾客见证的视频

微商在做产品时，一定需要大量的用户见证自己的产品，让新用户了解自己的产品，打消用户的怀疑。

4.5.3　价值信息的视频

传递正能量，传递有价值信息的短视频。

4.5.4　销量见证的视频

在现场拍摄一些发货的照片，利用软件把照片拼起来做成一个视频放到朋友圈中。

4.5.5　宣传视频

宣传视频就是通过视频拍摄的方式对微商的形象和文化做一个诠释，并把它传递给广大受众，从而树立微商团队的良好口碑，打响品牌，吸引更多的人进行消费。

此外，宣传视频还可以分为不同的类型，主要类型包括企业宣传视频、产品宣传视频、招商宣传视频和公益宣传视频。下面分别介绍这几种各具特色的宣传视频类型。

（1）企业宣传视频。

企业宣传视频主要是对企业的整体面貌进行呈现的视频类型，其呈现的内容主要包括以下几个方面。

① 成长经历。

② 主要业务。

③ 技术水平。

④ 文化理念。

⑤ 前景展望。

（2）产品宣传视频。

产品宣传视频主要是企业通过宣传视频的形式对自己的产品进行推广，其推广的主要内容有以下 3 种。

① 设计理念。

② 功能特点。

③ 优势亮点。

产品宣传视频的优势在于可以直接向用户介绍产品的特征，从而使得用户能够快速地了解产品的相关细节，而且产品宣传视频中包含的信息量比较大，对产品的介绍更加全面。

（3）招商宣传视频。

招商宣传视频的目的十分明显，就是吸引投资。而这类宣传视频显著的特点就是具有很强的针对性，需要根据不同的对象、企业招商项目的不同需求等因素制作内容。

（4）公益宣传视频。

公益宣传视频是为传播正能量而设计的宣传视频，其主要目的是为公众着想，提升公众生活品质和福利待遇，以构建更为和谐美好的社会。公益宣传视频的特征包括以下 3 点。

① 对社会的发展有利。

② 表现的内容比较现实。

③ 形式上具有影响力。

4.5.6 专业知识类视频

把一些专业知识拍摄成短视频，分享到微信群或其他平台，视频可以给客户展现出非常专业的一面，让人们知道你是一个专业的人。所有的营销方式都是一样的，首先要给客户提供营销价值，让客户感受到一定的好处，产生强烈的信任感，再给他们推荐产品就会简单很多。

如果微商现在正在做视频营销，或者是未来将要做视频营销，这 6 类视频内容可以给你提供一个非常好的思路。做个优秀的微商，不仅要写出一手好的文案，还应做出一段好的视频。文案持续攻心，视频瞬间抓住客户的眼球，文案加视频可以让微商如虎添翼，所向披靡。

视频营销也是未来最大的一个趋势，如果懂得视频营销的一系列操作手法，不管是做微商，还是做其他网络产品，或者是其他项目，都可以用得上。

Chapter 5

第 5 章

增加“粉丝”数量：高效增加流量技巧快速扩张人脉

新的时代有新的营销模式，在网络信息时代，微商和微营销已经遍布人们生活的各个角落。

本章主要介绍各种微商的重要增加流量方法，包括微商增加流量的基本方法、腾讯系平台增加流量技巧、阿里系平台增加流量技巧、百度系平台增加流量技巧，以及其他常见平台增加流量技巧，让商家能够快速地融入新时代，手握微营销的黄金利器，让产品得到流量并销售出去。

微商增加流量的基本方法论
13 个腾讯系平台增加流量技巧
5 个阿里系平台增加流量技巧
5 个百度系平台增加流量技巧
其他平台的 15 个增加流量技巧

5.1 微商增加流量的基本方法论

流量又称为人气访问量，它是任何一项事业发展的前提，更是微商发展的重要条件。对于微商来说，流量就是朋友圈的浏览量，或者说是产品成交的人群指数。微商是个人的单独交易，也可能是一个人和一群人的交易，因为每个人背后都有一群人。例如，你的微信朋友圈有 100 个好友，他们每个人背后可能又会有 100 个好友，这些人都是你的潜在客户。这就是流量的潜在性和开发的无限可能。

所以，微商的生意都是从身边做起的，商家应该从身边开始拓展精准客户、开发身边的现有流量。

5.1.1 流量的无限可能

微商想要获取流量，首先要选择好的产品，因为产品好受众才会多。其次就是代理招募、销售，扩大自己的人脉，更好地销售产品，如以下两个案例。①内衣，只要是女人就都会需要，像初中生、高中生她们不能天天化妆，但是需要穿内衣，所以很多女性都是这个产品的需求者，那么她们就是你的精准客源。②口红，需求人数是非常多的，因为很多女性都喜欢自己看起来气色好一些，而且稍微打扮自己的女人的生活品位也更高一些，所以她们是口红的精准客源。

所以，微商想要成功获取流量，就必须从产品的选择及招募代理两方面去考虑，这样才是一个好的开始。

1. 用好产品找到好代理

选择自己想要经营的产品是生意人应该认真思考的，微商也不例外。产品是整个经营事业的核心。微商选择一款好的、对的产品对自己的经营事业来说是极为重要的。新手微商在选择自己要经营的产品时，通常比较纠结。因为市面上的产品很多，不知道该如何选择。其实微商在选择产品时只要掌握以下两个策略，就可轻松找出自己要经营的产品。

（1）以兴趣、特长为前提。

在之前讲微商选择个人方向的时候，就讲到了以兴趣和特长为出发点，也说了兴趣与特长对微商道路的意义。在选择自己经营的产品时，还是要以自己的兴趣和特长为前提，选择自己喜欢的、感兴趣的或是自己有优势的产品去经营。

感兴趣的产品能激发微商的积极性，能使微商更具上进心。例如，一个新手微商本身对皮肤护理、化妆品领域比较有兴趣，那么她在选择自己经营的产品时就可以从这方面出发，护肤品、面膜、彩妆等都是较好的选择。

特长是指自己本身在某一类产品方面有一定的了解，或者有这方面相关的人力、物力资源可以依靠。例如，如果一个人在选择做微商之前从事了较长一段时间的服装行业的销售工作，对服装搭配很擅长，是时尚达人，或者她在服装行业有一定的人脉资源，能有稳定的各种取货渠道，那么她选择自己微商事业中要经营的产品时就可以考虑服装类的。

（2）以市场为前提。

有市场才会有需求，需求带动销售。新手微商在选择自己要经营的产品时，也可以从市场需求这方面去思考。首先了解市面上哪些产品的需求量多，然后以用户需求为主要决策点，选择那些产品需求数量大、需求人群大的产品。也可以理解为，什么东西买的人多就选择什么，一切以市场为主。

2. 招募代理

招募代理需要具备以下条件。

① 塑造你的信任感。做生意就是做人，更多的是营销自己。

② 情感交流。人都是感情动物，就算产品再好，交流不愉快，也无法达到出单的目的。

③ 责任感。代理都是帮助你增值的人，应该对他们负责任，尊重他们，也许这点做起来需要花很多的时间和精力，但是只要做好了，他们就会用业绩回报你。

以上 3 点是招募代理需要具备的最基本的条件。只要别人信任你，只要他们还在你的朋友圈里，就会购买你的产品，还会帮助你开拓渠道。微商做得好，朋友会越来越多，此时只要把自己的形象提升了，生意自然就会好。

通过招募代理来增加流量，微商必须要有好的产品，这样才能吸引更多的消费者和代理。好的产品在质量上、功效上都应该是符合大众要求的。微商在选择产品时，尽量选择有厂家支撑、有质量保证的产品。因为做微商卖的是自己的信誉，如果产品不够好，就是在消耗别人对自己的信任。如果只想依靠刷爆款卖货，这是一个不正确的微商经营思维。

关于微商的经营思维，笔者分享以下 3 个技巧。

① 线上线下相结合。在线下展示产品，可以让那些线上不信任你的客户接触到你的产品，并深入了解产品。如果产品足够好，这些接触过产品的人就会有更

高的成交率。

② 不把消费者当消费者，而是当成传播者。微商是一个人和一群人的交易，思路是要挖掘“粉丝”背后的资源。

③ 有意识地建立自己的平台。微商团队中，肯定有做其他产品的人，每个人有每个人的追求。微商需要引导自己的代理走正确的道路，选择好的产品。让每个人都能在你的团队中得到收获，他们就会忠心跟随。

3. 牢牢抓住双渠道传播

微商相对于传统营销来说更注重产品口碑的好与否。口碑的好与否也决定了微商产品的传播速度。微商的传播相对于传统营销依靠客户相传，多了互联网时代下各种社交渠道的传播。用户传播和社交渠道传播两者的优势具体表现为用户口头传播更容易让人信服、更具情感优势，针对性强；社交渠道传播的传播范围广、传播速度快和传播成本低。

而微商的传播则刚好将两者的优势相结合，达到了更快的传播速度及更佳的传播效果。

5.1.2 流量获取的 8 步法则

做网络推广的人肯定知道，每一种方法都会有一定的时效性，之所以方法会失效，很可能是平台的原因。例如，平台整体流量下降了，或者因为做的人太多了，就会导致信息泛滥。所以，微商要学会流量获取的 8 步法则。

第 1 步：用户分析。

用户分析是最重要的一步，对于个人微商来说，至少要花 30%～40%的时间来做这件事情。对于团队微商来说，要找团队中对产品、市场最了解的人，来做用户分析的角色。

以茶叶为例，根据淘宝数据得出结论，买茶叶的人以 25～39 岁的男性为主，而其中又以 30～34 岁的成年男性为最主要的人群。根据这些数据能够判断出购买茶叶的人群，应该从哪一类的社群中寻找更加精准的客源。

第 2 步：寻找目标流量洼地。

当找到匹配自己产品的流量洼地之后，一定要记得保密。如果太多人在做，效果就会下降。例如，博客，现在获取流量的效果就非常差。

第 3 步：账号储备。

很多 App 和论坛是需要身份证实名注册的，因此要提前准备好一些号码，来做好获取流量的配合。

第 4 步：研究平台的规则和漏洞。

很多互联网平台和 App 都有一些规则和漏洞，当商家发现了这些漏洞之后，就能够更好地获取流量。

第 5 步：内容策划，找到目标客户的需求。

内容策划也可以理解为软文的投放，这是非常重要的。软文营销需要推广，如果不推广出去，软文营销将不会成功。下面将介绍软文营销推广的两个必不可少的技巧。

（1）准备：磨刀不误砍柴工。

在软文的环节要特别注意，推广出来的软文，必须是经过多次修改、优化所确定的，也就是前期准备要充足。前期准备需要注意以下 9 个问题。

① 需要推广的产品、品牌或活动等目标是否成功地插入到软文中。

② 软文的标题是否吸引人。

③ 检查软文中是否有错别字。

④ 检查软文的内容是否上下连贯。

⑤ 检查软文是否存在标点错误。

⑥ 检查软文的配图是否合适。

⑦ 检查软文的开头和结尾是否合适。

⑧ 检查关键词的植入是否过于密集。

⑨ 检查软文的超链接是否有误。

除了以上注意事项之外，还要注意软文的字数，如果不是研究性的软文，字数最好控制在 1000 字以内，因为这样读者才会耐心地读下去，从而达到推广的效果。

（2）发布：让搜索引擎收录。

在前面已经讲过软文发布平台的一些基本信息，这里着重讲解如何发布软文才能既让搜索引擎收录，又能提高用户的体验。需要注意以下 3 点内容。

① 注意网站权重问题：企业在发布软文时一定要选择权重相对较高的网站，因为权重越高，越容易被收录。

② 注意发布平台问题：平台的权重不同会影响软文发布的效果，好的平台会为软文营销带来大的流量，而差的平台则可能阻碍软文的线上传播。

③ 注意操作方式问题：操作方式包括软文内容、发布平台的选择，发布方式和发布时间的选择，同时还要考虑读者的喜好和需求。

第 6 步：回报率测算。

对比成本的投入和最终的收入，是否能够盈利，要做好测算。

第 7 步：“粉丝”导入。

例如，在 QQ 部落留下微信号码有可能会被删帖，但是如果留下 QQ 号码就会安全得多。因为这之间是有竞争关系的，所以商家可以直接留 QQ 号码，然后通过空间说说进一步把“粉丝”筛选到微信上。

第 8 步：用户运营体系。

将“粉丝”吸引过来之后，还需要通过建立一套用户运营体系进行转化，以提升“粉丝”的购买力，创造更多销量。

5.1.3 吸引力法则

刚入门的微商，最关注的问题就是加好友和推广产品，而这两个问题都可以用“增加流量”两个字来形容，简单来说，就是“招蜂引蝶”来了解产品和达到成交的目的。这是微商的基础，同时也是微商本身最难掌握的技术。要学会增加流量，还需要接受一些考验，包括素质、涵养、品行、专业技术、沟通能力等，只有将这些提升到一定程度，才能充分地通过增加流量吸引到精准客户。

“粉丝”量和好友量都不是关键，论坛增加流量、微博增加流量、空间增加流量等方法，随便用好一种就可以招募新代理。既然加好友不是那么重要，为什么还要增加流量？这就是这里的重点：吸引力法则。通过吸引力法则展现个人魅力赢得朋友和人心，这才是真正的精准客户，而吸引力法则最终要展现供求关系。

微商招代理和加到好友，最关键的是自己在潜在客户眼中有多少需求点，你身上有多少魅力是客户喜欢的。通过你个人，能让客户了解你的产品，并感觉这个产品是他喜欢的，通过你了解到这个产品是可靠的，或者认为跟着你做能赚钱，这样才能激发客户和你成交的欲望。卖东西和谈恋爱一样，你的吸引力让对方看到，最终才能在一起。

如何展现个人魅力，达到增加流量的目的呢？其实就是和人说话，让潜在客户关注到我们自身，成为好友，了解我们的产品，了解我们的经营情况，以达到增加流量的目的，这就是吸引力法则的充分体现。

1. 信任为前提

在微商行业营销中有一个重要特点就是靠信任促成产品成交。而客户对微商的信任主要表现在两个方面，对微商产品的信任和对微商本人的信任。所以微商要成功售出产品要靠两个方面，一是产品本身的优势，二是微商本身的人格魅力。

质量好的产品会让顾客更愿意购买，并且乐于传播给身边的人，推荐他们使用。但是有魅力的卖家会让客户长期跟随成为忠实客户，更甚者可以将客户转化为产品代理，从而扩大微商的团队。

微商产品的成功销售都是客户基于对产品的信任、对微商的信任。所以微商经营过程其实也是人际关系的经营过程。

2. 礼貌和态度问题

无论在什么场合，一定要注意礼貌和友好的态度。礼貌而谦和地待人，是大家喜欢你的前提，认可你的人才可能和你深交，否则没有人会有欲望了解你产品。

3. 重视

世界上每个人内心深处最希望得到别人的尊重和肯定。与人交流不仅是做生意，交朋结友都会让对方充分地感觉你在他眼里很重要。

4. 如何在交流中体现自己的产品

用专业吸引受众，如做护肤的微商代理，就体现在对护肤的专业。很多人的成功不仅是因为产品本身，还因为个人。在交流群中，节奏快的时候插不上话，但是把从这里学到的东西，用心领悟用到实际中，有自己新的体会，再分享到其他社群，好好表现自己的优势，这也可以称为热点营销，把自己变成大家眼中的热点。

在做微商时，成功的方法大同小异，而成功不能复制也是如此，因为只学到皮毛而没有领悟精髓。

5.1.4　微商众筹思维

随着《功夫熊猫 3》的热映，在众筹领域也诞生了一批与之相关的项目，淘宝众筹平台上就有 20 个关于《功夫熊猫 3》的项目。从这个例子中可以看出众筹已经逐渐成为一种常见的融资方式，同时众筹在微商行业中也会变得越来越重要，因此众筹相关知识是微商行业应该了解的。

1. 众筹的含义

众筹是指以资助个人、公益慈善组织或小中型企业为目的，进行的小额资金募集，它是一种全新的互联网金融模式。众筹的大致流程就是微商通过众筹平台发布众筹项目，吸引投资人投资。

众筹这种全新的互联网金融模式在微商行业同样适用。微商的众筹流程同其他众筹流程一致。例如，一个做护肤品的微商，他打算自主研发推出一款新的护肤产品，但由于个人资金有限，需要外界资金的投入，那么他就可以在众筹平台上发布一个关于新产品的众筹项目，如果有人对这个产品的未来前景比较看好，有兴趣参与到这个产品的研发，那么他可以投入相应的资金帮助这个护肤品项目成功启动。

社交众筹这种基于社交网络传播进行的筹资项目，作为必不可少的一种融资方式，它从一种商业方式逐渐向生活方式和思维方式过渡，成为新常态式的存在。在微商行业中，社交众筹也变得越来越重要，它为每一个微商创业者的创业梦提供了更多的资金支持。

2. 融入微商生活的社交众筹

社交众筹模式是一种新的营销方式，它的迅速地发展使它充斥在微商的生活中，它的出现对微商来说具有以下 5 个方面的作用。

① 促进了社交和微商行业的融合。

② 改变了微商的商业形态。

③ 消除了第三方平台的中介角色。

④ 拓宽了微商获得支持的内容和范围。

⑤ 加深了微商同朋友之间的沟通交流。

3. 众筹无处不在

众筹已经被无数微商创业者当成了开拓渠道、获得资金支持的新方式，众筹对微商来说似乎无所不能。虽然国内官方还没有对众筹做出严格的定义和规范，但鉴于国外众筹的发展经验，国内各种各样的众筹平台也在不断涌现，如京东金融、淘宝金融、人人投、众筹网及苏宁金融等平台。

微商除了可以利用上面说到的众筹平台进行众筹项目之外，还可以应用以下 3 种独特的众筹平台。

① 微商众筹沙龙。

② 微商众筹贴吧、论坛。

③ 微商众筹项目专场。

4. 社交融入微商活动

当今的社会，移动社交已经慢慢融入了人们的生活中，移动社交对于微商来说也是日益不可分离的。由于人们对于社交的渴望，使得人们越来越注重社交，同时也使得社交与各种商业的融合成为一种必然趋势，微商行业的兴起与迅速发展就是社交与商业融合的最好证明。

传统的商业活动基本上都是围绕商品进行的，它与以微商为代表的新型商业活动有所不同，两者通过以下的对比就能明显地发现：传统的商业活动主要围绕商品，通过兜售商品赚取差价、利润；而微商商业活动围绕社交，通过活动吸引“粉丝”。

随着大众的选择和社交网络的发展，微商商业活动越来越注重其社交的特性，社交活动为微商带来了更多好处，主要有以下 4 点。

① 更方便地吸引“粉丝”。

② 更好地进行客户关系管理。

③ 更合适地进行精准营销。

④ 更低成本地进行宣传。

5. 社交众筹模式助力微商创业

在移动互联网迅速发展的今天，社交不仅改变了大众传统的生活方式，更是带来了大量的创业机会，而微商行业的崛起就是最好的证明。

社交对微商众筹的影响巨大，具体表现在促进微商众筹项目的成功、给微商众筹注入社交基因、促进了微商众筹的“移动化”3 个方面。

正是由于这种社交因素对微商众筹的巨大影响，勾起了无数微商创业者创业的欲望与决心。社交众筹为微商创业者带来了多方面的好处，且力度不可小觑，具体有以下 4 个方面。

① 解决了微商创业的资金问题。

② 解决了微商产品的研发问题。

③ 解决了微商商品的销售问题。

④ 解决了微商项目的支持者问题。

社交众筹模式凭借其低门槛、多样性，依靠大众的力量，注重创意的特点，给商业带来了巨大变革。在未来将会有越来越多的微商创业者借助这一契机，实现自己的创业梦想。

6. 微商社群经济与微商众筹

微商社群是指在社交的促进下，微商众筹把一些具有对众筹项目有相同兴趣的人聚在一起，而这些人是围绕微商众筹项目而形成的一个群体。

随着社交媒体的崛起，各个网络群体表现得更加活跃而且日趋多样化、细分化、小众化，从而促进了社群经济这种新的商业模式的形成，这种新商业模式的形成对微商行业的发展起到了一定的推动作用。

微商“粉丝”是微商社群经济构成的重要因素，一位“粉丝”可以活跃在不同微商社群中，不受限制，来去自由。

社群经济其实也是一种微商众筹模式，它是一种对“粉丝”集体智慧的收集，微商可以通过“粉丝”集体智慧、创意的收集，完成一次微商产品的研发、生产和营销。像这种在社群内发起的微商众筹，具有以下 4 个特点。

① “粉丝”与微商更容易在某些事情上达成一致。

② 社群成员与微商之间可以相互引荐，建立情感。

③ 在社群的交流过程中与微商产生高度信任感。

④ 比其他类型的微商众筹成功率更高。

对于微商众筹而言，社群是其成功的有力保障，一个健康的社群必须做到 4 点：拥有足够的资金，有很好的沟通机制，有良好的社群环境，有融洽的成员关系。

7. 微商社交众筹中身份转变

在微商社交众筹中，众筹为消费者提供了一种新的选择，在一定程度上进一步拉近了消费者与微商之间的距离。互联网的出现，使营销环境发生了巨大的变化，消费者的消费心理也发生了变化，他们现在更倾向于自身的个性化，更希望有自主决策的权力，恰好微商众筹活动给消费者这一心理变化提供了一个契机。

从某种角度上来说，参与微商项目众筹的消费者的身份转变成了生产者。对于微商而言，通过众筹生产出来的产品迎合了消费者的想法，同时也体现了消费者的个性，能更好地满足消费者的需求。

让消费者参与到微商众筹活动中，消费者的角色在不断改变。在很大程度上会出现消费者成为销售者的情况，他们会开始慢慢推广产品，从而走入销售者的行列。消费者这一身份的转变会使得微商收获很多忠实的产品代理者。

8. 微商朋友圈社交众筹模式

社交是人类发展、进步的基础，人类无时无刻地进行着社交。随着移动互联网时代的到来，社交的需求也慢慢转移到了手机等移动设备上。对于微商来说，社交众筹还有一个新渠道，那就是微信朋友圈。

在朋友圈进行社交众筹可能听起来不太可行，但由于微商自身人脉资源的优势，在朋友圈进行众筹活动可能会有意想不到的收获。众筹本身就是一种面向群众进行募集的活动，主要价值在于人，而朋友圈恰巧是微商人脉力量的一个聚集地。众筹和朋友圈两者结合起来将为微商众筹项目释放更大的能量。

9. 微商众筹目标的选择

如今，微商通过一次众筹获取高额回报的项目已经比比皆是，而成功的微商众筹项目在开始一般都会有一个众筹的目标。微商如果要进行一次项目众筹，就需要明确自己的众筹目标，可以从以下两个方面来选择目标。

（1）熟悉众筹目标。

微商众筹正在不断地创造着各种各样的新纪录，有很多看似难以成功的项目，通过社交众筹这一方法都能顺利完成。社交众筹的应用已经越来越广，然而一个成功的项目中必定会有一个好的众筹目标。众筹的目标是众筹项目最重要的部分，是众筹的基础。

（2）确定众筹目标。

微商要进行众筹，选择众筹项目要根据自身各方面的情况来决定。但是一个好的众筹目标不可缺少 3 个要点，那就是有前景的产品，结合市场需求，以及可以寄托梦想，因而最终取得众筹成功。

5.2 13 个腾讯系平台增加流量技巧

腾讯作为最早的网络通信平台，它的资源优势和底蕴及庞大的用户群，都是微商必须巩固的阵地。本节将向读者详细介绍微商借助腾讯系平台增加流量的技巧，让每一位微商都能更快更好地发展。

5.2.1 微信加好友增加流量

微信是时下用户量最多的社交软件之一，微信大量的用户对微商来说是获取流量的好地方，同时微信也是微商最常用的营销工具之一，下面来介绍个人微信加好友增加流量的方法。

① QQ 好友。将微信关联 QQ 账号，通过“添加朋友”下的“添加 QQ 好友”去向已经关联 QQ 账号的好友发出好友申请。

② 手机联系人。微信绑定手机号，通过“添加朋友”下的“添加手机联系人”去向已经绑定手机号的朋友发出好友申请。

如果对方本来就是自己的朋友，效果会非常好，对方基本会同意的。

5.2.2 通过“附近的人”增加流量

微信中“附近的人”功能，可以让微商与周围的人打招呼，然后不断地去添加用户，想必总会有目标人群愿意添加。虽然方法上稍显笨拙，但是不能否认这是增加“粉丝”数量的一大法宝。

5.2.3 使用“漂流瓶”增加流量

无论是 QQ 邮箱还是微信中都有漂流瓶功能，如果平时在用它消磨时间，现在不妨利用它来吸引“粉丝”。每天可以向外抛出几百个漂流瓶，在其中设置好签名和介绍优惠活动等，以优惠来吸引用户关注。

漂流瓶加好友也有两种方式：一种是捡漂流瓶，捡到漂流瓶后根据瓶中的内容做相应的回应，等建立信任后再添加好友，这样会比直接添加好友效果好得多；另一种是扔漂流瓶，组织一段比较诱人的话语，能扔多少就扔多少，只要内容足够吸引人肯定会有“鱼儿上钩”。

5.2.4 “面对面建群”增加流量

与朋友圈和公众平台等微信社交功能相比，微信群具有更强的穿透性，用户必须通过微信群“互动”才能体现其价值。可以与微信好友互换群。如果你们分别有 5 个群，每个群 100 人，那么互换后就会各有 10 个群近 1000 人。

微信群是社交 O2O 的线上平台，很多人都是在线上微信群里认识的，然后发展到线下，加微信群能够扩大自己的社交圈。但是微信群作为一种交流的渠道，最痛恨的就是广告，所以软文推广成为主流，如果软文内容质量很好，推送时间卡得到位，目标微信群选择得当，那么增加流量的效果一定会很好。

5.2.5 “雷达加朋友”增加流量

当微商在某个场合同时认识很多人时，这时如果逐个去扫二维码或搜索账号添加好友，那么加人就需要花费很多的时间。因此，微商要学会使用更加便捷的方式来提高添加的效率。

微信上有一个便捷的工具，那就是“雷达加朋友”。这个方法能够同时添加多人，因此对于微商在进行多人聚会等活动时加好友很有帮助，下面介绍具体的操作方法。

首先点击微信界面右上角的+图标，弹出相应菜单，点击“添加朋友”选项；进入“添加朋友”界面，然后点击“雷达加朋友”选项，就可以显示“雷达添加好友”界面。

微商在使用“雷达加朋友”功能时，需要大家同时开启“雷达加朋友”，然后就可以依次添加搜索到的人，雷达可以反复开启，把所有人都添加为好友。

微商在用雷达同时加多人为好友时，需要注意的是一定要告知对方自己是谁，填写好加人验证信息，在好友通过后微商要立即给对方设置好备注。

5.2.6 微信好友互推增加流量

在这里要提一下微信新规，对于微信新规的解读是——未禁止公众号互推。这是什么意思呢？就是说微信团队并没有禁止所有公众号进行互推，但是禁止以利益交换为前提，且具有恶意营销性质的公众号互推行为。了解了微信的新规之后，可以利用微信好友帮助微商进行互推，以获得用户流量。注意，推荐时一定要放上对方二维码，因为微信号比较复杂，而二维码只要长按就可以关注。

另外，微商也可以找好友数与你差不多的朋友进行微信互推。先用 100 字左右简单地描述一下自己（建议一定要有吸引人的地方或特点），然后配上几张靓照，最后再把内容发给好友，让他转发到朋友圈，这样你的内容曝光率会大大增加，效果也很显著。如果你是某专家或某创始人，也可以找一些“大 V”直接帮助你推广。

5.2.7　微信公众平台增加流量

目前微信平台发展火热，越来越多的个人或企业开始关注微信公众号。对于微信公众平台运营者来说，微信运营的最终目的是实现商业变现，赚取利益。

通过爆款大号互推的方法，即微信公众号之间进行互推，也就是建立公众号营销矩阵（指的是两个或两个以上的公众号运营者，双方或多方之间达成协议，进行“粉丝”互推），可以达到共赢的目的。

微商可以通过在公众平台上，或者其他平台上开展各种大赛活动，进行增加“粉丝”数量增加流量。这种活动通常在奖品或其他条件的诱惑下，参加的人比较多，而且通过这种大赛获得的“粉丝”质量都会比较高，从而加大产品的曝光率。

5.2.8　微信 H5 活动增加流量

微商可以通过发布作品、文章，来推广 H5 作品，H5 作品发布项目后，复制二维码下方的项目链接；在正文部分插入项目二维码，用户长按二维码自动识别，跳转至 H5 页面。

对于电商平台和实体店铺来说，增加流量是非常重要的营销环节，很多商家通常会选择在微信中发放优惠券的方式来进行增加流量。其实，微商可以在这个环节中使用 H5 小游戏来与消费者进行互动，这样不但可以让他们在游戏的乐趣中获得优惠券，同时还能提升品牌在他们心中的地位。

5.2.9　微信“摇一摇”增加流量

“摇一摇”是微信中一个很有趣味的交友功能，它是“宅男”“宅女”进行网上聊天和交友的利器，微信营销者可以通过“摇一摇”的方式利用这部分人的好奇心与交友欲，将产品宣传出去，具体增加“粉丝”数量步骤如下。

进入微信的“发现”界面，点击“摇一摇”图标；进入到“摇一摇”界面后，选择“人”选项，摇一摇手机即可搜索到此时一起玩摇一摇的用户，然后与系统匹配的用户交流就可以了。

微信“摇一摇”是吸引用户的常用方法，微商设置好签名和介绍后，就可以在闲暇时刻去摇动手机，目的就是让更多的人看到你的签名。很多微商都尝试过，这样的“粉丝”转化率是很高的。

5.2.10 QQ 空间增加流量

QQ 空间拥有很强大的社交功能，如 QQ 认证空间、QQ 空间生日栏、QQ 空间日志、QQ 空间说说、QQ 空间相册和 QQ 空间分享等，这些是微商增加流量推广的重要渠道之一，能为微商经营者带来可观的“粉丝”数。

下面详细介绍利用 QQ 空间吸增加流量量的几种方法。

（1）进入 QQ 认证空间获得流量。

微商如果要利用 QQ 认证空间增加流量，那么第一步就是要做好定位，如运营者是做女性产品的，卖面膜和裙子之类的产品，那么就可以去找相关的人气 QQ 认证空间。

进入相应的认证空间之后，就可以在这个界面看到该认证空间的现有“粉丝”数和今日访问量。微商要做的就是点击“关注”按钮，这样就可以第一时间收到认证空间所发的说说和日志，在认证空间更新说说或日志时，马上就去点赞、评论。

一般来认证空间中看的基本都是对这个话题或产品感兴趣的人，所以这些人就是微商的潜在客户，微商可以在热评日志或说说下找到点赞或评论的用户，然后可以添加他们为好友。

（2）在 QQ 空间修改生日时间获得流量。

当有 QQ 好友快要过生日的时候，好友的 QQ 头像和 QQ 网名会显示在 QQ 空间的“礼物”栏中。同样，如果你的生日快到了，那么你的信息也会在你 QQ 好友的 QQ 空间中显示出来。

那么，在此时期只要 QQ 好友进入他们的 QQ 空间，即可在 QQ 空间的礼物栏中看到你的生日提醒信息，而此时微商通过独特的 QQ 头像或 QQ 网名吸引好友的注意，就可以促使他们进入微商的 QQ 空间查看动态。

微商可以利用这一点进行增加流量。首先需要思考 3 个问题：主要经营什么产品、产品的出售对象是什么人，以及怎么去吸引这些人关注自己。这 3 个问题考虑清楚是之后操作设置的基点。

然后将自己的 QQ 头像和 QQ 网名设置成目标受众愿意关注的对象，再修改自己的生日。最后运营者需要提前准备好空间的内容，也就是目标用户兴趣相关的内容，并设置好要增加流量的步骤。

（3）写 QQ 空间和说说日志获得流量。

如果要利用 QQ 空间的日志和说说功能获得流量，就需要找一些与店铺有关的链接和账号信息放到空间日志和说说中，激起受众的购买欲望，以此来进行增加流量。

（4）创建 QQ 空间相册获得流量。

很多人加 QQ 时都会进 QQ 空间看一下空间的相册，所以相册也是一个可以利用的增加流量工具。微商可以在相册中放置写有微商店铺信息的图片，感兴趣的浏览者在看到信息时就有可能对店铺进行关注。

（5）上传 QQ 空间分享获得流量。

利用 QQ 空间的分享功能可以分享视频和网站地址给自己所有的好友，他们只要点击标题，就可以看到你分享的东西，利用分享功能分享微店或产品也是可行的。

5.2.11　QQ 微社区增加流量

用户可以通过手机 QQ 和微信公共号访问自己的微社区。

① 手机 QQ→联系人→生活服务→微社区。已经添加过微社区生活服务号的用户，进入生活服务就可以直接看到微社区的生活服务账号；没有添加微社区生活服务号的用户，可以点击右上角添加，点击关注微社区生活服务号，进入“微社区生活服务号”→“我的微社区”。

② 已开通微社区的微信公众号的用户，可以在微信公众号中添加微社区入口。在自己的微信公众号下，可以在底部菜单栏添加微社区的访问地址，这样可以快速地访问自己的微社区。

③ 进入微社区后，就要发表一些对社员有价值的东西，然后把他们吸引到自己的微信中。

5.2.12　QQ 同步助手增加流量

下面介绍 QQ 同步助手增加流量技巧。首先在应用市场下载 QQ 同步助手手机客户端，安装并使用准备好的 QQ 号码登录。然后下载一个导入的模板，导入联系人。最后收集手机号码，获取精准客户的联系方式。

5.2.13　QQ 群增加流量

下面介绍 QQ 群增加流量的 4 种方式。

① 群发自己的 QQ 好友。当然这种推广不能发垃圾广告，可以发一些软文之

类的内容，效果比较理想。

② 群发所有在线 QQ。不需要将用户添加到 QQ 好友列表，直接发送信息，迅速地将你的广告信息发送到所有在线的 QQ 用户。所发送的内容完全由自己指定，可以发送你的产品宣传、供求信息甚至是你的网址。

③ 定向群发。通过搜索引擎采集 QQ 号，或者用软件采集论坛会员的 QQ 号，进行定向群发，只发指定的 QQ 号。

④ QQ 群群发。加入 *N* 个群，在 QQ 群中不要单纯地发“欢迎访问某某网站”之类的广告，而应注意技巧，可以选择网站的几篇好文章，把文章标题和访问地址发到群里。同时把握好群发时间，要选择在上网高峰时发，这样效果才好。一般在上午 10:30～11:30、下午 3:30～5:00 这两个时间段的效果比较好，晚上 8:30～9:30 也是最好的时机。

5.3 5 个阿里系平台增加流量技巧

阿里巴巴是全球领先的 B2B 电子商务网上贸易平台，其旗下的淘宝改变了很多人的购物习惯，但是很多人都没有利用这个平台来宣传自己。不过在阿里的平台上做微商的增加流量还是要尽量隐蔽，毕竟阿里和腾讯是竞争对手，微商在阿里平台上推广产品很容易被封。下面介绍 5 种通过阿里系平台增加流量的技巧。

5.3.1 淘宝店铺增加流量

在淘宝上开一个店铺，把流量引导到微信上。例如，在淘宝店铺首页放入微信号。还有一种方法就是占据某个长尾关键词的品类搜索结果的首屏。设置长尾关键词很重要的一点在于微商销售的模式，因为其商品多为单品，所以只设置关键词，就很难被用户搜索到，如果多用一些词来限定，被搜索的概率就更大一些。

另外，报名参与淘宝专题活动，在活动期间店铺可以快速吸引大量流量，因此微商一定要多关注淘宝近期的活动安排。

5.3.2 友情链接增加流量

在淘宝店铺中放置友情链接是比较实用的增加流量方式，这样可以增加店铺的浏览量，从而提高运营者放置的微信号码的曝光率，达到增加流量的效果。

友情链接的方式有以下 4 种。

① 与高等级的淘宝店铺交换友情链接。这里的高等级是指钻级或皇冠级的淘宝店铺，想要与这样高等级的店铺交换友情链接是有一定难度的，但是，凡事无绝对，多沟通，还是有机会达成交换的。

② 有目的性地交换友情链接。不要随便交换链接，那样意义不大，最好与同行交换，这样才能更好地抓住目标顾客。

③ 与有实力的新手淘宝店铺交换友情链接。每个店铺都各有各的优势，新店铺也是一样的。

④ 与合作伙伴交换友情链接。选择合作伙伴，要选择志同道合的，这样才能抓住顾客。

5.3.3　商品评价增加流量

在淘宝上购买产品后有一个评价和追加评价的功能，这个评价的功能是可以用来增加流量的。

用淘宝评价功能进行增加流量一定要选择与自己产品同类的商品，或者与自己产品的受众群体一致的商品，有精准的受众加你，增加流量的效果才会达到，那么淘宝评价也就相当于一个展现信息的地方。

在淘宝商城购物时，在“我的订单”页面中，单击“追加评价”按钮，在“追加评价”时可以留下自己的微信号进行增加流量。

另外，当买家收货结算时，卖家可以通过旺旺、短信、电话、小卡片及微信等渠道，提醒买家参与写评价活动，如“写好评赢大奖”等。

5.3.4　诚信通增加流量

诚信通是阿里为从事国内贸易的中小企业推出的会员制网上贸易服务。诚信通既为中小企业主提供贸易服务，也为中小创业者提供找货源的服务，所以这个平台也是微商可以利用起来进行增加流量的。

① 直接搜索手机号码添加微信好友：诚信通店铺的联系方式中一般都有厂家负责人的手机号码，现在手机号码一般都与微信绑定，所以可以直接搜索手机号码添加微信好友。

② 通过诚信通旺铺发布货源信息：申请注册一个诚信通旺铺，发布货源信息，可以寻找代理商。

5.3.5　来往 App 增加流量

来往 App 是阿里巴巴推出的即时通信应用，并支持状态分享功能，可以与好友时刻保持联系。公众账号功能的上线也吸引了众多“大 V”加入，用户可以随时关注他们的来往动态。因此，微商可以开通来往账号，加一些好友，再把他们导入到运营者的微信中。

5.4 5个百度系平台增加流量技巧

有些时候，人们问别人问题，常常会得到“百度一下，你就知道”这样的回答。这句话其实就足以显示出百度的实力了，很多年过去了，百度也依然是人们获取信息和查询资料的重要平台。

所以利用百度平台增加流量，一定是微商不能错过的选择，而且如果目标受众能在百度平台上找到微商的相关信息，微商就等于获得了流量入口。下面介绍几个百度产品的增加流量技巧。

5.4.1 百度知道增加流量

百度知道在网络营销运营上，具有很好的信息传播和推广增加流量作用。利用百度知道平台，通过问答的社交形式，可以对运营者快速、精准地定位客户有很大的帮助。

百度知道在小程序推广增加流量上具有两大优势：精准度和可信度高。这两种优势能形成口碑效应，对小程序推广增加流量来说显得尤为珍贵。

通过百度知道来询问或作答的用户，通常对问题涉及的东西有很大兴趣。例如，有的用户想要了解“有哪些购物类小程序比较好用”，有一定小程序使用经验的用户大多会积极推荐自己用过的满意的小程序，提问方通常也会接受推荐，去试用。

百度知道营销是小程序推广增加流量的重要方式，因为它的推广效果相对较好，能为商家带来直接的流量和有效的外接链。基于百度知道而产生的问答营销，是一种新型的互联网互动营销方式，问答营销既能为商家植入软性广告，同时也能通过问答来吸引潜在用户。

5.4.2 百度百科增加流量

在互联网上的小程序运营者可以借助百度百科平台来做营销，将微信小程序的相关信息通过百度百科传递给用户，方便用户形成对小程序品牌和产品的认知，同时也有利于向潜在用户推广小程序，达到增加流量的目的。

百度百科词条是百度百科营销的主要载体，做好百科词条的编辑对微信小程序营销至关重要。百度百科平台的词条信息有多种分类，但对于小程序百科营销而言，最为合适的词条形式无疑便是产品百科。

5.4.3　百度贴吧增加流量

百度贴吧是一个以兴趣主题聚合志同道合者的互动平台，让拥有共同兴趣的网友可以聚集到一起进行交流和互动，同时，这种聚集的方式也让百度贴吧成为微商增加流量常用的平台之一。

在贴吧上进行增加流量主要有以下 6 种方法。

① 根据需要选择冷、热门贴吧：微商在选择冷门贴吧和热门贴吧进行增加流量时是有很大区别的，选择冷门贴吧的好处是可以在贴吧中发布广告内容而不会很快被删除；选择热门贴吧的好处很显然，可以获得很高的流量，但如果含有明显的广告就会被删除。

② 内容涉及宣传一定要用软文：帖子的内容是在贴吧发帖最重要的部分，内容的好与否会直接影响贴吧增加流量的效果。用帖子在宣传微商产品时，使用软文的好处：有得到吧友的赞赏、提高帖子被管理员置顶的概率，可以让帖子长期保存在贴吧中。

③ 内容结合时事热点进行增加流量：帖子要想成为贴吧中的热门帖，内容一定要结合热点。例如，一些时事新闻或娱乐八卦，都能很好地吸引网友的眼球，从而提高点击率，增强增加流量的效果。

④ 标题关键词设置要有吸引力：标题关键词设置的重要性已经不需要强调了，关键词越多，被搜索到的可能性就会越大。

⑤ 充分利用目前火爆的直播功能：目前各大平台中的直播功能都很火爆，还出了专门的直播 App，所以贴吧的直播功能也是一个很好的增加流量方法。打开手机百度贴吧，先点击⊕图标，弹出相应界面，再点击“直播”按钮，就可以在贴吧中进行直播了。

⑥ 申请成为贴吧的吧主：在百度贴吧中，维持贴吧秩序的除了百度管理员外就只有贴吧的吧主了，因此如果能成为贴吧吧主，很好地运营一个贴吧，就可以获得非常可观的流量。

5.4.4　百度文库增加流量

百度文库是一个互联网分享学习的开放平台，利用百度文库进行增加流量的关键有 3 点，具体解释如下。

① 设置带长尾关键词的标题：百度文库的标题中最好包含想要推广的长尾词，如果关键词在百度文库的排名较好，就能吸引不少的流量。

② 选择的内容质量要高：在百度文库内容方面，推广时应尽量撰写、整理一些原创内容，如把一些精华内容做成 PPT 上传到文库。

③ 注意细节问题：注意内容的排版，让阅读者阅读起来舒服的内容更容易被接受；注意文库的存活时间，文库很快被删掉便达不到效果。

5.4.5 百度 SEO 增加流量

热点关键词是每个微商都要知道的东西，并且要保持很高的敏感度，热点意味着曝光率和关注度，也意味着流量和销量。那么如何找到百度热点关键词来进行增加流量呢？这里就需要用到百度 SEO。

首先在计算机上打开百度 SEO，根据搜索指数的高低分析关键词的热度，从而找到合适的热门关键词。从实时热点与排行榜上，能够知道哪些关键词在百度上被搜索的次数较多，这些被搜索次数较多的关键词就称为“热词”，然后营销人员可以结合“热词”发软文，将自己的产品与关键词融合，在各大门户网站和论坛等发表这些融合了关键词的软文。这样，只要网友搜索关键词，就能看到相关的软文，从而达到增加流量的目的。

5.5 其他平台的 15 个增加流量技巧

除了前面介绍的可以帮助微商获得流量的平台之外，还有一些经常被人们所忽略的平台也是可以帮助微商获得流量的。

5.5.1 自媒体

自媒体从内容到形式、从思想到气质的风格全面化表现，其实就是自媒体人本身文化修养、思想价值、审美品位和气质涵养的表象。

而自媒体的内容创作则是自媒体经营的重头戏，只有内容足够优秀才能抢占“头条”并获得阅读量和“粉丝”关注，继而在整个自媒体行业中崭露头角，获得广告商和投资者的赏识，得到商业投放和商业融资，实现自媒体的企业化。

人们对事物的认识都是由感性认识再到理性认识，因此自媒体运营者在进行文字写作时也要遵循这样一个顺序原则，首先要从感性入手，要让文字具有人情味，才能让读者容易接受，进而让文字进入读者的内心世界，触动读者的内心，让他们觉得有同感，才能有效地吸引他们的关注。

文字的感染力能影响人的情绪，拉近与读者的心灵距离，以情感的角度吸引读者；文字的说服力能影响人的思维，拉近与读者的思想距离，以强大的思维分析能力使读者认同，得到他们的关注，从而推销自己的产品。

5.5.2 短视频

短视频推广增加流量是指微商视频推广增加流量，宣传推广微商产品，以达到吸引人们的视线、获得用户目的的方法。因此，短视频推广不仅要求高水平的视频制作，还要有吸引人关注的亮点。常见的短视频推广增加流量包括电视广告、网络视频、宣传预告片和微电影等形式，可以说是一整套完善的视频营销方案，它不但改变了互联网时代人们观看网络内容的习惯，而且还具有网络媒体的属性特点，即传播速度非常快。

短视频增加流量主要有两个基本要素：①短视频具有一定的影响力和号召力，可以快速吸引人们关注；②短视频的传播具有针对性，可以为微商或产品带来精准用户。

总体来说，短视频增加流量主要通过电视广告等传统媒体，优酷、爱奇艺等视频网站，美拍、梨视频等短视频平台，微博、微信等社交网络，以及淘宝、京东等电商平台，进行组合性的投放，从而更好地帮助商家宣传品牌、销售产品，其特点包括传播力、公信力、营销力和成交量 4 个方面。

（1）传播力。

传播是各种网络营销工具必不可少的重要属性，只有具备这种属性，短视频才能在互联网和各种媒体中生存，才能被更多的人看到和分享，因此这也是短视频增加流量首先具备的特点。

（2）公信力。

短视频增加流量的公信力主要体现在它非常强调真实、客观，具有使公众信任的力量。没有公信力的视频营销终将失去生命力，被受众鄙弃。

由于短视频增加流量具有公信力的属性，可以包装并提升品牌的形象，让客户快速信任商家。尤其是对于那些没有品牌的产品来说，通常价格会比较低廉，而且这样的企业生存也是举步维艰的，可以说“没有品牌将处处挨打”。

（3）营销力。

营销型短视频可以帮助商家解决一系列的营销难题，帮助微商或产品进行精确的定位，从而针对目标消费群体推出更加适合、更有优势的产品或服务。因此，营销型短视频强大的营销力可以帮助企业快速打响品牌，打开市场。以下为短视频增加流量的 4 种营销力。

① 快速提升品牌价值。

② 展示企业的强大实力。

③ 提升品牌美誉度。

④ 实现品牌的全网推广。

（4）成交量。

营销型短视频是为产品带来成交量的可靠保障，可以成功引导消费者购买产品，塑造产品价值。短视频增加流量可以帮助微商全方位地展现产品，不但可以让消费者直观全面地了解产品，而且记忆更加深刻，其效果比传统的图文宣传更好。

最重要的是短视频背后庞大的受众群体，对网络营销而言就是潜在用户群，如何将这些潜在用户转化为用户，才是短视频营销的关键。对于微信小程序运营者来说，最简单、有效的短视频社交营销方式就是在视频网站上传与小程序相关的短视频。

5.5.3 图片

单一的文字可能对人们的吸引力不够强，因此很多“网红”先驱发现了图片的重要性，因此内容创业也进入“图文时代”。人们在紧张的日常生活中，对长篇文字的阅读越来越没有耐心，为了适应读者需要，不仅自媒体的制作，就连纸质媒体也都把重心放在了图片上。

在当今社会，人们的阅读需求进入了轻阅读时代，除了一些做文献研究或自己就是文字作家的人，在图片阅读和纯文字阅读的选择中，多数人都会毫不犹豫地选择前者。

图片阅读的好处在于内容的表现更形式化、表面化，能够降低读者的理解难度，科学家在对人的记忆的调查研究中就曾指出，人的记忆往往对图像和色彩印象更深刻，这也是为什么人们经常会产生对一个东西很熟悉但就是叫不出名字的感觉。

软文图片展示的轻阅读模式能够方便读者阅读和思考。对于自媒体经营者的写作与编辑来说，既能讨好读者，又能加深对读者的影响力，还能够在无形中扩大运营者软文营销的传播范围。

5.5.4 微博

微博增加流量就是企业、商家或个人为创造自身的价值利用微博平台进行的一种社交推广方式。通过微博增加流量，微商可以对自己的产品进行适度的宣传，并获得流量。

在互联网与移动互联网快速发展的时代，微博凭借其庞大的用户规模及操作的便利性，逐步发展成为企业微营销的利器，为企业创造了巨大的收益。由于网络营销的迅速发展，微博也成为各商家营销推广增加流量的重要平台。

微商可以利用微博更新消息，向网友传播产品的相关信息，以此增加产品的曝光率。通常来说，在微博中推广微信产品主要有以下 3 种方式。

（1）互动营销推广增加流量。

进行微博互动营销，最主要的一点就是要主动与别人进行互动。当别人点评了你的微博后，你就可以与他们进行对话。微商还可以利用微博举办一些具体的活动，以此来加强与“粉丝”的互动。在活动的互动中，可以挖掘客户或潜在的客户，以此来实现产品或服务的互动营销。

如果在促销活动中，微商提供比较大的折扣和优惠，甚至还能使产品获得“病毒式”传播。在微博中发布促销信息时，文字一定要有诱惑性，图片一定要精美。微商还可以邀请各种人气博主帮忙转发，这样可以增强产品的宣传力度。

（2）硬广告推广增加流量。

硬广告是生活中最常见的一种营销方式，它指的是人们在报纸、杂志、电视、广播、网络等媒体上看到或听到的那些为宣传产品而制作出来的纯广告。其中，微博中的硬广告传播速度非常快，涉及的范围也比较广泛，常常以图文结合的方式出现，也常伴有视频或链接。

从现实来看，微博用户一般对各种硬广告都有排斥的心理，所以，微商在发布广告时，要尽量将那些硬广告软化，文字内容不要太直接，要学会将广告信息巧妙地设置在那些比较吸引人的软文中，只有这样，对用户才有吸引力。

微商在发布微博硬广告时，最常见也是最直接有效的方式就是图文结合。除此之外，企业在优化关键词的时候，也应该多利用热门的关键词，或者是容易被搜索到的词条，只有这样才能够增加用户的搜索率。

（3）话题营销推广增加流量。

一般来说，微博用户在打开微博之后，大多都会先选择微博中的那些有趣的内容来浏览，然后查找热门微博或是查看热门话题。而话题营销推广，就是利用这些热门话题进行微信小程序推广的。

虽然话题营销推广有些“蹭热度”的嫌疑，但是对微商而言，话题营销可以更好地抓住用户的习惯，创造出对用户更具吸引力的内容，从而更有效地对产品进行借势推广。

5.5.5 陌陌

“陌陌”是 2011 年 8 月陌陌科技推出的一款基于 LBS 的移动社交产品。陌陌是不需要添加好友的，只要互相关注就可以发消息，而且陌陌的消息会显示已读和发送，这样就能知道关注的人是否查看过消息。

陌陌还可以显示关注对象上次登录的时间，可以由此来判断关注对象使用陌陌的频率。微商利用陌陌增加流量时，可以根据陌陌的特点来设置自己的信息。微商还可以利用陌陌的动态、圈子和群组板块进行增加流量，下面讲解利用这 3 个板块进行增加流量的操作。

（1）发布附近动态进行增加流量。

很多社交 App 都做了“附近的人”板块，但在这方面都没有陌陌做得好，陌陌不仅有“附近的人”功能，还有附近动态这一强大入口，一个熟悉地点具体的时间，一条附近动态，它的优势在于能给人以真实可靠的感觉。

因此，微商可以通过发布动态的方式，让附近的人进行好友添加，这里简述在陌陌中发布附近动态的方法。首先点击⊕图标，弹出菜单选项；点击“更多”按钮；进入“发布动态”界面，编辑文字和图片内容；最后点击✓图标，完成在陌陌发布动态的全部操作。

（2）加入圈子进行增加流量。

陌陌推出的“圈子”板块，与 QQ 的兴趣部落和微博的话题类似，都是基于兴趣的用户聚集圈。

微商可以选择与产品相关的圈子进行发帖增加流量，也可以在圈子中对精准用户进行关注，通过“对话”的方式增加流量；另外，圈子中设有“群组”板块，运营者可以通过加入群组的方式进行增加流量。

这里讲解在圈子中发布帖子进行增加流量的方法，以“吃货”圈为例，进入“吃货”圈主页，点击“发布帖子”按钮；进入“发布帖子”界面，编辑标题、文字和图片，点击✓图标，完成整个操作。

（3）加入群组进行增加流量。

上面提到了在“圈子”板块中有一个群组的分类，其实在陌陌 App 中，群组是有一个独立的流量入口的，群组是一个基于兴趣的用户聊天群，同 QQ 群类似，是微商在陌陌增加流量的重要板块之一。

选择相关群申请加入，在群里，活跃积极的人容易被记住。运营者想要在群组中推广产品，一定不要直接打广告，应该从侧面引起话题，如说一句“最近健身怎么怎么样”，有同样感受的人也会出来聊，聊开了，再自然引申到产品上来，“我用××感觉很不错，你要不要试一试”之类的，然后再顺理成章地添加微信好友进行详谈，达到增加流量的目的。

5.5.6　工具型 App

App 客户端的作用主要是吸引用户的流量，在目前的市场环境中，商家的大部分交易都能够通过客户端完成，有流量就有商机。

App 客户端之所以能够让商家达成产品销售的目标，在于客户端有以下 4 个方面的作用。

（1）网络宣传的新载体。

传统的网络宣传是指利用互联网进行宣传推广活动，被推广的对象没有明显的局限性，可以是企业、公益组织等，也可以是个人或产品等。

在 App 出现之前，网络的宣传模式较为固定，其影响力相对于庞大的用户群体而言也较为有限，但是需要投入的资金较多，所以网络宣传处于缓慢发展期。相比于传统的网络营销模式，App 的宣传更为精准，而且商家可以利用 App 打造企业的形象，发布新的产品，让传统的静止媒体转向更适合大众的移动媒体。常见的利用 App 客户端进行网络宣传的方式主要有以下 6 种。

① 用户的行为数据化。

② 开展 App 软件内的活动。

③ 设置分享奖励机制。

④ 站外红包活动宣传。

⑤ 导入好友关系宣传。

⑥ 创新诱发用户口碑。

在实际的网络宣传中，除了利用 App 客户端进行网络宣传之外，还可以利用软件外增加流量的方式对 App 进行宣传，通过 App 对用户的增加流量进而在软件内宣传企业。常见的方式主要有以下 4 种。

① 积分墙下载 App。

② 制造换壳 App 增加流量。

③ 与 App 合作植入广告。

④ 静默安装 App。

（2）搭建新型销售渠道。

微商要想在竞争激烈的营销市场中获得有利地位，依靠传统销售渠道显然是不符合发展趋势的。在互联网搭建的多种新兴销售渠道中，App 的影响力和效果是最为明显的。具体的新兴销售渠道分析主要有以下 4 种。

① 靠内容销售产品。企业 App 的用户原本就是产品的使用者，对于产品有一定认可度，属于精准客户来源，通过 App 上相关内容的展示更能够吸引用户购买。其具体分析如下。

销售形式：在 App 上为消费者提供实实在在的产品数据，包括文字、图片、视频等，吸引有需求的用户，并向其推荐合适的商品。

销售效果：目标受众主要是精准的客户群体，以及部分潜在客户和新用户群体，一般与其他的销售模式并用的效果更好。

② 靠广告销售产品。无论企业 App 的表现形式如何，在 App 中植入广告是最基本的销售模式，往往分为在自己企业 App 上发布广告，以及在其他 App 上发布广告引导用户参与活动或下载 App 两种形式。其具体分析如下。

销售形式：在 App 上用户通过点击广告栏，进入广告的界面或相关链接，进而了解活动或产品信息，购买相关产品。

销售效果：即使是在传统营销中，广告的销售效果也是有目共睹的，网络广告覆盖的用户数量更多，渠道影响力越大，效果越好。

③ 靠植入销售产品。在 App 中通过植入相关信息的方式影响用户也是常见的销售方式，属于网络广告的销售模式之一，但是与传统的广告模式有着较大的区别，植入的方式不会引起用户的反感，效果更好。

App 将微商的品牌形象融入游戏中，既为用户提供了游戏的娱乐性，也为微商进行了宣传。除了微商品牌形象之外，在游戏中植入产品形象也是较为常见的，往往作为游戏中的道具存在。背景植入同样属于常见的植入方式，往往比前两者的效果更好，也是出现在游戏类 App 中。

还有一类特殊的 App，主要是在用户锁屏界面进行植入，往往需要得到用户的同意，同时植入的内容需要有一定的创意，才能够让用户认可。无论植入的方式和植入的内容如何，企业通过植入来引导用户认识企业或产品的形象，进而打造品牌概念，实现产品的销售，才是植入广告的最终目标。其具体分析如下。

销售形式：通过在游戏中以柔和的方式植入广告，进而提升品牌或产品知名度，在消费者心中树立企业的形象，影响用户的产品需求。

销售效果：这种方式能够给用户创造游戏内的价值，也不会引起用户的直接反感，往往点击率会很高，因此企业能够获得较高的营销收益。

④ 靠活动销售产品。在 App 上，微商通过活动的方式销售产品已经是司空见惯的一种方式，通过 App 的方式，用户能够更加快捷方便地了解活动信息，进而参与购买。对于微商而言，开发 App 之后投放活动广告是一项成本极低的工作，但是效果却相当明显。其具体分析如下。

销售形式：在 App 上，以竞赛类、选秀类、投票类、推广类、登录类、抢红包类的方式进行活动宣传，吸引用户注意力，提高产品销售额。

销售效果：这种方式从用户的需求出发，往往能够得到用户的积极反馈，效果明显，属于 App 销售中最为常见的方式。

（3）完美运用社交元素。

App 提供了一个信息即时分享、用户互动社交的平台，通过运用社交元素，企业同样可以达到吸增加流量量的效果。目前国内社交类 App 非常多，主要分为校园社交、陌生人社交、婚恋社交、游戏社交、朋友社交和匿名社交 6 种。

这些社交 App 中的相关元素都是可以融入微商的 App 客户端中的，一般作为单独的功能形式进行体现。

在校园社交类的 App 中，社交作为主要的功能展现，其他的功能作为辅助体现。微商可以融合校园论坛打造以大学生为用户群体的创业类 App。根据微商代理的产品类型不同，App 对社交元素的具体融入功能的体现可以根据实际情况而定。从企业的长期发展来说，在 App 中运用社交元素是比较有利的。

（4）满足多元化的服务。

微商的 App 上往往有丰富的产品功能，能够让微商与用户进行互动，满足其多元化的服务需求，进而提升用户的黏性。

部分微商 App 的用户需要的不仅是购买产品的服务，还有其他的多元化服务需求。在微商 App 上，产品活动同样是满足用户需求的一个方面，这种方式对于商家而言也是有利的，所以较为常见。除了产品的销售之外，还有一类微商 App 提供新闻资讯，为用户提供垂直化的精品信息服务。

5.5.7　论坛

论坛增加流量具有针对性强、适用范围广、实现口碑宣传、增加流量氛围柔和、投入少、见效快等特点。所以在应用论坛时，需要注意以下几个方面的问题。

（1）论坛选择。

微商如果要利用论坛增加流量，最主要的是要做好论坛的选择，需要考虑的有以下几点。

① 选择与自己微店行业相关的论坛。

② 优先考虑能签名的论坛。

③ 能当上管理员的论坛更利于增加流量。

（2）注册。

选择好自己想要的论坛之后，就需要拥有一个自己的账号，注册账号要注意以下几点。

① 注册的用户名最好和微店有相关性。

② 尽可能完善资料，保证高信誉度。

③ 用自己的真实照片、产品图片或能够吸引别人眼球的图片作为头像。

（3）积分。

要想在一个论坛中能够拥有更多的权限、发的帖能被更多人关注，需要积累更多积分，积分可以给商家提供更多方便，获取积分需要注意的有以下几点。

① 了解积分规则，了解赢得更多积分的方法。

② 了解注册后会员的权限及在贴吧中的权利。

③ 了解论坛管理员、版主信息及帖子的侧重方面，做出好的帖子。

④ 帖子的主题一定要与热门话题结合，能引起争议就更好了，这样参与的人会更多，起到的增加流量作用也会更好。

（4）经验。

作为一个论坛新人，最主要的是积累经验，因此需要时时遵守以下规则。

① 刚注册的用户不能在帖子中发链接、广告，违者会被禁言。

② 刚进论坛先回复一下别人的帖子，可以积分。

③ 一个论坛中可以注册多个账号。

④ 不要回复被删除或屏蔽的帖子。

⑤ 如果账号积分太多就去注册一个小号，避免出错被站长封杀。

5.5.8 邮件

利用好邮箱这个通信工具，可以帮助微商赢得更多的精准客户。邮箱增加流量可以通过写邮件的形式来与客户互动，向他们传达想要表达的内容或信息。邮件可分为以下 3 种。

（1）客户欢迎邮件。

欢迎邮件就是给所有新加微信或微信公众号的客户发送一封正式的欢迎邮件，除了正面反馈客户的加入行为外，还起到一个提醒客户加入能够获取价值的作用。在欢迎邮件中，恰当地加入新加入客户的特惠或专属活动内容，可以让客户感觉更贴心。

（2）产品情况邮件。

产品情况邮件是指微商在销售产品的过程中，出现产品的库存不足或补货的产品到货时用来通知客户的邮件。

（3）关心客户邮件。

关心客户邮件是指微商通过一些特别的日子，如客户的生日、店铺周年庆及各种节日等，很容易就通过这样的邮件来联系和培养与客户之间的关系。

收到这样一封邮件，可能用户都不一定认识这个人，更别说支持他的店铺了，不过，对于祝福之类的话语，任何人都不会反感。更何况还有两张无门槛的优惠券，能吸引很多人对运营者的微信进行添加，达到增加流量的目的。

5.5.9　直播

在互联网和移动互联网时代，营销模式发生了日新月异的变化。随之信息技术和环境的进一步发展，一种新的模式出现了，那就是“移动直播”。在移动直播这一模式的影响下，人们的社交方式发生了改变。

在直播火爆的发展大势下，直播格局发生了巨大的变化，形成了直播与视频网站相融合的新格局。在这样的格局影响下，直播使得众多的行业和企业改变了传统的营销模式，并通过这一新的营销模式创造了有着巨大效益的营销效果。下面以易直播为例进行介绍。

（1）方式：广告内容和观看模式多样化。

广告方式的发展最主要的是把要推广的信息作为直播的主题进行宣传。就直播平台而言，其实现营销转化的广告的方式也是多种多样的，如 2016 年唯品会代言人发布会的全景直播，就是直接在直播中通过问答的方式来实现的。

从内容方面来看，直播中的推广方式还有很多。而从直播观看的形式来看，巨大的变化和发展也正在发生着。在易直播平台上，利用其 VR 功能，为直播行业打造了一个新的标杆。

（2）作用：连接和合作的营销联动实现。

在直播平台的广告方式发展的情况下，直播所产生的宣传作用也有了发展，再辅以直播本身的更具现场感和真实的宣传特性，其宣传可以说是如虎添翼，所产生的作用也就不言而喻了。

一方面，在直播平台上的营销显而易见，具有以下两个方面的优势。

① 直观地呈现产品、品牌的用户关注数据。

② 直接与电商平台连接，实现关注到转化。

因此，在直播平台上，这种广告推广可以直接连接购买而实现转化的形式是促进营销实现的一个重要体现，同时也说明了广告形式发展所带来的推动营销实现的巨大作用。

另一方面，通过直播平台的宣传，还可以引发各方面话题的讨论，进而引导用户转化为直播受众，为品牌获取巨大的关注量提供途径。

所以直播这一形式是有着极大的适用性的，如今随着它的逐渐发展，除了那些直播平台外，还出现了其他能植入直播这一形式的各种网站和 App。

人们对娱乐消费从刚需转变为更多的软性需求时，微商也适应时代的发展，选择了直播这一高效的娱乐营销方式，来满足受众的需求。微商可以通过自身的直播节目打造和联合热门直播平台两种途径，来进行营销的宣传推广。

5.5.10 营销机器

微商可以通过微信广告机、Wi-Fi 和二维码打发票这 3 种硬件设备来刷粉，增强增加流量的效果。

（1）微信广告机。

微信广告机是一款硬件产品，可以通过加好友、群发消息快速而精准地推广企业消息，现在很多企业都在用微信广告机做推广。微信广告机的主要商业价值有以下几个方面。

① 多功能终端：“粉丝”在体验照片快捷打印的时候，广告机通过事先设置好的微信宣传方案，可以让“粉丝”关注商家的微信公众号，提升商家公众号的关注度。

② 全方位宣传：广告机可以用它本身带有的视频、图片及一些其他功能进行宣传，不仅如此，正在不断更新的广告模式可以让广告机用网络远程宣传商家广告，且能分频管理宣传，让每一个商家广告都有效地宣传到群众中。

③ 照片互动宣传：微信广告机通常具备照片打印功能，10 秒就可打印一张照片，可采取打印手机照片收费的方式来增加收益。照片下端还可印刷广告，给“粉丝”关注商家微信公众号时进行一个“长尾宣传”，让商家的广告信息和品牌价值传递给更多的人。

④ 提升品牌形象：通过微信广告机，用户可以快速制作自己的 LOMO 卡，提升商品在用户心中的形象，让品牌传播从被动变为主动。不仅巩固了现有的品牌消费者，更带动潜在消费者，实现品牌价值快速提升。

⑤ 微信加粉利器：用照片的方式与客户进行互动，既方便快捷地给了客户直观真实的感受，节省了商家广告的成本，又能让客户主动扫描二维码，达到了增加“粉丝”数量的效果，提高了商家的销售额和关注度。

（2）Wi-Fi 增加“粉丝”数量。

现在有种增加“粉丝”数量神器，可通过关注微信公众号实现 Wi-Fi 上网功能的路由器，特别适合线下的商家。再好的商家微信商城，都需要做 Wi-Fi 入口导航，否则很难积累“粉丝”。用 Wi-Fi 广告软件，可以将微信加粉做到极致。

例如，WE-Wi-Fi 是国内独家基于微信公众号关注关系，实现“免费 Wi-Fi+微信关注即登录”的 Wi-Fi 上网与认证产品，用户无须重复认证上网操作，只要微信的关注一直保持，下次到店即可自动连上 Wi-Fi 上网。

（3）二维码打发票。

消费者在购物时，通常会向商家索要发票，有一些企业的发票上是携带着二维码的，这些发票就是使用二维码发票打印机进行打印的。

随着打印机技术的发展，发票二维码打印机也成了时尚的选择，这种带有二维码的发票更加具有正规性能，在使用过程中受到了人们的喜爱。

5.5.11　速途网

速途网是速途传媒旗下的中国互联网行业社交媒体和在线服务平台，它包括 6 个板块，分别是电商中心、创投中心、IT 中心、游戏中心、评论中心及速途研究院。

目前，速途网站的注册作者已经达到了 3 万人，活跃的专栏作家超过 500 人，除此之外，速途网的一些原创栏目也十分受用户的好评，主要有速途网探营、小西访谈室、速途论道、速途体验室、速途微信录、速途在线沙龙等 6 个栏目。

5.5.12　58 同城暴利

58 同城的流量和其他网站的流量一样，分付费和免费两种。下面以免费流量为例。58 同城流量最大的好处，就是能搜索的人群大部分都是精准客户，因为进入 58 同城的人都是有需求的意向客户，所以这是别的网站不能比拟的。

在 58 同城上搜索的人群，差不多都是精准客户，因为他们对于所寻找的东西是有备而来的，他们希望看到更多产品的信息和资料。所以微商一定要在物品详细栏“下功夫”。

这与淘宝一样，当访客进到店铺后，最吸引他眼球的就是店铺的页面，因此淘宝高人气的卖家的店铺美工做得都很好，同样的道理，当访客进入到你的宝贝描述页面时，页面也要吸引住访客的眼球，可以采用以下两种方法。

① 图片要多，要精致。

② 软文要给力。访客浏览只有一次机会，一定要抓住这次机会。

5.5.13 购物类 App

手机购物已然成为年轻人的新型购物方式，微商自然不能错过利用购物类 App 进行增加流量的机会，在这些购物类 App 中，主要还是通过发帖、分享和购买商品进行评价的形式来进行增加流量。

例如，美丽说 App 中的店铺商城，也成为微店的一种，微商进行增加流量除了可以直接使用美丽说内部的广告投放工具外，还可以利用一些频道。

再如，蘑菇街 App，蘑菇街为了保证网站的质量，要求只有经过人工审核的才能被搜索并出现在各类页面下，所以运营者分享产品时一定要注意审核机制中两个至关重要的条件。

① 分享的宝贝能给蘑菇街带来利润。

② 符合蘑菇街主流用户（轻熟女性）的品位。

其一，以是否加入“淘宝客推广”给客观衡量指标；其二，由于审核人员的主观审美不同，不同的审核员可能有人审核通过，有人审核不通过，因此建议同一个宝贝可以由不同的用户多次重复分享。

分享用户不同而宝贝完全相同，链接到的淘宝页面也完全相同，不能推断蘑菇街是采用的人工审核还是采用的随机分配审核，故而重复分享也能提高被收录的概率和通过审核的速度。另外，微商也可以将美丽说和蘑菇街中的商品链接分享到朋友圈或其他平台，吸引更多人的注意。

5.5.14 微商异地合作

微商可以通过与其他店铺合作的方式得到自己的流量。这里其他的店铺可分为热门店铺与普通店铺两种。

热门店铺和网红一样，都拥有众多的流量，但热门店铺与网红不同的是，热门店铺向顾客推荐其他店铺时顾虑更多。所以运营者在选择热门店铺进行增加流量时，一定要注意以下 3 点。

① 所选店铺是否流量足够。

② 所选店铺产品与运营者产品要相关。

③ 不能与所选店铺存在竞争关系。

在很多时候，一个热门店铺往往不愿意与其他微店分享流量，因此，有时运营者就需要寻找实力相当的伙伴进行合作增加流量。微商可以在“社区”中寻找自己的“组织”，通过抱团互推的方式增加流量。

5.5.15　线下活动

学若无友难免会孤陋寡闻，做微商也是这个道理，要时刻了解这个行业的动态，积极与行业人员进行交流，增加自己的知识与心得。因此，微商可以组织或参加行业内集体活动，在学习的同时也为自己积累人脉，打出自己的品牌，创造自己的权威，这对于顾客的吸引是很有帮助的。

（1）参加各种俱乐部活动增加流量。

参加各种俱乐部活动是微商线下获得流量的一种好方法。俱乐部是一群志趣相投的人在一起交流的社交类活动，这些人聚在一起可以针对共同的兴趣、爱好发表自己的看法，参与者之间的氛围会比较融洽。

（2）参加各种比赛活动增加流量。

如果微商要获得更多流量，还可以参加各种比赛活动，如创业大赛。微商在参加各种比赛的时候需要清楚活动的规模，要尽量选择那些规模大的，这样参与人员才会多，关注的人会更多，这对提升微商自身的知名度、影响力都会有帮助。

大型的比赛活动需要具备群体性比较强、设施设备齐全和交互性比较强这 3 个特点。

（3）线下门店经营增加流量。

针对有自己门店的微商来说，微信最大的好处是把陌生客户作为资源，不管成交与否，只要加了微信，就能做生意，这样，店里的流失率就能控制在最小的范围内。

Chapter 6

第 6 章

地推：面对面推广，告别无效营销

微商除了通过微信线上推广营销外，还需要结合线下地推进行推广营销。那么，如何让微商实现线下的面对面地推，达到最好的推广效果呢？

本章详细介绍微商地推优势与基本流程、准备事项、创建地推团队的方法、落地执行的技巧，以及地推现场营销话术和沟通技巧。

地推的优势和基本流程

地推需要准备什么

构建视执行为使命的地推团队

地推如何落地执行？选址为第一步

地推现场营销话术和沟通技巧

6.1 地推的优势和基本流程

人们现在习以为常地接受着外界传来的消息，开始习惯随时随地获取信息，除了手机一键上网外，随处可见和随手可得的信息也可以满足人们生活的需求，而地推就是一种这样的推广方式。下面介绍地推的优势、3 个阶段和基本流程。

6.1.1 地推的优势

下面介绍地推活动的五大优势。

1. 易沟通

在沟通上，地推是最能与顾客直接沟通的推广方式之一，它不仅能让我们的推广化被动为主动，更能让我们在推广活动中，直接进行商品或业务的推销，提高企业的销售业绩。

2. 更便捷

在便捷上，地面推广更能显示出它的特长。很多时候，往往新的 App 下载到手机上，用户并不能马上熟练上手。而这时，如果有地推人员上前当面指导，用户就会使用了。在日后的生活中，用户更愿意去使用他习惯并且会用的 App。

3. 费用低

在费用上，地推的费用成本要比传统的高端广告少很多。除了必要的人力成本外，就是在礼品和场地上的费用。甚至，有的地理位置根本不需要场地费。这样一来，要比位置较好的大型广告，节约成本几倍不止。

4. 操作简单

在操作上，地推的方式非常普遍，而且形式多样，是目前最容易被群众接受的推广方式。在活动过程中，甚至还会有很多顾客主动上门咨询，大大减少了市场推广活动的难度。

5. 效果好

在效果上，地面推广也展现出了它独有的优势，不仅可以排除顾客模棱两可时放弃打电话咨询的可能性，还可以通过直面沟通使本来不想关注产品的过路行人，让他们关注产品。

6.1.2 地推的 3 个阶段

地推根据时间节点的选择，可分为 3 个阶段：种子用户阶段、活动促销阶段、“烧钱”砸市场份额阶段。

1. 种子用户阶段

对于初创企业来说，往往资金有限，因此第一批种子用户的定位一定要足够精准，这样才能通过后期运营使其成为核心用户。在这个阶段中，用户的获取成本可以稍微昂贵一些，一方面，为了给用户带来良好的初步体验让他们更容易接受产品；另一方面，高成本也比较容易挖取更多用户。例如，京东按照消费频率将行业大致分为 5 层：第一层为外卖，第二层为休闲食品和生鲜，第三层为家政类，第四层为药类，第五层为频率低的教育、鲜花等。

微商可以按照自己产品的消费频率去选择第一批种子用户，当用户量达到预定目标的时候即可停止地推，把这批种子用户运营成核心用户（忠实用户），同时快速优化你的产品或平台页面。

2. 活动促销阶段

活动促销阶段主要靠活动来吸引用户，根据活动主题做事件营销，针对某个地点进行地推，该阶段的整体成本也不会太高。

3.“烧钱”砸市场份额阶段

“烧钱”砸市场份额阶段主要是投入更多资金与竞争对手抢市场份额，可以根据前期的经验对地推活动进行优化，并迅速把好的模式复制到“全市—全省—全国”。

6.1.3 地推的基本流程

地推活动的基本流程如下。

1. 活动选址

首先可以选择一条人群比较密集的街道，在店门口挂上产品的横幅，达到快速吸引路人眼球的效果。在活动的前一天，可以在这条街上进行主题采访，以产品的卖点做采访调查当地人群，有多少人愿意接受这类产品，然后告诉这个潜在客户，明天这里将有一场关于该产品的主题活动，欢迎他们参加。

采访的过程中，除微信朋友圈宣传以外，还可以做成视频合集，上传到各大视频网站，或者通过抖音等 App 拍摄短视频，以达到最大化的宣传效果。抖音的推荐机制首先就是周边推荐，因此带来的流量也比较精准。

2. 做好人员分配

微商的地推人员基本都是自己的代理商，所以有以下两点需要注意。

第一，只指挥你的直属代理，间接代理由你的直属代理去管理。

第二，地推现场成交的订单分配，应该平均分配到每个人头上，然后按每个人的职位进行结账。

3. 微博线上预热

微商可以利用微博宣传，在微博中发当地热点帖，这样可以为我们带来大量的流量、引来“粉丝”，同时还可以预热下一场地推的地点。

现在越来越多的微商团队把地推作为一个有效的增加“粉丝”数量手段，如果微商想做一场有效的地推，除了以上具体的方法以外，最重要的就是需要有充分的心理准备，当微商能放下所谓的“面子”去做地推的时候，那么你离成功就又近了一步。

4. 活动礼品玩法

活动礼品玩法具体有以下 4 种。

① 顾客扫描宣传单上的二维码，就可以领取礼品。

② 顾客购买产品就可以参加抽奖活动。

③ 设置一个优惠券的产品，吸引顾客下单购买。

④ 资源整合，与当地影楼合作，推广折现券。

6.2 地推需要准备什么

微商做地推一般需要做到下面 3 点：前期准备（包括物料、经费人员、产品等）、中期准备（包括发 DM 单、举办活动）和后期准备（包括整体数据的收集和分析等）。

6.2.1 地推前的准备

地推活动前期准备需要做好以下 4 个方面。

1. 物料准备

微商常用的物料包括广告宣传单页、鼠标垫、扇子、杯子、指甲刀、活动奖品等。这些东西首先要找美工设计好，然后找人做好，并提前邮寄到推广的地方。

2. 地方资源准备

微商在做地推之前，一定要熟悉当地的情况，有几条街道、几个大型商场、几个广场、几个网吧；每个地方的人群属性又是怎样的；地推期间当地是否有其他的大型活动。了解好这些后，才能安排好地推的路线和策略。

3. 经费人员准备

经费人员是每个地推公司本身应该具备的要求，微商在出去之前要做好财务、时间、人员及其他配备资源的预算。

4. 产品准备

也许微商的产品并不是最完美的，但一定是能够满足用户基本需求的，不然辛辛苦苦拉来的用户，因为产品体验太差、瑕疵太多就离开现场，这样就非常可惜了。另外，地推还需要做好网站的 SEO（Search Engine Optimization，搜索引擎优化），如果主要关键字，尤其是品牌词的 SEO 没有做上去，是相当影响转化效果的。一方面用户可能找不到你的品牌；另一方面即使找到了也会对品牌印象比较差。

6.2.2 地推中期准备

地推活动中期，需要做好以下两个方面的准备工作。

1. 发 DM 单

微商应该在街道、商场、小区投放产品的广告宣传单页。最好是与客户聊一些关于产品的话题，不能只机械地发传单。要想推广效果好，服务就应该覆盖到每个存在潜在用户的地方。

2. 举办活动

地推活动类型非常多，有表演活动、游戏赛事活动等。地推活动要先预热宣传，一定要选好位置，这样聚拢的人才会多，效果才会更好。尤其是在小城市里，一个稍微大一点的活动，很可能会是后续一个星期人们茶余饭后的谈话内容。

6.2.3 地推后期总结

微商做地推活动与做其他推广一样，需要时刻关注数据，并做好记录，这样才能统计效果。

例如，今天在哪里推广、发出去多少物料、有多少人参与、活跃度增加了多少，以及峰值人数涨到多少，这都是地推后期需要记录的数据。

6.2.4 案例实操

以上是理论知识，下面以教育产品为例，详解介绍地推流程。

1. 选择目标人群、地点和时间

K12（Kindergarten Through Twelfth Grade）学生，地点中小学门口，时间放学前半个小时，每个学校两三个人。

2. 踩点

每个学校的放学时间段，观察有无同行发单，这需要与学校商量，看能否在这里做地推活动。

3. 制订地推计划

明确的地推计划，细化到日期、地点、人员、物料、成本、KPI（Key Performance Indicator，关键绩效指标）等。

① 地推三层级：专员（1 人）—兼职领队/调度（3～5 人）—兼职（15 人），人数可以按照地推规模而定。

② 人员选择：大学生兼职、专业兼职团队或专职地推。大学生兼职成本较低，但效果最差，建议招聘有过兼职经验的大二、大三学生。建议兼职团队按效果付费，如按照 App 下载或微信关注量付费。早期可以不招聘专职团队，如果兼职和专职都有时，团队的绩效奖励需要设置合理，这样可以持续维护招聘网站和兼职团队的关系。

③ 物料选择：例如，小学生通常不在乎礼品价格，而只在乎礼品的趣味性，因此可以购买一些价格便宜但有趣的物品作为礼品，来吸引他们的关注。

④ KPI：考核“低底薪+高提成”，也就是销售，还有比较强大的团队做 CRM（Customer Relationship Management，客户关系管理）系统，这可以根据实际情况而定。

4. 采购

寻找价格合适的印刷厂，制定并设计品牌宣传单页（至少两版），前期的单页以产品品牌介绍为主，不要把送礼品突出的太明显。同时采购礼品，第一次每种礼品采购 200～300 个。

5. 执行

第一周让自己员工出去地推，第一天采集问题并反馈，之前准备的话术需要在实际地推中迅速优化，必须将信息清晰地传达给路人；第二天将数据结果统计

出来；如果两三天内的数据没有增持，要迅速找到问题（宣传单内容、话术、礼品、地点选择等），如果效果持续上升，就可以开始招聘兼职帮忙；如果问题没法解决，就说明你的产品或平台没有找到需求点。

6. 总结

每周总结，每月总结，阶段总结。

6.3 构建视执行为使命的地推团队

如何打造一支超强战斗力的线下地推团队，是困扰每个企业和微商的问题。想打造一支接地气的地推团队，就需要做到以下 5 点。

6.3.1 树立团队价值观

团队要有统一的价值观，因为团队的模式是可以复制的，但是价值观和文化是不能够简单代替的。

这样的价值观和文化不是“洗脑”，而是要让团队成员觉得自己做的事情是有意义的，能够产生荣誉感和归属感。树立团队价值观的常见手法有颁发荣誉证书、拥有专属物料及优秀人员考核奖励等，常见的活动是团建和旅游等。

6.3.2 规范制度，严选人才

地推团队需要有一个严格的考核制度，放低入职门槛，提高选拔力度。相当于不断地在自己招聘的人中，通过日常工作和业绩考核去选择什么样的人能够更进一步，然后再不断扩充管理层来扩大团队。这样做的优点是稳固，但缺点是速度很慢。

也有地推团队采取“拎包上任”的模式，竞争某一职位前，先进行比较严格的业绩考核，在规定时间内通过即可直接进入管理层，然后再通过同样的模式招聘新的代理，如果通不过直接淘汰。这样的团队具有很快的复制性，但是对于前期选择人才的要求很高。不管是实施哪个方式，最重要的都是选出合适的人才。

6.3.3 建立职能，各尽其责

做团队最怕的就是管理者不会做团队管理，结果什么事情都要自己亲力亲为，从而导致效率低下。因此，地推团队要有一个明确的架构体系，在业务架构平行的地方，还会有一个职能架构，这是相辅相成的。一个好的职能架构，能够极大地促进团队效率，有利于团队发展。

6.3.4 树立愿景，共同努力

很多时候，管理一个团队不只是要做制度的执行者，还要做团队的朋友。单纯靠制度维系的团队不能说一定会很脆弱，但是积极性基本不会高。因此，管理者要学会和团队成员做朋友，给大家灌输梦想。虽然梦想比较虚，但是往往能激励团队的斗志和拼搏精神，让团队对管理者有信任感和友好度，并促进制度的执行。

微商团队的管理者要设定一个属于团队未来的共同目标。当然，开始时，不能指望所有的人都目标一致。所以，要通过先改变一部分优秀的人，再通过他们来慢慢影响整个团队，最终达到整个团队都向一个方向努力的目标。

6.3.5 职业培训，内部培养

培训对于地推团队来说非常重要，很多人对地推的理解很简单，觉得地推就是简单的体力活，发传单、扫二维码就行了。这样的地推很难保证做出效果和差异化，因为你做的和别人做的没有区别，最后可能又回到“价格战”上了。

所以，地推人员的职业培训，就显得非常重要，要把地推团队做得更加正规，走专业化路线。培训师最好是从地推团队内部去找，这些人长期在一线工作，对产品和用户的了解程度很深。合适的人才不一定到处都有，但是有一个好的培训体系，能够不断地培养出好的人才，这对于地推团队建设来说，是非常重要的。

1. 打造“颜值高”地推团队

地推做得好不好，不单单要看地推方案，其中最关键的因素归根到底还是个人。可以说，地推团队的人员素质决定着整个团队的生存，灵活的带队，整齐划一的仪容，统一的话术，这几个元素一个都不能少。

地推团队是与用户最先接触的，团队的形象直接影响到自己的产品，统一的话术，可以让人识别的服装穿着，整齐划一的形象，细节决定着成败。

2. 穿着与卫生要讲究，第一印象很重要

一方面团队应该做到服装统一，因为地推人员往往是分布在各个地推地点中的，统一的服装可以让用户认知到品牌；另一方面看上去也更有气势。

同时，地推时还要注意卫生问题。在一些办公区做地推，用户关心的不单单是产品本身，还有服务及卫生等其他因素。当一个蓬头垢面的地推人员给你一张

传单时，说他们的饭菜很干净，你敢吃吗？

许多的创业者都不是很明白：为什么我的 App 功能都这么完善了，优惠也有了，地推也花了不少钱，但就是没有订单。也许问题就出现在细节上，这不是能力上的问题，而是态度上的问题。

3. 专业人员做专业事

现在的地推团队一般包括两种：一种是自己做；另一种是外包给第三方专业地推公司做。一个好的地推团队带领者，绝不能是一个小角色，他应该是很好的协调者，应该是工作成果的监督者，也应该是团队生产力的主要领导者。专业的人员做专业的事，这是最起码的基础。

6.4 地推如何落地执行？选址为第一步

地推的实际执行方案的第一步就是选址，地址的选择是极为重要的。微商举行的地推活动经常因为地址选择不对而导致推广失败，只有选择合适的地段才可以达到推广的最佳效果。

6.4.1 地推最常用的地点

常见的地推地点如下。

1. 写字楼

写字楼是白领非常密集的地方，微商的宣传途径就是电梯和写字楼的入口与出口等，在这些地方放一些宣传资料，可以获得较好的推广效果。

2. 公园、车站

公园和车站是发各种宣传单页的好地方，尤其在节假日的时候，这些场所的人气非常好，微商可以综合使用多种方法，去实施自己的产品地推策略。

3. 小区

小区是一个人群极为密集的地方，把产品的宣传放置到这样的一个领域，可以极大地降低交流成本，向有效人群宣传你的产品，从而达到一种出奇制胜的效果。当然，在推广前需要与物业打好招呼，防止被物业赶走。

4. 校园

校园里有着大量的学生，他们乐于接受新的事物，只要你的创意足够新，就能够吸引到大量的产品使用者。微商可以通过与学校的一些组织进行联合活动，大大提升产品的购买率。

5. 宾馆、酒店

宾馆和酒店是个高端人群聚集的地方，微商可以很好地利用一些宣传栏来介绍产品，或者直接使用人力来推荐。

6. 商场

通过与商家的联合行动，让商场的人流为你的产品推广助力，而且商场的人群都是有消费需求的，因此目标对象也非常精准。

微商地推活动选择一个好的位置，不仅要看人流量大小，还要根据目标用户群的类型才能找到最合适的地段，精准和专业结合才能达到高效的推广结果。

6.4.2 地推选址的要素

下面介绍地推选址的 3 个要素。

1. 场景的人流量

无论是什么产品，人流量都是地推选址的首要考虑因素，用户最大限度地到达也是路演地推的目的。

2. 目标的精准度

人流量是基础，但最重要的还是精准度，精准度是指目标人群精准或场景精准。不同的产品针对不同区域、年龄层、消费水平的用户群体，要选择目标用户经常出没的地方。

同时，也要根据产品的使用场景，来开展地推活动。微商可以针对不同的产品特性，有意识地选择目标用户的聚集地或产品的使用场景，既要在数量上完成人流的广度，又要在质量上达到精准的深度。例如，做汽车饰品的微商，可以选择在车展、汽车城或大型 4S 店等地点来做地推活动。

3. 场地费用的预算

微商在做地推活动时，经常会因为预算问题做出妥协。其实，微商在与场地方的合作中，更多的是一个流量互换的博弈过程。

以商场为例，比起一次活动的场地费这项现金流，商场的运营方更看重的是这个路演地推活动可以给场地带来多少的人气。因为这些人气会形成一定的转化，从而拉动商场销售额，培养消费者购买习惯的忠诚度，丰富商场活动的多样性，最后整体提升商场的品牌认知度和好感度。

从另一角度出发，除了从人力、场地、物料方面节省成本外，还可以通过与异业跨界合作，来置换双方的资源，达到降低预算的效果。所以，地推场景也会决定成败，在开始地推活动之前，都要经过精心准备和分析，把每一个细节都考虑到位，才能让地推活动的效果最大化。

6.5 地推现场营销话术和沟通技巧

现在线上流量成本越来越高，更多的微商团队通过线下渠道获取精准客户，所以如何有效地地推就显得特别重要了。地推就是微商在线下与客户交流。

6.5.1 标准营销话术及实例

下面介绍 4 类地推现场标准营销术语及相关的实例。

1. 公司介绍

【问】：你们公司规模如何？有哪些产品？

【答】：本公司 1960 年成立，历史悠久、产品种类齐全，在国内 300 多个城市拥有 1000 多家门店；产品可分为六大系列：①儿童寝具系列；②成人床罩用品系列；③胎枕系列；④睡垫系列；⑤家居用品配套系列；⑥睡袋系列。

2. 产品说明

【问】：贵公司的地理信息系统有什么用途？

【答】：市政府在规划城市建设，电力、通信线路、交通管理等。以前必须翻阅很多地图，不仅非常麻烦，还费时费力，现在本公司的“地理信息系统”已经将全部的地理资料存入计算机，规划成城市，使用起来非常简便，而且省时省力。

3. 拒绝说服

【问】：我目前已经经销好几个品牌了。

【答】：本公司新推出壁砖三度烧新产品，不像其他品牌的传统壁砖那样会出现大小规格不一致现象，釉面是目前所有品牌中最美的，样品摆上去就能吸引消费者购买，一定会带给您很多利润的。就像我服务的本区域某建材商店，您应该认识，他们跟我们全力配合，这种壁砖的销售状况很好，对质量和利润都很满意，我来找空间把壁砖的样品摆上去。

【问】：我已经有一套西装了。

【答】：请您多准备几套西装轮换穿，因为“轮换穿”能使每套西装看起来都像新的一样，并能延长西装的寿命，布料的张力有一定的极限，天天穿会使布料疲乏而无法还原。

4. 价格

【问】：你们公司的××牌地砖比别的品牌贵太多了，我的利润太少了。

【答】：①消费者对地砖的产品知识不足，因此会接受您的推荐，只要您说××牌好，消费者一定会接受；②××牌地砖加印一次花加一次印料更有立体感、更美观，所以贵一些，一分钱一分货。

6.5.2 微商地推的沟通技巧

在地推中与顾客沟通时，很多人不愿意扫描微商的二维码，这时可以用一些方法吸引她们，如免费化妆、免费试吃，或者是扫描二维码送小礼品。当她们试用产品时，顺便将产品及产品功效告诉她们，因为这个时候顾客的心理防线是最薄弱的时候，在推荐产品时让顾客充分的信任你，这样才能更好地销售。

另外，微商在接触顾客时一定要善于微笑，这样才能吸引到顾客。下面介绍微商地推的两个沟通小技巧。

1. 现场控制

微商一定不要单独去现场，可以带上两个代理、兼职的学生或其他人，让他们在外围邀请顾客过来扫码拿礼品，自己可以守在桌边给客户提供咨询服务和试用指导，同时还可以销售产品。

人流量多的时候，可以将助手召回桌前维护现场秩序。但是，不管是招代理或是现场销售，必须在活动开始前进行明确分工，邀人扫码、试用感受、代理洽谈都需要责任人，否则现场会很乱。

2. 活动后跟踪销售

活动后跟踪基本上是通过微信来沟通的，更深地了解客户意向。当天加上的“粉丝”，不管有没有成为意向代理或购买产品，活动结束当天一定要进行简单沟通，确认活动效果和有效“粉丝”数量。

微商在地推时必须要知道一句话：我们销售的不是卖产品本身，而是卖我们对产品的绝对自信，并且把这种自信传递给顾客。所以，销售是信心的传递，情绪的转移。

Chapter 7

第 7 章

客户：将陌生人变成熟人直到成交

如何与对方建立更深的关系？如何将陌生人变成熟悉的人？这是微商通过微信与客户成为好友之后的最大问题，也是能否成交的关键。

本章主要介绍微商如何通过了解客户的性格特点、理解消费者心理与客户打好关系，辨别客户类型，制订合适的销售方案，达到成交目的。

了解顾客性格特点的 3 个步骤
消费者十大心理学，你懂几个
与客户打好关系的 5 个原则
老鹰型顾客的沟通技巧
孔雀型顾客的沟通技巧
鸽子型顾客的沟通技巧
猫头鹰型顾客的沟通技巧

7.1 了解顾客性格特点的 3 个步骤

知己知彼，百战不殆，这是大家耳熟能详的名言警句。其实做微商也是一样，必须先了解顾客的性格特点。下面介绍了解顾客性格特点的 3 个步骤。

7.1.1 识别顾客的性格特点

首先必须明确顾客属于哪种类型，这样才能制订适合其性格特点的销售方案。识别方法很简单，可以通过文字聊天方式或语音交谈，瞬间分辨出顾客的类型，初步可以判断出顾客是哪种类型，对顾客的性格特点进行定位。

7.1.2 做对等模仿

你要与顾客的节奏、社交能力形成一致，适应顾客的交流速度。顾客对你非常热情，你也要对他热情，以顾客的性格特点为标准。

7.1.3 根据顾客的主导需求制订销售方案

微商必须明确与客户该说什么，不该说什么，根据客户需求量身定制销售方案。

7.2 消费者十大心理学，你懂几个

营销的关键就是对用户心理的理解，心理因素是影响消费者购买决策的主要因素。作为以社交平台“朋友圈”为基础的微商，因为不能面对面交流，所以了解消费者心里在想些什么非常重要。下面介绍消费者的十大心理学。

7.2.1 “面子”心理

俗话说得好“给别人面子就是给自己面子”，所以微商在与别人沟通的时候要尊重对方，给对方“面子”。下面介绍 5 种需要给“面子”的人。

① 倡导者：产品购买的发起者，具有一定的影响力，能够吸引更多的人去推荐产品。

② 决策者：通常是一家之主，微商在与他咨询、聊天过程中，都要顾及他的

“颜面”，尤其是在他的家人、朋友面前。

③ 影响者：通常是指经常发难、经常抱怨的人，微商尽量把影响者带来的不良影响降到最低，主动去影响他。

④ 使用者：会针对各种疑虑、不懂的细项提出问题的人。

⑤ 追随者：通常是看到别人买过之后，跟着购买的人，你需要去夸他、赞美他。

7.2.2 从众心理

在网上烘托气氛，以数字说明达到从众的目的。例如，每个微商都要做爆款，这就是为了引起顾客的从众心理。

7.2.3 权威心理

什么是权威？如国字号、有认证、国外授权、媒体专家提到的，这些都是权威的体现。例如，一个简单的刮痧板会有 5 种认证，这仅仅是检测性质的认证，还可以有更多展示权威的方法，如专家和明星的推荐、知名人物的体验实例等。

7.2.4 “占便宜”心理

“占便宜”心理并不是将东西价格尽可能卖得低廉，而是将 10 元的东西包装成价值 100 元的，让顾客感觉物超所值。另外，还可以通过额外的附加卖点，体现出这个产品就是你独有的，其他产品没有可比性。

7.2.5 朝三暮四心理

朝三暮四心理也称为“后悔心理”，买过之后感觉不值怎么办？主要靠增值服务来弥补。在做产品的时候要有针对性，特别是销量比较好的单品，给消费者提供包退包换的服务，并且要规定在一个时段内，销售完就不增加库存了。

7.2.6 价位心理

微商可以利用产品定价的艺术，注意“以中间线为基准”，上可升下可降。上升价格要突出“一分钱一分货”“好货不便宜”，下降要突出“物美价廉”“价格下降品质没有下降，服务依然有保障”。

在产品同质化严重的情况下，其附加值就是销售的重点。对于消费者而言，在看重产品的同时，更注重它的附加值。就目前而言，附加值除了带给客户的名誉、荣耀、自信外，更多的是售后服务。

7.2.7　炫耀心理

把让顾客炫耀的资本罗列出来，你炫耀的资本也就是顾客炫耀的资本，顾客不知道炫耀的点在哪里，你就要告诉他们。这些在社交媒体上可以很容易做到，可以鼓励买家分享自己的产品，并给予一定的奖励。

7.2.8　“草根”心理

消费者基本上都是普通人，都有想成为明星的梦想。因此，微商需要把消费者的梦想激发出来，可以告诉他们可以通过“分享”来成为其他人关注的焦点，来实现明星梦想。

7.2.9　攀比心理

所谓的攀比心理，就是顾客很喜欢与身边的人比较。因此，微商在卖产品的同时可以利用消费者的这种攀比心理，突出产品价格贵的道理，让消费者获得心理上的满足感。

7.2.10　懒人心理

在电子商务时代，购买简单、支付简单、退货也简单，而且还有货到付款的形式，非常符合“懒人”的消费需求。例如，消费者可以随时随地在网上购物，等待快递送货上门，还可以试穿衣服，不合身可以免费退换。

以上的十大心理学，已经命中了现代大部分人的心理特征。洞悉人性的弱点，读懂人的心理，在生意场上才能无往不利，做微商也同样如此。下面再介绍一个营销界的经典案例，来帮助大家更好地洞悉消费者的心理。

一个老太太去买菜，路过 4 个水果摊，他们都卖苹果。但是老太太并没有在最先路过的第一家和第二家买苹果，而是在第三家买了一斤，更奇怪的是在第四家又买了两斤。

- 摊主一

老太太去买菜，路过水果摊，看到卖苹果的摊主，就问道：“苹果怎么样啊？”

摊主回答：“我的苹果特别好吃，又大又甜！”

老太太摇摇头走开了。

启示：如果微商只讲产品卖点，不探求需求，也没有详细介绍，这样无法知道顾客的真实需求。

- 摊主二

老太太又到了一个摊子，问："你的苹果是什么口味的？"

摊主措手不及："早上刚到的货，没来得及尝尝，看这红润的表皮应该很甜。"

老太太二话没说扭头就走了。

启示：对产品了解一定是亲自体验出的，亲自体验感受出的才是卖点，只限于培训听到的知识，应对不了客户。

- 摊主三

旁边的摊主见状问道："老太太，您要什么苹果，我这里种类很全！"

老太太："我想买酸点的苹果。"

摊主："我这种苹果口感比较酸，请问您要多少斤？"

老太太："那就来一斤吧。"

启示：客户需求把握了，但需求背后的动机是什么？丧失进一步挖掘的机会，属于客户自主购买，自然销售不能将单值放大。

- 摊主四

这时她又看到一个摊主的苹果便去询问："你的苹果怎么样啊？"

摊主："我的苹果很不错的，请问您想要什么样的苹果呢？"

（启示：探求需求）

老太太："我想要酸一些的。"

摊主："一般人买苹果都是要大的甜的，您为什么要酸苹果呢？"

（启示：挖掘更深的需求）

老太太："儿媳妇儿怀孕了，想吃点酸的苹果。"

摊主："老太太您对儿媳妇儿真是体贴啊，将来您儿媳妇儿一定能给您生一个好孙子。（启示：适度恭维，拉近距离）几个月以前，附近也有两家要生孩子的，她们就来我这里买苹果，（启示：讲案例，第三方佐证）您猜怎么着？这两家都生了个儿子，（启示：构建情景，引发憧憬）你想要多少？"

启示：封闭提问，默认成交，适时逼单。

老太太："我再来两斤吧。"

老太太被摊主说得高兴了。（启示：客户高兴了，购买欲也会增大）。摊主又对老太太介绍其他水果。

摊主："橘子也适合孕妇吃，酸甜还有多种维生素，特别有营养。（启示：连单，最大化购买，不给对手机会），您要是给儿媳妇儿来点橘子，她肯定开心！"

老太太："是嘛！好，那就来三斤橘子吧。"

摊主："您人可真好，儿媳妇儿摊上了您这样的婆婆，实在太有福气了！

启示：适度准确"拍马屁"，不要拍到马蹄子上。

摊主称赞着老太太，又说他的水果每天都是几点进货，天天卖光，保证新鲜。（将单砸实，让客户踏实），要是吃好了，让老太太再过来。

启示：建立客户黏性。

老太太被摊主夸得开心，说：“要是吃得好，让朋友也来买。”提着水果，满意地回家了。

7.3 与客户打好关系的 5 个原则

微商应该知道如何处理并维护与客户的关系，这是每一个微商都需要面对的，也是考验微商情商高低的重要标准。做任何事情都要记住“做事先做人”“销售你的产品，先要销售你自己”“情商重于智商”。

无论哪种销售，其对象都是人，人是有感情的动物，忽略人的感情，那么销售几乎没有成功的可能。下面介绍强化客户关系、提升复购率的 5 个原则。

7.3.1 礼尚往来

礼是礼貌，也可以是礼品，都归结为礼。对客户基本的礼节和沟通是必需的，如逢年过节，微商可以在微信上发一些问候语给客户；对于生日和特殊节假日，也要加以慰问，这样客户才会记住你。问候语最好不要直接转发别人的，可以自己写，也可以稍微修改一下，这样会更加显得诚心诚意。

微商必须做到礼尚往来，维持好客户的基本感情，保证没有失礼的地方。

7.3.2 顺水人情

顺水人情是指在平时可以多帮助客户做一些力所能及的小事，让他们欠你人情，而回报你的最佳方式，一般是二次购买或为你做推广。

有很多成功的微商，可能会一穷二白，但一定有不少的忠实老客户，愿意帮助他把生意做起来，这也是人情的功劳。

7.3.3 信守承诺

信守承诺是做微商的底线，客户最反感的就是说了做不到，会产生被欺骗的感觉。很多微商为了达到与客户成交的目的，前期往往给客户做出很多承诺，事后却不去执行，这样会降低他们在顾客心里的信任度。

7.3.4 换位思考

换位思考原则贯彻在销售乃至生活的方方面面，想要别人接受你的观点和产品，就必须遵守此原则。因为每个人都希望被重视和尊重，都希望别人能够注意到自己，考虑到自己关注的问题，所以微商要学会换位思考。

7.3.5 共同成长

共同成长是微商经营中维护感情的最高境界，因为只有当你的代理或客户感觉到与你是处于一个利益链条上的、可以与你共同成长的时候，自然而然地才会将相关利益与你进行捆绑。

对微商代理而言，共同成长体现在经营方面的扶持和帮助上。代理在经营的过程中，必然会遇到各种问题，如进货、管理、销售及财务等。遇到这些问题，你应该积极给予协助和解决，即使不能给予直接帮助，也要想办法给出策略性的指导。

对微商直接客户来说，共同成长体现在售后服务上，直接用户购买产品时，通常是要解决一些实际需求或问题的，如果产品或服务能够解决客户的需求，自然最好。但有些时候，解决问题需要一个过程。例如，一个长了青春痘的客户买了你的祛痘产品，但一两次显然很难直接奏效。这个时候，客户就会心生抱怨。如果商家能耐心给予产品知识上的解答，给予合理的疏导和建议，客户就会产生认同感，继而产生复购，直到达到他满意的效果。这个过程，实际上也是商家和消费者的一个共同成长过程。

7.4 老鹰型顾客的沟通技巧

与老鹰型顾客交谈的时候一定要注意他谈话的特点，不要触及他的雷区。因为这种顾客有以下 3 个特点。

① 喜欢占主导位置：他觉得他需求的和索要的是他应有的权利。

② 看中的是结果：只要达到他想要的，其他细节并不重要。

③ 比较喜欢刁难人：这种客户就是讲话声音比较大、速度快，会问你一些非常棘手的问题，也可能会故意刁难你，显示自己的权威。因此，微商的专业知识必须过关，不能被专业上的问题难住。

如何判断客户是否为老鹰型顾客，只需要看与他的聊天记录。如果你问他，在吗？他回答在！那他就是老鹰型的客人，因为他说话很干脆。

同时，这类顾客做事非常爽快、决策果断、不需要引导、有意向就能成交，喜欢直接达到目的，不喜欢拐弯抹角。遇见这类顾客时，一定不要与他对着干。不管什么事情，只需要顺着他。如果你一味地和他唱反调，不仅是一个单子不成功，有可能以后他都不会从你这里购买产品。

7.5 孔雀型顾客的沟通技巧

孔雀型顾客的沟通能力特别强，很健谈，经常凭感觉做事。平时在维护与这种顾客的感情时，可以经常关注他的朋友圈，多给他点赞和评论。

微商在面对意向顾客时，可以翻看他的朋友圈。如果发现他有孩子，就可以从宝宝入手，先来关心他的孩子，夸奖他的孩子，让他感觉和你很熟。这种顾客在“成单”的时候也会有一些小麻烦，因为他们比较难缠，所以需要微商有耐心，而且在面对这种顾客时你需要表现得特别积极，特别在乎他的感受。在“逼单”的时候，可以用以退为进的方式成单，让他觉得你是为他着想。

以下是与孔雀型顾客交流时需要注意的 3 点。

① 这类顾客属于理想型的，对生活很有憧憬。

② 这类顾客喜欢热情，你也需要用热情的态度对待他。

③ 他们很爱展示自己，所以你一定要夸他。

7.6 鸽子型顾客的沟通技巧

鸽子型顾客很在乎人情，所以与这类顾客交谈的过程中需要注意以下两点。

① 这种类型的顾客在乎的是关系，所以在与他们交谈的时候一定要先提高关系黏度，再去推你的产品。

② 这种类型顾客报复心很强，所以你不要轻易得罪他们。

这种类型的顾客是最麻烦的、最难搞定的，但是他们也是非常友好的、非常有礼貌的，而且遇事是非常镇定的，不慌不忙。同时，这种类型的顾客做决策非常慢，有可能今天与你咨询，但成交会在两个月之后。

鸽子型顾客如何辨别呢？他们讲话语速非常快，但是说话给人的感觉会是“温文尔雅”的，因为他比较喜欢听你讲，所以在你销售产品时一定要注意引导，千万别被这类顾客带着走，不然就会降低效率。

7.7 猫头鹰型顾客的沟通技巧

猫头鹰型的顾客很在乎别人对他的看法，他们希望受到尊重。这类顾客是比较喜欢做计划的，会比较重视产品真实。下面介绍面对这种顾客的解决方法。

（1）想要受到尊重。

微商和他见面一定要重视他，不能让他感觉受到了冷落，要适当地把他当作核心人物去对待。尤其是有外人在场的时候，他们的心里就会很舒服，就不会排斥你，方便你推销产品。

（2）喜欢做计划性。

如果你这样与顾客说："我们的产品具有很多优势，公司信誉好、产品质量可靠、服务响应时间快、价格低等。"顾客听到这些话就觉得你做事说话没有条理，如果换一种说法，效果可能就会不一样。例如，这样说："我们的产品具有很多优势，第一公司信誉好；第二产品质量可靠；第三服务响应时间快；第四价格低。"这样顾客就会觉得你说话和办事井井有条、思路清晰。

（3）重视产品真实。

如果你告诉他，你的产品质量是最好的，他就会立刻回应你："既然你说你的产品质量好，都有哪些企业用过你们的产品、有哪些事实和数据能证明呢？"他会向你要实证和数据，如果你准备不充分就很难应对。

对待这种类型的顾客，如果他们不愿意和你做过多的交流，就会表现得不是很友好，而且他们本来就是不爱讲话，是个琢磨不透的人。微商在回答他问题时，也一定要准确，而且要有逻辑性。你可以用大量的数据和案例去说服他，在沟通中把双方的信任感建立起来。

同时，你要与猫头鹰型顾客保持一个良好的关系，不能太急，建立关系要慢慢来，因为这类顾客不喜欢风险，如果你刻意地去和他拉关系，他会觉得你很假。猫头鹰型顾客是很有自己思维能力的人，你可以看他朋友圈，了解他的基本情况，制造共同话题，让他慢慢地把防备心态降下来，从而达到成交的目的。

Chapter 8

第 8 章

成交：转化率不断飙升的成交法则

很多人说现在做微商非常难，其实说到底是自己的方法不对。不管是电商还是微商，最终的目的都是让客户购买产品达到成交的目的。那么，有什么方法能让微商提高成交的概率呢？

本章主要介绍微商成交需要的思维、保证成交的方法、快乐成交的法则、绝对成交的销售话术和成交促单的技巧。

成交需要的 7 种思维
保证成交的 3 个方法
快乐成交的 4 步法则
绝对成交的销售话术
20 种成交促单的技巧

8.1 成交需要的 7 种思维

在这个“全民微商”的时代，做微商的人越来越多，创造的微商品牌也越来越多。微商要想快速成交，就必须了解以下 7 种思维。

8.1.1 分享思维

做微商一定要懂得分享，一定要有分享思维。有些微商的产品卖不出去、朋友圈没有互动、代理招不到，这是因为他没有分享思维，没有去分享自己的价值，一直活在自己的世界里，除了每天看朋友圈，固定每天在朋友圈发发广告外，从来都没有用心地去分享，而且也不会去“混”一些社交群。

在现在这个互联网的世界中，在微信的世界中，学会分享是做微商的一条捷径。微商需要告诉客户，你是怎样一个人、做什么、懂什么、擅长什么，以及能给别人带来什么。微商只有把自己的价值分享出去，客户才愿意跟着你，才愿意去你那里消费，才愿意去帮助你，所以说分享思维很重要。

8.1.2 社交思维

社交就是把你扔在人群中，看你是否能够通过自己的能力和本事，在这个陌生的环境中结交到朋友。

做微商一定要有社交思维，当你与其他人建立好关系时，好友会越来越多。认可你的人越来越多的时候，你的社交圈就会越来越广，产品也会越来越好销售。但是好友多并不等于就是社交，并不是你朋友圈的人数多社交就成功了。社交的主要功能是产生信息的交互，能够彼此间有一个交集，形成一个交叉，关系达到了一个理想的黏度，此时才能形成转化和成交。

微商每天要与很多对产品感兴趣的顾客聊天，所有代理，无论大小都要非常诚心去聊，微商在有目的的同时也要有诚意。微商的目的就是最终想要成交客户，但是微商也要保持着交朋友的诚意用心聊。

因为在聊天的过程中，彼此的社交关系就可以建立起来。人与人之间的沟通与聊天，不一定要花言巧语，其实和陌生人聊天，只要拿出你的真心诚意就够了，不需要准备太多。有时候，准备的越多，聊天失败的概率就越大。因此，我们只要本着想去交朋友的心去交流就够了，一次不行就两次，两次不行就三次，时间久了顾客和你之间就会有一个很好的黏度。

所以，微商要用社交思维去改变自己做微商的思想，要学着怎样去与他人建立良好的关系、增强彼此的黏度，然后再去做生意。

8.1.3　付出思维

舍得，有舍才有得，只有付出才会有收获。微商在微信上打交道有时就和“走亲戚”一样，别人去你家里做客的时候，一般都会带一些礼物或送一个随手礼，如果他空手来，你可能就会觉得这个人不太懂人情世故；如果他送了礼物，你自然也会给人家回礼。

同样地，微商平时在微信上面加了好友，去交流的时候也应该像彼此之间去串门一样，给对方留下一个好印象，要学会主动去付出。付出的越多收获的就越多，这种付出不是说付出你的汗水，有时可以聪明一些，让付出简单化。

例如，当微商和客户聊得比较开心的时候，就可以给他发一个小红包，同时可以简单说：“今天和你聊天很开心，‘赏’你一个红包。”这种红包不需要很大，但这种付出会让朋友觉得你这个人特别亲近，特别有意思。微商平常在朋友圈也可以做一些赠送礼品的小活动。

8.1.4　快乐思维

在微信里能够得到大家喜爱的人一定是充满快乐的人，因为情感是可以传递的。在现在这个世界中，没有人会愿意和郁郁寡欢、闷闷不乐的人在一起。

例如，微商有一些宝妈群，这种群里一般分为两种人：一种是朝气蓬勃、特别乐于助人的人，这种人就特别受欢迎；还有一种就是喜欢抱怨生活的人，这种人都没人太想理，因为她分享的都是一些负能量的事情。

如果情感是可以传递的，那么微商就能够把自己的快乐带给别人。这样总是给别人带来喜悦和阳光，就会有很多人喜欢你。

所以，微商不管是在任何一个平台，都要做个快乐的人，遇到什么困难都能够保持正能量、传播快乐。但不是说微商每天都是快乐的，每个人都会有烦恼的时候，这就要看我们怎么去做好调节了。

例如，一个客户在你这里咨询很多产品问题，最后却没有买，这时你不要沮丧，反过来看一下聊天记录，反思自己哪里有不足，把经验总结出来，下一次不要再出现类似错误即可。这也就是正确地去面对一些不高兴的事情，让自己成为充满正能量的人，然后再将快乐带给别人。

8.1.5　营销思维

做微商就是在营销自己。微商有一个同义词，即微信营销，顾名思义，做微商一定要会营销。而营销通常是需要包装的，不是说你来找我买东西，我把东西卖给你，就是营销。

营销是你要懂得包装自己、打造自己、推广自己，让别人主动来找你买东西。微商发朋友圈，本身就是帮助炒作自己的营销方式，我们要学会借助外界的力量、上级代理的力量、团队的力量，让自己变得更强大。

所以，做微商首先要学会营销自己，把自己营销出去，产品也就推销出去了，所以微商一定要有这种营销思维。

8.1.6 赞美思维

微商在微信上交的朋友大多数是网友，没有见过面，彼此都很陌生。这种情况下，他们是看不到你的微笑的，此时微商就需要用语言和文字去赞美别人。而且赞美是不需要花钱的，还能给你带来比花钱更好的效果，因为人和人之间相处本来就是很微妙的，大家都喜欢被赞美。

做微商就要多去赞美别人，给别人带来一种愉悦的心情。有时候，一句赞美足以让对方对你有好感，记忆非常深刻。日常生活中，一句赞美，可能会让别人很开心地去帮助你、关注你。

8.1.7 信任思维

微商想要做好、做大，最好的方法就是招代理。那么，如何让代理跟随你，这是微商最需要解决的问题。只要让代理信任你，那么他就会跟随你。所以，微商要学会如何得到别人的信任。

坚持发好的朋友圈内容，是增强彼此信任的方式，切不可三天打鱼两天晒网。当然，除了坚持发朋友圈以外，还有一个好方法就是去借力使力，借助团队和领导的力量去打造好自己的“威力”。

同时，微商还可以去参加一些线下活动和微信群的活动，通过见面与对方产生信任。例如，线下地推活动，就是一种建立信任关系较好的方法。信任是一种力量，这种力量能帮助你产生更多的价值，微商一定要做到让更多人信任你。

这 7 种思维，微商可以好好运用、思考可实用性，融入自己的微商生活中，这样就可以创造更大的价值，离成功也会越来越近。

8.2 保证成交的 3 个方法

不管是做微商还是电商，如果不懂得包装自己的产品，那么会做得很累，同时还得不到相应的回报。很多微商在朋友圈发布关于产品信息的时候，还是用以前那种老套的方式，随意介绍一下自己产品的功效有多好，这种广告不仅容易让微信好友反感，而且关系不好的甚至会直接把你屏蔽、加入黑名单。

下面介绍保证成交的 3 个方法，不管是写朋友圈文案，还是写销售软文，都可以让你轻松地抓取潜在客户，甚至是以高价格将你的产品销售出去。这 3 个方法都抓住了客户的痛点，让他打消心中的顾虑，放心购买产品。

8.2.1　提炼产品好处

微商需要记住一句话：产品只是工具，好用才是目的，更重要的是通过使用产品会给顾客带来什么好处。

例如，女生脸上长了痘痘，就会买各种祛痘产品。因为脸上有痘痘不美观，会让她觉得尴尬，不自信。这时，她的表面需求是买一款祛痘的产品，而隐形需求是可以变得更美丽、大方。如果此时微商只是单纯地告诉她，你的产品可以祛痘，或者有祛痘的功效，她可能会无动于衷，或者抱着试一试的心态找你购买产品，但不会长期购买。如果你告诉她，这个产品可以让她变得更加自信、更加漂亮，那么她可能会毫不犹豫地购买产品，甚至会成为你的长期客户。

因此，微商在朋友圈发布产品文案时，一定要先想一想你的产品针对的人群有哪些痛点，挖掘他们背后的精神需求。这样就可以更好地戳中他们的痛点，引起共鸣。然后再告诉他们，你有这样的产品可以帮助他们解决问题，而不是“赤裸裸”的推销产品。他们通过了解产品的大致情况，会主动购买。

8.2.2　赠送超价值赠品

现实生活中，最常见的营销就是打折促销和“买就送”活动。当人们看见打折促销的活动时，都会抱着“凑热闹”的心态去看一看，也有可能购买商品。

微商可以借鉴这种打折促销的营销手段来推广产品。例如，代理护肤品的微商，可以在保证利润的情况下，赠送一些相关产品，这样做的好处是可以让客户更有购买欲望，同时还可以给其他系列的护肤产品做推广。如果你赠送的产品质量好，客户使用后觉得效果较好，那么她有可能就会购买这一系列的产品，甚至会成为长期客户。赠品还可以是相关的产品知识。例如，代理护肤品的微商可以赠送客户一套护肤知识课程。

微商要记住不管是赠送产品还是服务，都要强调产品与赠品的价值。如果是代理护肤品的微商，可以这样写：购买一套××产品，就送价值××元的培训名额一个，或者价值××元的护肤品一套。所送的赠品可以标一个比较高的价值，让客户感觉买到这个产品非常值得。

8.2.3 做好负风险承诺

在销售中做负风险承诺，一般只有少数人使用。如果微商对自己的产品很有信心，确定能够帮助客户解决问题，则可以考虑做负风险承诺。如果没有信心，也可以选择零风险承诺。

例如，对产品不满意的客户，可以给他们提供退换货服务，甚至自己承担运费，这样可以让客户放心购买。

8.3 快乐成交的 4 步法则

什么是快乐销售？快乐销售就是避免一开始就被客户拒绝的现象，在第一时间让客户产生兴趣，愿意与你打交道，产生“一见钟情”的感觉，最后达到愉快成交的目的。下面介绍快乐成交的 4 步法则。

8.3.1 拉近距离，建立信任感

微商成交的必要条件有以下 3 点。

① 顾客是上帝。

② 信任才会购买。

③ 推销产品前，先推销自己。

推销自己就是让客户接受自己，喜欢自己，信任自己。顾客愿意和你说话，就代表接受自己。顾客愿意和你聊家常，就代表喜欢自己。顾客愿意在你这里买产品，就代表信任你。

微商想要拉近与顾客的距离，那么就需要做到以下 9 点。

① 调整心态，帮助顾客选择最合适的产品，而不是赚顾客的钱。

② 把握最关键的第一分钟。

③ 做一名专业的产品顾问。

④ 发自内心地赞美顾客。

⑤ 倾听顾客的心声。

⑥ 适应顾客的行为习惯。

⑦ 表示同理心，设身处地地为顾客着想。

⑧ 不要攻击你的竞争对手。

⑨ 与顾客保持长期的关系。

8.3.2　了解顾客需求

最有效的销售就是了解顾客需求的销售，尤其是关键需求。微商想要了解顾客需求，可以通过“黄金三问”去提问。

第一问，问需求：你需要什么？

第二问，问原因：为什么需要？

第三问，问时间：什么时候需要？

通过“黄金三问”，微商可以了解顾客对哪款产品比较感兴趣，还可以挖掘顾客的潜在需求，促成更多产品的成交。

8.3.3　产品的介绍，塑造产品的价值

微商想要有效介绍产品，塑造产品的价值，需要认准以下 8 个原则。

① 必须清楚每一款产品的主要卖点。

② 产品特点+好处的法则。

③ 描述产品能够带给顾客的感觉。

④ 清楚每一款产品的使用顺序。

⑤ 介绍产品一定要有条理，要把话说到位。

⑥ 避免一开始就谈价格，如果顾客一开始问你价格，可以转移话题。

⑦ 一定要强调自己的产品优势，如面膜产品可以突出补水保湿、提亮肤色、平衡水油、祛斑、水润清透、锁水、调理油痘、长效保湿、水润舒缓、肌肤修护、滋养、水润饱满、净透肌底等功效。

⑧ 讲述产品的 5 个方面：安全、外观、方便、经济、功效。

8.3.4　解除抗拒，打消最后疑虑

微商想要与客户成交，就必须打消客户的所有疑虑，让客户相信你、相信你的产品，从而购买你的产品。

顾客提出的异议主要有以下 5 种情况。

① 顾客害怕买错。

② 每个顾客都会说产品太贵。

③ 还没有建立起信任感。

④ 产品的价值还没有塑造出来。

⑤ 没有事先提出预料中的抗拒。

微商解除顾客异议有以下 4 种方法。

（1）主动提出解决法。

方法：第一步，主动提出；第二步，赞美顾客；第三步，把它变为有利条件。

话术：亲，您也知道我们品牌，价格虽然是贵了些，但是产品的品质是非常有保障的，其实真正追求高品位的顾客，是不会经常买折扣产品的，相信这样的品牌您也是不会买的。如果说今天卖你 100 元，明天卖她 50 元，这样的价格体系是谁都接受不了的，您放心，我们××品牌只做有质量的产品，不做贵的产品。

（2）同理心解除法。

方法：感受、感觉、发现。

话术：我理解您的感觉，其他顾客也有这样的感觉，但您做了对比之后就会发现，他们的品牌根本无法与我们相比。

（3）反过来解除法。

方法：这样的好处，那样的不好。

话术：我能理解一些面膜用过之后是立马感觉皮肤好了，但是我们的面膜要长期使用皮肤改变才会大。买不买没有关系，但是我相信你用了绝对有改变。以往你用的面膜短期有效果，长期使用皮肤就会越差，而我们的产品就像吃补品一样，短期你不会觉得有变化，但是慢慢地，你就会发现皮肤越来越好。

（4）解除“太贵了”。

方法：客户的回答决定你的回答方式。

话术：为什么您觉得我们的东西贵呢？

话术：亲，以我多年的护肤经验，我建议您在选购产品时一定要注意 3 件事：第一是品质；第二是品质；第三还是品质。所以，我相信好的品质和好的口碑才是您最想要的。

8.4 绝对成交的销售话术

销售是一种以结果论英雄的游戏，销售是指没有成交再好的销售过程都没用。有时顾客会不满意我们的产品导致不能成交，这时微商需要自己去想办法解开顾客心中的结，达到成交的目的。以下介绍 23 种绝对成交的销售话术技巧。

8.4.1 【情景 1】顾客：我要考虑一下

对策：时间就是金钱，机不可失，失不再来。

（1）询问法。

通常情况下，顾客是感兴趣的，但可能还没听清楚你的介绍。例如，产品的某一细节还有不明白的地方，微商可以了解清楚顾客的问题后，再对症下药。

（2）假设法。

方法：假设马上成交，顾客可以得到什么好处，如果不马上成交，他又可能会失去什么东西。

案例：某先生，您一定对我们产品很感兴趣，假设您现在购买可以获得××礼品，我们一个月可能才有一次促销活动，现在很多人想买我们的产品，您看现在这么合适，不妨试一试我们的产品，这个机会难得啊。

（3）直接法。

方法：判断顾客的大概情况，直截了当地向顾客提出疑问。尤其是对男士购买者存在金钱问题时，直接询问他，让他觉得不购买就会没面子，从而迫使他付款。

8.4.2 【情景 2】顾客：太贵了

对策：与顾客讲明“一分钱一分货”的道理，体现产品物有所值。

（1）比较法。

方法：与同类产品进行比较；与同价值的其他产品进行比较。

案例：我们的产品和市场××品牌的产品比起来便宜很多，质量也是有保障的。

（2）拆散法。

方法：将产品的几个组成部分拆开介绍，产品的每种功能都不贵。

案例：我们的产品可以美白、祛痘、淡斑、淡化痘印等。

（3）平均法。

方法：将价格分到每月、每周、每天，说明其使用成本很低，同时表明你的产品可以用很久，值得购买。

案例：这套产品可以用 45 天，总价 128 元除以 45 天，一天约 2.8 元，一天两次每次也就是 1.4 元。如果可以用两个月，那么一天的花费还不到一元钱。

（4）赞美法。

方法：通过赞美让顾客不得不为面子“掏腰包”。

案例：一看您就是平时追求生活注重仪表的人，您看你这皮肤保养得真好，这款多功能产品非常符合您的气质。

8.4.3 【情景 3】顾客：市场不景气

对策：不景气时买入，景气时卖出。

（1）讨好法。

聪明的人都有一个诀窍：当别人都卖出的时候，成功的人买进；别人买进的时候，成功的人卖出。现在需要的就是勇气和智慧，许多人都在不景气的时候建立了基础，通过说“购买者聪明”“是成功的人”来讨好顾客。

（2）例证法。

举前人的例子、成功者的例子、身边人的例子、明星的例子等，让顾客向往，主要是要体现出产品功效好，很多人都在使用。

8.4.4 【情景 4】顾客：能不能便宜

对策：价格是价值的体现，便宜没好货，好货不便宜。

（1）得失法。

方法：交易就是一种投资，有得必有失，只看价格会忽略产品品质和服务。

案例：××店铺的产品是很便宜，但是没有售后，只有支持退款，我们不仅提供 15 天无理由包运费退换货，还给您提供很多产品使用技巧。

（2）底牌法。

方法：即使产品的价格不是最低，也要说得非常低，体现出你的难处，但是要让顾客觉得这个价格可能真的是情理之中的。

案例：这个价格是厂家出厂价，目前真的是已经到底了。

（3）诚实法。

方法：这种方法适合于心眼小的客户，让他们为你的诚实而说好。

案例：在这个世界上，很难有机会可以花这么少的钱就能买到高品质的产品。如果您还要更低的价格，我们这里真没有，但是除了我们这，您去别的地方也没有。

8.4.5 【情景 5】顾客：别的地方更便宜

对策：服务有“价”，而且现在假货泛滥，所以可以提醒客户不要贪图小便宜。

（1）分析法。

方法：从品质、价格、服务（也就是售后）3 个方面来分析我们的产品比其他产品好在哪。

案例：我们的产品品质真的很好，效果也非常好，价格整体来看是不便宜，但是我们的售后服务会很好，如果您过敏了，我们可以全额退款，其他产品虽然价格低，但没有质量保证。

（2）转向法。

方法：不说自己的优势，转而客观公正地说低价产品的弱势，摧毁顾客心理的最后防线。

案例：我的朋友××，上次在××店铺低价买的神皂，不但查询不出是正品，还没有效果，要求退款客服语气还不好。

（3）提醒法。

方法：一定要记得提醒顾客，现在假货泛滥，不要贪图小便宜吃了大亏。

案例：为了自己的容貌，优品质、高服务和价格比起来，还是前者更好一些。这要是买到了假货，您的容貌可是会受到影响的，我们不就是为了变得更好才买护肤品嘛，所以请您三思。

8.4.6 【情景 6】顾客：没有预算

对策：制度是死的，人是活的，没有条件可以创造条件。

（1）前瞻法。

将产品可以带来的利益介绍给顾客，促使他进行预算，可以让他分解产品的功效计算价格。

（2）攻心法。

方法：分析产品不仅可以给购买者本身带来好处，还可以给周围的人带来好处。

案例：××皂不仅可以自己用，亲戚朋友也可以一起用。

8.4.7 【情景 7】顾客：它真的那么值钱吗

对策：怀疑的背后一般都是肯定。

（1）投资法。

方法：引入产品的投资方作为背书，从而达到说服客户的效果。

案例：如果不值钱就不会那么多人购买，投资方也不会投资那么多钱去做这个产品，既然是好的产品，就真的很值得您购买。

（2）反驳法。

方法：利用反驳，来让顾客坚信自己是正确的。

案例：您是一位眼光独特的人，您现在难道怀疑自己吗？您最初来找我的时候就是英明的决定，您不信任我可以，但是不能怀疑自己最初的想法。既然选择了产品想要试一试，就应该相信这款产品。

（3）肯定法。

方法：通过肯定我们的产品值这个价格，同时可以继续用拆散功效分析价格，如对比分析或举例分析等。

8.4.8 【情景 8】顾客：不，我不要

对策：微商的字典中没有“不”字，一定要利用各种方法，达到销售产品的目的。

（1）“吹牛”法。

方法：“吹牛”并不是让你在说没有事实的东西，而是进一步突出这个产品的优势，让顾客对产品有更深的了解，让顾客感觉你就是这方面的专家.

案例：我知道您在来询问我的时候一定问了很多家，都是货比三家的，但是在我这里基本上问过的顾客都达成了交易。即使少数没有交易的，我们也成了朋友，因为我们是想要帮助你们护肤，而不是为了利益去销售产品。

（2）比心法。

方法：通过向别人推销产品，遭到拒绝后将自己的真实处境与感受说出来，让顾客产生同情心，促成购买。

（3）死磨法。

方法：坚持就是胜利，在推销时，顾客不会刚知道产品就直接购买。顾客总会下意识地提防或是拒绝我们。所以，既然做了微商就要坚持下去，不要顾客一拒绝，你就放弃了，微商要努力地去抓住最后一丝机会。

8.5 20 种成交促单的技巧

微商在面对不同的客户、不同的情况、不同的环境时，需要采取不同的成交

策略。下面介绍 20 种成交促单的技巧。

8.5.1　直接要求法

直接要求法一般适用于微商与客户之间已经建立了一定的信任度，客户之前有买过你的产品，他对产品是有好感的；或者他有流露出有购买意向但是一时间没有确定；或者他不愿意主动去提出成交要求等情况。此时，微商一定要主动出击，这样能够节省时间或减少顾客的顾虑时间，提高成交效率。

8.5.2　选择式成交法（二选一法）

微商可以提出一个封闭式的问题，给顾客提供两种解决方案，无论他选择哪种都是我们想要的结果。这种方法是不给意向客户有任何的拒绝机会的。例如，两个人去买茶叶蛋，商人 A 问客户：你是要茶叶蛋，还是不要茶叶蛋；而商人 B 说：你是要两个茶叶蛋，还是要 3 个茶叶蛋。这样商人 B 的生意永远比商人 A 的生意要好。

但是，微商需要注意的是，在引导客户成交时，不要提出两个以上的选择，因为选择太多，反而会让客户意向无所适从。这种方法看似把主动权交给客户了，实际上是让客户在一定的范围内进行选择，这确实可以起到促单的效果。

8.5.3　利益法

微商可以告诉客户，成交之后能够给他带来哪些实质性的利益。在这个利益法的前面，还可以加个时间，达到促单效果。

例如，他需要购买课程，我们应该说："您今天不加入，今天晚上重要的课程您就会听不到、学习不到，就会损失掉很多机会。"让他有这种感觉，那就是今天的课程他非学不可。

8.5.4　优惠成交法（让步成交法）

优惠成交法就是微商提供一些优惠条件，促使意向客户立刻购买。微商在使用这种方法时，首先，要让客户觉得他是一个特别的人，你的优惠只针对他一个人，让他觉得很受重视；其次，不能随便给出优惠，否则客户会觉得这还不是你的底线，他会进一步去要求你，所以要把握尺度；最后，一定要抓住时间，这个时间是有一个范围的，不会一直都有优惠活动，不然客户就不会珍惜这次机会。

当然，这里所说的优惠不是降低产品价格，而是送一些赠品。礼轻情意重，客户会觉得他是被重视的，那种感觉是远高于你送给他的礼物的价值的。因为很多人本身买的就是体验过程，以及能够给他带来享受的感觉，而不是因为你的产品有多好，毕竟市场上不缺好的产品。

8.5.5 预先框视法

预先框视法就是在意向客户提出要求之前，微商就为意向客户确定一个好的结果，同时对他进行认同和赞赏，使他按照你的说法一步一步去做。

8.5.6 从众成交法

很多人都有“跟风”心理，就是当看着店面门庭冷落时，客户一般是不会去这家店的，因为大部分人不愿意自己去尝试新东西，害怕有风险。凡是别人没试用过的一个新产品，所有人都会有一种怀疑的态度不敢轻易选用；而对于大家都认可的产品，客户就很容易信任、喜欢。

从众成交法就是减少顾客担心的风险，尤其是之前对你没有任何信任度的新客户，你需要让他有“大家都买了我也可以买”的心理，增强顾客对你的信任。

8.5.7 惜失成交法

惜失成交法也就是饥饿营销，利用客户怕买不到的心理。人都是这样，对于那种越是买不到的或比较稀少的产品，客户就会越想去得到它、拥有它，这也是人性的一个弱点。

当然，这个方法虽好，但是微商不能随便乱用，因为无中生有去刻意营造饥饿营销，会失去一些比较忠诚的客户。所以，微商需要把握一个度。

8.5.8 因小失大法

因小失大法就是把客户的危机感放大。微商要对意向客户强调，如果不买产品，将会是一个非常错误的决定；或者说你现在不买会导致一些非常糟糕的结果。微商就是要把这种危机感放大，去刺激和迫使客户去成交。

例如，客户犹豫不决的时候，你可以告诉他如果再犹豫下去损失的将是现在的几十倍甚至几百倍，也可以列举类似的案例告诉他将会面临着两种选择：一种是可以得到潜在的利益；另一种则是暗示他有很大的风险。

8.5.9　步步紧逼成交法

做微商经常会遇到意向客户说，我再考虑考虑、我再想想、我们再商量商量、过几天再说这几种情况。遇到这种情况时，很多微商会说好的，其实这时我们应该赞同他，先让他慎重考虑清楚；一定要先赞同他，不然他会感到反感，然后再问他，询问他顾虑什么或考虑什么。

因为这个时候顾客是不会给你答案的，那么你可以问他，让他去选择性回答或直接回答是或不是。通过他的回答，找出他最终所担心的问题，然后针对性地去解决他的问题，这样成交也会比较容易。

如果他可以自己说出问题，那么你可以直接帮助他解决问题；如果他没有自己说出问题，那么你可以为他分析并解决问题。

8.5.10　协助客户成交法

很多意向客户不太喜欢快速成交，会犹豫不决。例如，客户在买衣服时会纠结衣服的款式和颜色，在客户纠结的过程中会产生越来越多的问题。此时，微商不要谈成交问题，而是帮助他找合适的款式，选择一款产品也就是你将出售的产品推荐给他。

因为微商有多款产品，而客户只需要一两款产品。对于这些客户，微商就可以直接告诉客户哪个产品好，是目前在市场上最畅销的，微商与其让客户犹豫不决耽误时间，不如直接告诉他产品的具体情况，协助客户成交。

微商不要让客户将成交时间拖延长了，否则客户的顾虑就会更多，这样成交的可能性也会降低。

8.5.11　欲擒故纵法

很多人在选择产品时都是犹豫不决，不能直接做决定，此时就需要给他一些危机感。

例如，某人多次向你咨询一个产品，说明他对这个产品确实很感兴趣，但他就是下不定决心，此时你可以说："我微信号全部满人了，你到底要不要做代理？"其实，这就是在暗示他，如果你再不做代理，就有可能被删除了，从而给他制造危机感。有时，微商需要"高姿态"，因为对于这类人，更加需要效率和时间。

8.5.12 拜师学艺法

对于一些已经用过各种方法、费劲口舌还没有成交的客户，微商可以转移话题，不再向他推销产品，而是去请教他，问他你哪里做得不好。当他提出对你不满意的地方时，你再诚恳的道歉，并解除他的疑虑，然后再给他推销产品。

使用拜师学艺法时一定要让对方感觉到你的诚意、情感，否则他会觉得你不够诚恳，进而得不偿失。

8.5.13 订单成交法

当客户有要下单这种举动时，微商可以把授权的表格提前给他，让他填好资料，可以在上面加上送货地址和送货时间这两个信息。如果他同意填写表格，就说明他决定要做你的代理了；如果他不愿意填写，就说明他还有些抗拒。你可以对他说："没有关系，你有充分的时间考虑，如果你要改变想法，这个表格就作废，我们尊重你的决定。"

使用订单成交法的，一般都是客户有兴趣要做你代理的。

8.5.14 小狗成交法

"小狗成交法"也称为宠物成交法，来源于下面这个故事。

一位妈妈带着一个小男孩来到一家宠物店，小男孩非常喜欢其中一条小狗。可是妈妈没有给他买，结果小男孩又哭又闹。宠物店店主发现后，就说了这样一句话："如果你喜欢，可以把这个小狗带回去，相处两三天再决定买不买；如果你不喜欢，就把他带回来。"当小男孩借来小狗，并饲养了几天之后，全家人都喜欢上了这条小狗。最后，妈妈再次来到宠物店，把小狗买了下来。

其实，"小狗成交法"就是说微商可以先给客户一些利益，让他有机会去适应。当然，"小狗成交法"不一定是指有形的东西，也可以是无形的东西，如微商课程分享。

例如，微商可以在朋友圈搞"点赞赠送产品小样"活动，这样可以让客户接触你的产品，当他使用后感觉效果较好，对产品很满意，就会购买产品。就像"小狗成交法"一样，让你带回家体验一下，满意就可以留下。

所以，当潜在客户或微商同行来请教问题时，你可以给他提供一些帮助，但不需要说得太过详细、具体。需要注意的是，你给他的方法对他要有一定的帮助，这样他才会增强对你的信赖感，并把你当作老师看待。当他对你的崇拜度逐渐增高时，自然就会成为你的代理。

8.5.15　讲故事成交法

有些微商经常会讲一些长篇大论的专业知识，这种内容一般都是顾客不喜欢的，甚至他们都不理解你在讲什么。所以，微商在发朋友圈内容时，应该多讲一些顾客感兴趣的东西。

例如，讲顾客感兴趣的故事，让他与故事的主人公产生共鸣，激发他的购买欲望。故事主人公最开始的时候和他有着一样的情况，后来因为加入了你的团队，他的情况有了很大改变。也可以列举你自己的故事，或者是一些大家耳熟能详的公共人物事迹。

但是，在讲故事的时候，微商需要根据客户的具体情况去讲，必须要与客户产生共鸣，这个度一定要把握好，不能太过无中生有。

8.5.16　保证成交法

保证成交法最主要的就是要有自信，微商不管是做什么产品一定要相信自己，可以对自己说："我是最棒的、我的团队是最好的、我的公司是最好的、我的产品是最好的。"因为有的客户，要的不是你的产品比别人的便宜，而是你一句很自信、很肯定的话语。

8.5.17　假设成交法

假设成交法就是假设客户已经成为你的代理，或者已经购买了你的产品的人。下面介绍两种假设成交法采用的话术。

① 你要是加入团队，你的问题就不再是个人问题，团队的成员会帮助你一起解决。

② 你准备好笔和纸，我们接下来会有一系列的培训，帮助你每天加到多少人，你就不用为人脉问题而烦恼了。只要你加入我们，就不用担心没有人去帮助你解决问题。

微商可以把加入后才能拥有的好处描述给客户听，用这些好处吸引他加入，达到客户与你成交的目的。当然，微商使用假设成交法时必须实话实说，不能夸大、不能开"空头支票"。

8.5.18 富兰克林成交法

富兰克林之前有一个习惯，在他做决定时，喜欢拿一支笔画上一个 T 字形的图案，然后在图案左边写这个决定的好处，在图案右边写这个决定的坏处。

富兰克林成交法也可以运用到微商的销售中。微商可以鼓励那些有意向的客户，让他们考虑事情的正反面。而且你也可以列出做代理的优点和缺点，当然重点还是要凸显优点。你可以多写一些关于加入微商团队的好处，再把劣势或缺点进行解释分析，让客户忽略这些缺点。

8.5.19 3 句话成交法

3 句话成交法主要是下面 3 句话。

① 你知道它可以省钱吗，你希望省钱和赚钱吗？

② 如果你希望省钱和赚钱，那你觉得什么时候开始比较适合？

③ 你希望省钱和赚钱，那你要不要立刻行动？

这 3 句话点明客户的需求，加入团队的时机及客户的执行能力。

8.5.20 批发式成交

下面介绍批发式成交的 3 个方法。

（1）送出去，给人体验。

微商平时卖产品的思维就是把产品卖出去赚钱，但是有很多成功的微商都知道，这样是最难培养客户对你的信赖感的。可以通过赠送产品，给他们体验，培养他们对你的信赖感。

但是，微商一开始也不能随意送产品，而是小范围地送产品。当你觉得他是你的目标客户、你的闺蜜或你的朋友时，就可以给他送产品了，这时你就会有一个更好的机会为他服务、给他讲解产品。这样就能产生第一拨“天使用户”，因为“拿人手短”，在这之后他若有需求就会直接来找你。

（2）请求支持。

微商在没有人脉、没有平台，又不会分享的时候，可以联系身边的朋友，给他们打个电话，请求他们支持你、支持你创业、支持你的梦想，这也是让新代理快速成交的最好方式。当然，微商在使用这个方法时一定要保证产品的质量，以及要有良好的服务态度。

（3）开分享会，提供价值。

开分享会也是一种很好的方式，让客户在还没有购买产品前就已经被你的能力征服了。微商可以把自己学会的知识分享出去，分享完后可以这样说："你觉得我分享的知识对你有帮助，可以随意打赏我。"

以上介绍的 20 种方法都是做微商时可以通用的一些技巧。方法和技巧都是走向成功的捷径，所以微商一定要熟能生巧。

Chapter 9

第 9 章

实体店：微商品牌快速导入实体店

大部分微商都在朋友圈（线上）去销售产品，很多人都忽略了线下实体店铺货推广，现在做微商可以双向发展。那么微商品牌如何才能快速导入实体店呢？

本章主要介绍微商实体店的运营方向、运营技巧、销售策略、零售技巧及微商品牌快速导入实体店的操作方法。

微商实体店的运营方向

微商实体店的运营技巧

微商实体店的销售策略

微商实体店的零售技巧

微商品牌快速导入实体店

9.1 微商实体店的运营方向

关于如何选好实体店铺，下面分享几个小技巧。

1. 熟人原则

如果自己有亲戚朋友在做实体店，肯定是第一优先原则，亲戚朋友比较好说话，铺货也比较容易，最重要的是放心。

2. 就近原则

微商肯定是选择自己周遭的店铺更为合适，距离近还能去店铺搞好客情关系（产品、服务提供者与其客户之间的情感联系），熟门熟路的售后服务也比较方便；太远的店铺难以把控，而且耗费时间、浪费交通费。

3. 小而美的店铺原则

对于小店，微商能直接找到老板谈合作；大店则只能看见营业员，他们的权限通常都很小。而且小店比较有人情味，好“唠嗑”。

4. 互补原则

根据产品的消费人群，找消费人群相似的店铺，但与店铺的产品不要冲突。

5. 人流量大原则

选择实体店肯定要选择人流量大的店，偏僻的小店一般客流少，会导致产品不好销售，而在人流量大的店中产品销售就会比较容易。

6. 用户口碑原则

产品的口碑是最重要的，现在有很多代理因为利益“熏心”去卖假货。在短期来看确实赚钱多，但是这样不利于自己后续的发展。所以，选择产品最重要的是看产品的口碑，这样放在实体店也不会有后患之忧。

9.2 微商实体店的运营技巧

当微商选好实体店目标之后，接下来该怎么做呢？该怎么把产品介绍给目标客户呢？

微商实体店运营唯一的技巧就是要有亲和力。如果微商态度很不好，那么产品再好，客户也不会听你的。因为微商本身是去做推销，从主观上微商就处于一个被动的地位，所以这时一定不要怕被打击。如果只因为客户的一次拒绝就放弃一个目标客户，这样是不可能取得成功的。想要成功就必须受得了客户的打击，坚持不懈直到达到你的最终目的。

亲和力是一个合格的微商必须具备的品质，也就是说微商在任何情况下都要态度好，千万不要与客户硬碰或把不好的情绪表现在脸上。最重要的是微商在与客户见面的时候气色要好、服装一定要整洁、最好不要熬夜，用最好的状态迎接客户。例如，你是一个护肤品的代理，而自己的皮肤状态却不好，这样客户也会对你的产品持有怀疑状态。所以，做护肤品的微商要表现自己的产品好，就必须要保持自己有好的皮肤状态。

言谈要专业，如果你说的话与产品无关，那么客户肯定会觉得你只是一个业务员，而不是产品的代理商或产品的体验者。微商要把自己放在老板身份的位置，就是你自己去与客户谈论产品的知识，这样不仅仅是一个业务员的身份去推销产品。

如果微商是把目标锁定在婚纱店，那么当你走进这个婚纱店里，第一时间肯定不能直接去问谁是婚纱店的老板，也不能直接问这个店长是否需要产品之类的。这种开门见山的问法不适合用在这里，如果微商这样说，那么合作失败的概率就比较大。

微商首先应该表示对他们的东西感兴趣，可以说："我想看一下婚纱照的风格或礼服。"引起他们的注意让他们与你交谈，然后通过婚纱款式谈到关于化妆师设计的妆容再谈到化妆品，慢慢地把护肤产品给引出来。

微商要注意的一点是，千万不要想着去店里一次，就能把合作确定，因为你也要对他们有一定的了解。更好的方法应该是，第一次去要与他们有一个初步的沟通，了解他们的具体情况，如谁是老板，谁可以"拍板定夺"。你与店内的员工说再多、员工再满意都是没有用的，因为他们做不了主，也不可能把你的意思完整地传达给老板。所以，微商一定要先去了解谁是老板，再次拜访讨论合作的事。微商做好"功课"，再去找领导谈合作，这样成功的概率也比较大。

9.3 微商实体店的销售策略

不同的人群会有不同的需求，所以微商要根据不同的情况制定不同的销售策略。以护肤品为例，不同的年龄就会有不同的需求。

- 20 岁左右的人：消费能力差，新陈代谢快，会长痘。
- 26～40 岁的人：工作比较有压力，一般是想改善日益老化的肤质。

- 40～50 岁的人：消费能力强，更关注产品效果，能否延缓衰老。
- 50 岁以上的人：希望青春再现，希望延缓衰老，保养是关键。

所以，微商需要根据不同的需求找准销售的切入点提高产品的销售额，通常有以下 3 种方法。

① 强调这个产品与众不同的地方，如特点、价格、附加值等。

② 顾客有能力，可以坚持长期使用，让客户觉得越用越有效果。

③ 微商本人必须是产品的使用者和受益者。

微商在掌握对方的年龄、职业、皮肤状态、消费观念、经济状况等信息之后，还要掌握顾客的消费心理，再去制造客户的需求，如以下 4 点。

① 举例说明，如对方同年龄段因为保养问题，体现出不同的情况。

② 强调顾客的不足，如皮肤的颜色暗沉、脸部清洁没有做好。

③ 适当灌输负面信息。例如，如果现在不护理，皮肤更松弛，皱纹更深，眼袋更大，皮肤会更没有光泽等。

④ 强调产品功效，如补水、美白等。

当顾客满足这些需求，已经购买了产品，微商需要将产品的功能和优势与产品的不足相结合，做好售后服务，并且引导顾客正确使用产品，如以下 3 点。

① 科学的使用方法，时间、步骤、护理的方法。

② 皮肤改善需要时间，强调它不是一朝一夕就可以立即改变的，而是需要时间和坚持的。

③ 嘱咐顾客，护肤的同时可进行有氧运动，还要保持睡眠足、营养均衡、心情愉悦或是戒烟限酒等。

9.4 微商实体店的零售技巧

微商既然有实体店，那么必然要考虑产品的零售方面。很多微商会忽略产品的零售，欠缺零售方面的经验，忽略了有零售意向的顾客，导致没有很多顾客来购买产品，使得产品最终只能囤积在各级代理的手中，直到越囤越多，慢慢地就不会继续进货了。

这样还会造成微商的产品不能正常的流通，因为顾客才是微商最终端的客户，也只有他们才能把产品给消化掉。代理就是销售人员，在销售的过程中他们虽然会使用产品、消化产品，但是这远远不够，微商一定要想尽办法突破零售，打开零售市场。其实，微商团队的管理者的职责不仅仅是带好团队和招代理，还有一个重要任务就是教代理做好零售。

9.4.1 零售的重要性

对于微商来说，“成交=30%产品+30%专业+20%技巧+20%（人品、颜值、氛围）”。成交是一件很难琢磨的事情，因为每个人的资源、性格、长相都不同，而最稳妥的方法就是专业知识和技巧，两者相比，专业知识更重要。

不管是在任何企业中从事销售工作，第一堂课进行的都是产品专业知识培训，成为某一个产品的专业人士。因为你的顾客只有被你的专业完全征服，才能打消他们所有的顾虑，让成交变得更简单。这就是为什么，在电子行业，技术人员往往能成为最厉害的销售人才；在医院，医生就是最让你无法抵抗的销售员。所以，微商也不例外，也需要提升自己的专业知识。

微商始终认为零售是根基。理由很简单，微商前期“疯狂”招代理，赚钱很快，而后期却很痛苦。原因就是微商的代理学的只是找代理，代理难找就不开心，而且看着代理流失也很痛苦，让他踏踏实实的学习零售又不愿意。微商发展需要慢慢来，而零售永远是开始做微商的第一课。在零售方面做得好的微商，他的代理也是稳定的，虽然成长的过程有些慢。微商招代理需要记住零售的两个优点。

① 零售卖得好，赚得到钱，代理愿意跟着你。

② 零售利润高，顾客并不在意你赚他一些差价。

零售做得好的代理可以说是“黄金代理”，微商需要积累更多这样的代理，路就能越走越宽，生意越做越大。微商想要成交，第一，产品要靠谱；第二，个人要靠谱。产品靠谱的问题，公司来解决，个人靠谱的问题必须靠自己来解决。

9.4.2 微商零售的 4 个技巧

微商零售说简单不算简单，说复杂也不是很复杂，主要归纳为 4 点：提升个人形象和个人魅力；处好人际关系；做好售后咨询和交流；将零售顾客转化为助理。

1. 提升个人形象和个人魅力

微商一定要随时做到保持美好的形象，如笑容，无论遇见谁都要保持最真诚的笑容，这样就会给对方留下很好、很亲切的印象。就算是在心情不好的时候，也要保持开心，不要让别人看出你不愉快，因为你表现出不愉快，别人帮不了你，同时还会影响别人的心情，留下较差的印象。

微商要让别人感受到你是一个很快乐、很阳光、充满正能量的人。这样才会给人亲切感，不知不觉想靠近你，对你产生信赖和信任，这个时候再推广自己的产品，顾客就不会对你反感，甚至有可能会支持你、购买你的产品。

还有就是微商要注意自己的外表形象，这也非常重要。要是微商自己都没有一个好的形象，就不会有人相信你推广的产品。微商的穿着打扮要整洁得体，可以多用点心思，把自己修饰得更美一些，不一定要花多少钱去装扮，得体大方就可以。

例如，做护肤品的微商就应该护理好自己的皮肤，让自己的皮肤越来越好，成为自己产品的“活招牌”，要是自己都舍不得用面膜，皮肤又粗糙又老气，那你拿什么去说服顾客购买你的产品。所以，微商要坚持做好自己，由内而外保持完美。这样在不知不觉中，就可以收获信任和信赖，当你推广产品时，就可以提高成交率。

微商一定要超级自信，经常分享自己生活中每一个美好的镜头，顾客就会看在眼里，羡慕在心里，接下来就会行动，去购买你的产品。因为女人的嫉妒心非常强烈，看到别人比自己美，就会暗中攀比，所以微商要抓住这个弱点，引导顾客购买产品。

最后，微商一定要监督顾客按时使用产品，使用一段时间后才会有更好的效果。这样微商就能做得长久，因为当顾客收获了效果和美丽之后，才会反复购买，微商的零售就会持续增加新顾客、留下老客户，一直增加这就是良性循环。

2. 处好人际关系

微商随时都要有一颗善良感恩的心，要谦和地对待身边每一个人，多一点关心、多一点宽容、少一点计较，这样才会收获人脉和信任。而且做生意一定不要太计较，太会算计。在节日的时候，可以给老顾客赠送一些小礼物，这样就能“收买人心”。因为你的用心顾客是能感受到的，你对她的在意和重视，她也会知道感恩，反过来支持你、购买你的产品。

微商零售卖的不是产品，而是交情。就像现在卖面膜的人这么多，顾客凭什么一定在你这里买，那是因为你们之间有交情。交情这个东西是培养出来的，所以微商一定要舍得付出。当你做好以上这几点的时候，慢慢地零售业绩就会增加，就会发现你的人气会越来越多，无论你说什么顾客都不会抵触，而是很真诚地接受你所分享的信息。

3. 做好售后咨询和交流

微商只有培养友情、“收买人心”，才会有回头客，所以当顾客购买产品之后，一定要有耐心、细心地教顾客怎么去用产品，给顾客多讲解一些关于产品方面的知识，多关注顾客的使用效果和进度，效果好要多夸赞、多鼓励，千万不要产品售出之后就不管不问。微商还可以在送货的时候附上一个小礼物，可以是小零食也可以是漂亮的小物件或者感谢信等，不需要很贵，只需要让顾客感受到你的真诚。

另外，交流方式也是微商需要注意的。例如，有一个零售顾客买过一盒××面膜，用了两天后，突然说自己买贵了。微商在遇到这种情况时，不要慌张，也不要着急，你可以这样说：“同样的产品，无缘无故的便宜这么多，肯定是有原因的，我不去猜测、不去评论人家卖的产品是真是假。但是我真心不希望你拿自己的脸去冒险，为了几十元钱的差价不值得，就算你退货我也没有关系。我只是不希望我的朋友受到伤害，你相信我就继续找我购买，我还是这个价格，价格是不能便宜改变的，但是为了表达你一直以来对我的支持，我会为你准备一份精美的礼物。”

这样说会让顾客更加相信你，并继续购买你的产品。因为微商要相信自己的魅力，相信自己一直以来的为人和对人的真诚。微商只要做了自己该做的，即使顾客最终放弃了你，你也不会感到难过，因为凡事用心过、经历过就好。

而且微商在销售的过程中，收获的不仅仅是金钱，收获更多的是无价的友谊和信任感，微商要先做人后做事，先做好自己就一定能有很大的收获。

微商与顾客朋友面对面交流的时候，一定不能表现出很想成交的样子，说话要婉转。例如，姐妹们在一起玩的时候，主动提到了自己的皮肤，这时微商首先用心看一下她的肤质，千万不要直接对她说：“你的皮肤好干、好差，需要敷面膜。”这样好友就会觉得你就是想卖面膜，不是真心地去关心她。微商可以这样说：“亲，你最近皮肤红润、气色也不错，肤质总体来说也不错，唯一美中不足的就是毛孔有点粗大，要是把毛孔粗大这问题解决掉，那就更完美了。”这个时候，朋友听着也会感到舒服、悦耳。

因为微商夸赞了她，也真实说出了她的美中不足，如果她想要更完美，那就会真心与你交流，问你该怎样解决掉毛孔粗大这个问题。这时，微商就可以推荐自己的产品了，最终达到成交。所以，微商要多花心思去搞好人际关系、多和朋友交流、提升自我形象魅力、当微商做到以上这些，想要增加零售或招代理，就没有那么难了。

4. 将零售顾客转化为助理

微商除了提升自己的零售技能，还可以将零售顾客转化为自己的助理。注意，是助理而不是代理，代理会有很多人不愿意做，因为代理需要投入资金和精力。所以这时，微商可以把零售顾客转型为助理，让他感觉没有压力。

微商可以在顾客购买产品之后，与他们交流时这样说：“你就是帮我推广一下，推广之后我给你一些奖金表示感谢，或者你推广销售多少盒产品之后我送你一盒产品。”微商提供这些条件之后，一般会有一些零售顾客是会动心的。

9.5 微商品牌快速导入实体店

微商品牌想要快速导入实体店，就必须了解以下 7 点。

9.5.1 通过地推高效增加数量让用户了解产品

微商想要自己的品牌进入实体店，首先要让用户了解产品，而最有效的方法就是通过地推高效增加数量，扩大品牌的知名度。微商如何做地推在第 6 章已详细介绍，这里就不再赘述，下面主要介绍地推增加数量主要注意的 3 个方面。

1. 地推要有趣味性

趣味性可以增加用户的记忆点，当看到微商的公众号或 App 时，能够回忆当时的体验过程，就让产品与用户之间有了关联和熟悉感，而不是感到陌生。

例如，笔者在新加坡时，新加坡机场有一个夹海洋球的展位，只需要用登机牌就能兑换两个游戏币，可以夹两次海洋球，夹中的海洋球每一个里面都有对应的奖励。当时我在第四个币的时候夹中了，特别兴奋地去兑奖，工作人员告诉我是去对面的化妆品店领取，最后领到一套护肤小样。

这件事已经过去很久了，但直到现在我还有印象，并记得过程的细节。这就是因为他不仅仅是赠送小礼品，还有游戏可以玩，让人感到有趣。尤其是女孩子最喜欢这种夹娃娃的游戏，夹到礼品肯定会非常高兴、会有优越感，就会把自己的奖品给朋友看，从而让更多人知道产品，增加产品的知名度。

2. 让用户参与地推

微商地推的目的是吸引顾客，让他们了解产品、购买产品。如果用户愿意停下脚步关注产品，微商却给他们设置一道很难的任务，那么用户也就“有心无力”，就不会去了解或购买你的产品。

例如，某品牌在地铁口做地推，奖励很丰富，是一箱牛奶，但需要下载 App，然后下单后才可以领取奖励。这个品牌提供的是类似美发团购的服务，也就是下单剪头发或做发型，但是为了一箱牛奶而去剪头发、做发型，这样的门槛有点高。

如果改成试戴假发，然后发朋友圈重点说品牌名称，就可以领一瓶牛奶，这样可能会有更多的用户参与，更好地扩大品牌名气。

3. 让用户体验产品

微商想要用户真心去推广产品，就应该让用户体验产品服务后进行评价，这样才能转化为真正的有价值用户。

例如，某微商摆了一个展台，扫码关注公众号就可以免费品尝一根手工雪糕，还可以选择一种涂层酱和 3 种碎糖。用户吃到雪糕后，感觉口感非常好，就会对这个品牌产生好感，而且可能再次购买。

所以，微商在做地推的时候要让用户体验产品。当然，微商必须保证产品的质量，因为用户购买的动力是好的产品。

9.5.2 如何实现微分销的快速增加数量推广

现在市场上最直接的微分销增加数量方式就是软文营销，通过编辑高质量的文章来提高读者可读性，软性广告语可以加深用户的印象，从而实现增加数量工作。在微信分销系统的软文营销中，需要注意以下 3 点。

1. 保持软文的原创性

微商那些已经流传到各个朋友圈的微信内容，用户都已经看腻了。如果微商的分销商城也推送这些人云亦云的内容，会很难再找到潜在客户。不仅会失去用户对微商的信任，同时也会失去微商的品牌价值，得不偿失。所以，微商产品引入实体店分享的文章应该是原创的，这样会更吸引用户去关注。

2. 编写的软文内容需要结合自己的独特看法

做过营销推广的人都知道，软文最重要的是可读性，让读者不反感的广告内容。俗话说，没有营销目的的营销才是最好的营销。微商在软文编辑时，首先可以适当地结合时下热点新闻、社会话题，加上自己的一些独特的观点看法，以最快的速度传播出去。其次，内容一定要有自己的价值在其中，空洞的软文是没有任何的营销效果的，所以，质量高、观点独特、劲爆热点、有价值才能满足微信用户的心理，使用户愿意去帮助我们分享。

3. 用户的体验感同样重要

有些微商在做微信分销系统增加数量的时候，随便找了一篇文章稍做修改就往外发，结果不仅被投诉抄袭，更被一些用户厌恶。微信在 2013 年 12 月 31 日出台了《关于诱导分享行为的公告》，公告中很明确地提出了“反对不正当利用公众号群发消息的功能破坏用户体验的行为”，而在进行微分销增加数量营销时，通过群发消息等手段诱导用户分享，微信是坚决反对的。所以，微商在做微信分销系统增加数量时需要注意这一点。

9.5.3 如何一招快速实现微信增加数量和变现

古语有云：做事要快、准、狠。所以，微商在用户需要你或对你感兴趣的时候就应该把他变现，这才是明智的选择，不需要等，不需要“养”。

微商可以通过文案写作快速实现微信增加数量和变现，当然不同的文案有不同的“套路”，如销售文案的一般“套路”是以下 6 个。

① 吸引注意。

② 价值传递。

③ 成交主张。

④ 需求匹配。

⑤ 解决信任。

⑥ 行动明确。

例如，有一个公众号名称为“巨划算流量”，是通过各种送流量的方式去增加数量、促活的，如签到送流量、关注送流量、抽奖送流量、分享送流量等。这个流量充值只是流量平台变现的一部分，这个平台的主要价值和意义在于为企业提供各种营销解决方案，应用场景有以下 5 种。

① 外部推广吸引用户来关注商家微信。

② 活跃老“粉丝”、让老“粉丝”带来新“粉丝”。

③ 帮助商家微信或 WAP（Wireless Application Protocol，无线应用协议的缩写）平台积累注册用户。

④ 帮助商家 App 或手游端积累注册用户，提高下载量。

⑤ 用于线上或线下推广互动小游戏、预约报名、问卷投票等任务，商家使用独立二维码，赠送流量，增强活动宣传效果，提升品牌曝光量和转化率。

送流量有时比直接发红包管用多了，而且用户黏性、持久性较好，在这个“坑”流量的移动互联网时代，对于很多用户来说，手机流量已经成为他们需求的“硬通货”。

所以，微商品牌想要快速导入实体店，首先可以通过送福利来实现增加数量，并同时推出相应服务变现。微商可以去了解用户有什么需求，利用他们的需求设置小福利，让用户关注产品、关注实体店公众号分享的信息。

9.5.4　标准化的导购销售内容

微商实体店的导购一般的工作内容和注意事项都是什么呢？下面进行详细介绍。

1. 导购员产生的必然性

导购员的出现是“买方市场”和“渠道经济”的必然产物。“买方市场”是指商品供过于求，卖主之间竞争激烈，买主处于主动地位的市场。而“渠道经济”方面其实与“买方市场”也是一脉相连的：由于买方市场的形成，致使渠道终端经销商的“地位”日益“显赫”起来，于是终端商不但在价格、展台、POP等资源上提出要求，还要在终端建设、出货能力等方面予以强调。

厂方往往出于维护终端形象和保障出货能力等因素的考虑，不得不屈从于终端商的“叫板”，一方面，派驻导购员也往往成为厂方迫使终端商打款、结账和提供更好位置等条件的有效砝码。

导购工作是完成整个销售工作的重要环节，是实现商品与货币交换的过程，导购员正是实现销售工作的关键人物。让顾客从衣兜里掏出钱来购买公司的产品是一个艰难的过程，导购员必须有充足的理由让顾客愿意购买产品，并让顾客感到他所购买的产品是物超所值的。要做到这一点必须详细、耐心地讲解所售产品的功能，并让顾客明白这种功能正是他需要的。做到这一点需要导购员在促销过程中运用大量的促销手段和促销技巧。

另一方面，导购员是顾客能接触到的唯一的厂家人员，导购员体现着公司形象，顾客在未深入了解产品前，他对公司的感知直接来自导购员给他的感觉和印象。导购员良好的导购服务可以为公司培养大批忠诚的顾客和提高品牌知名度，并且可以培育潜在的市场，因为良好的促销服务可以使顾客做到以下 3 点。

① 顾客重复购买。

② 顾客相关购买。

③ 顾客推荐购买。

著名的销售数字法则“1：8：25：1”，即影响 1 名顾客，可以间接影响 8 名顾客，并使 25 名顾客产生购买意向，1 名顾客达成购买行为。依次类推，如果导购得罪了 1 名顾客，那么也会带来相应损失，而损失需要你付出两倍的努力来弥补。由此可见向顾客提供优质产品和满意服务是每一位导购员的重要职责。

2. 导购员与传统售货员、促销员的区别

导购员与传统售货员、促销员的区别如下。

① 传统售货员。传统售货员属于计划经济的产物，他们往往仅以单纯销售为中心，机械性有余而主动性不足，对终端形象的建设和维护，以及与产品相关的品牌宣传涉及不多，服务意识也不是很强。

② 促销员。促销员是一种特定活动时间内的短期行为，一般是做促销活动时临时聘请的，并且往往是活动一结束，人员自动解散，双方很难有系统的沟通。对这类情况，通常是厂方不愿投入太大资源去培训，而他们也往往不屑于去了解太多。

③ 导购员。导购员通常是一种长期行为，从某种意义上来讲，他们是处于某一特殊环境的业务员，是直接面向顾客的终端业务员。她们有一定时期内（如一年或两年）的稳定性，在具体的工作中通过现场恰当的举止和优质的服务，给顾

客留下美好的印象，从而树立良好的品牌形象和企业形象，使顾客当场购买或在未来形成购买冲动。同时，导购员又通常负责所在卖场的终端建设与维护，并适当协调客情关系。

3. 微商实体店导购的工作内容

一般微商实体店导购的工作内容有以下 6 点。

① 宣传品牌。导购通过在卖场与消费者的交流，向消费者宣传本品牌产品和企业形象，提高品牌知名度，同时也可以在卖场派发本品牌的各种宣传资料和促销品。

② 产品销售。导购可以利用各种销售和服务技巧，提高消费者的购买欲望，增加产品的销量。

③ 产品陈列。导购员要做好卖场“生动化”、产品陈列和 POP（Point Of Purchase Ad，卖点广告）的维护工作，保持产品与促销品的整洁和标准化陈列。

④ 收集信息。

- 导购员要收集顾客对产品的期望和建议，及时妥善地处理顾客的异议，并及时向主管汇报。
- 收集竞争品牌的产品、价格和市场活动等信息，及时向主管汇报。
- 收集卖场对公司品牌的要求和建议，及时向主管汇报，建立并保持与卖场良好的客情关系，获得最佳的宣传和促销支持。
- 了解卖场的销售、库存情况和补货要求，及时向主管和经销商反映。

⑤ 填写报表。完成日、周、月销售报表及其他报表填写等各项行政工作，并按时上交主管。

⑥ 其他。完成主管交办的其他各项临时任务及卖场安排的其他有关工作。

4. 导购在工作时需要注意的事项

微商实体店的导购在工作时，需要注意以下 18 点。

① 在与顾客打招呼时，口气温和、语气适中。

② 给顾客一个微笑，让顾客感到惊喜。

③ 不要跟在顾客后面，要从正面接触顾客与她打招呼及介绍产品。

④ 要从心里欢迎顾客，不要诋毁顾客，不要随意估量顾客的“身价”。

⑤ 对于没有买东西的顾客也要礼貌对待。

⑥ 顾客完成交易后，等待顾客所有东西放好后，在将购物袋双手递给她，一定要让顾客拿着方便。

⑦ 如果账台与门之间有一定距离，可以将顾客送到门口。

⑧ 介绍产品时，可以给顾客拿两款以上货品试用。

⑨ 与顾客交流，为顾客服务，都必须是有价值的。

⑩ 要站在顾客的立场上为他们着想。

⑪ 成交时询问客户是否有其他需要，促进二次成交。

⑫ 尽量能留下顾客资料，为下次成交做准备。

⑬ 记住店内每件货品的特征、颜色、价格、质地、做工、尺码，位置，可以搭配哪些其他货品。

⑭ 每次有新品来时，都应注意该货品有哪些特点，哪些地方和其他货品有不同或相同点。

⑮ 每次有新品来时，最好能试用一下。这样介绍起来货品有亲身感受，会给成交率带来机会。

⑯ 避免说出顾客的身体缺陷。

⑰ 在介绍货品时，尽量展示货品对顾客的好处。每件货品在设计和选料时都有其特点所在，如顾客不喜欢这款可以为其挑选其他款式或颜色，而不能指出货品的缺陷。

⑱ 可以多了解顾客，在介绍货品时会多一些话题。

9.5.5 一个可复制的微商模式——有执行力

微商总是把时间用在寻找更好的方法中，殊不知，很多被忽略的方法可能是最有效的，因为他持久而不会淘汰，也不需要太多的脑力，所以想要成功只需执行力就可以了。

下面介绍一种“傻瓜式”的微商模式，之所以称为“傻瓜式”，是因为这个方法与你的聪明无关，只要坚持就可以成功。

1. 建立生态矩阵

这个生态矩阵的模式是：个人号+朋友圈+公众号，就是微商常说的流量池，个人号用来增加数量，朋友圈用来促活，公众号用来留存。

微商可以通过个人号不断加好友，然后通过转发公众号的文章到朋友圈，来留住顾客。这个公众号是指自己建立的微信公众号，目的是为顾客提供有价值的信息，使顾客能够沉淀下来。

2. 坚持“拉新、留存、促活”

微商增加数量、增加“粉丝”数量，最好的方法就是可以复制的方法。微信中的加新好友的最好方法就是去群里加好友。这个群一般是 QQ 群，微商根据需要顾客的属性找到精准用户群，然后根据群里的用户 QQ 号，来添加好友。一般每天可以添加 10 个好友，添加完后，最好可以与顾客聊天沟通。

如果微商一天添加 10 多个精准的微信号，那么一个月就是 300 多个，一年时间就可以把微信好友加满。如果微商同时操作 5 个微信号，那么一年就可以有 5 个加满好友的微信号，之后在通过这 5 个微信号增加数量，会比较容易。

当然，微商从 QQ 加来的好友是需要时间维护的，不然他们会把你屏蔽或删除。那么怎样维护加来的好友呢？这需要微商有这些用户感兴趣的东西，一般的做法是把公众号的文章转发到朋友圈，因为微商公众号的内容就是根据用户喜好来制定的。

除了用内容来留住顾客外，微商还可以建立微信群进行长期维护，也可以通过活动建立临时微信群进行互动。平时微商还要养成一个习惯，就是经常给顾客的朋友圈点赞留言，尽可能多地与顾客建立连接。

3. 成交不是刷出来的，而是沟通出来的

当微商需要集中销售产品时，可以将信息进行群发，但是群发消息的频率不要太高，否则“掉粉”也会很厉害。当微商有新品上市的时候，可以来一次群发；换季清仓的时候，也可以来一次群发。群发消息后，会有一些客户主动回复，这时候，我们要把握机会，好好进行沟通，最好事先能准备好一套沟通的话术。

微商要注意，单子都是沟通出来的，不是靠朋友圈刷出来的。很多朋友天天刷朋友圈，但从来没有与顾客一对一地沟通过，也没有使用过群发功能，能主动购买的顾客少之又少。

9.5.6　线上微商线下实体结合

如今，微商发展的人数越来越多，如果依靠传统的增加数量，将会有一大批微商会走到尽头，行业的竞争使得增加数量的成本越来越大。那么微商该怎么做？笔者觉得线上微商与线下实体结合才是微商的本质，不仅解决了增加数量的问题和顾客的信任度，规避了货品质量问题，还能真正做到根正源清。

“从线上微商到线下实体，最后再回归线上”广义上讲，实体微商是指微商与实体店互相融合的一种渠道组合模式。狭义上讲，实体微商是指专门针对实体渠道推出的微商品牌。在微赢集团董事长刘兴隆看来，实体微商主要包括以下 3 个方面。

① 培训线下化：线上培训转向线下培训。

② 实体店加整合：微商实体化与实体微商化。

③ 线下流量导入：通过地面推广进行流量的增加数量与导入。

相比较而言，微商实体化的概念提出要早一些。从 2015 年下半年开始，微商竞争日益激烈，单靠线上销售已经越来越难出货了，很多团队开始开发线下市

场，一些微商品牌也相继开拓线下渠道，做起了实体微商。

而实体微商，很多人认为它与传统意义微商最根本的区别就是，它是可以摸得着看得见的。例如，某微商网站通过平台进行产品的介绍宣传，同时可以满足顾客的试用及参观需求，平台可以在各大城市开设独家授权实体店，这既可以成为一个品牌展示的窗口，也是顾客了解、试用的服务机构，但实体店并不销售，所有交易都在线上平台进行。这不仅规避了货品质量问题，还能真正做到根正源清。

不少业内人士认为这是一种O2O（Online To Offline）方式，即从线上微商到线下实体，最后再回归线上。不管实体微商是不是O2O模式，显然，不少微商品牌还是愿意做实体微商，尝试与线下实体接轨。微商的货源能够为线下实体店增加客流、提高留存率和复购率。而实体店则是天然的流量集散地，优秀的实体店是在经营“人”，用现在最流行的说法就是“粉丝”，“得“粉丝”者得天下”。尤其是对于微商来说，依托于成熟的实体店能够避免一味靠刷朋友圈获取客源，同时也在一定程度上解决了消费者的信任危机。

同样，就像前面提到的例子，实体店也是完全可以借助微信来销售的，实体店与微商是有天然互补性的，有实体店的不会微营销，做微商的又缺少流量，所以两者合作堪称完美。极致单品和移动分销是微商的两个核心，也是两把利剑。这两把利剑同样被实体微商所掌握，而实体微商强调的实体店，在体验、物流、培训等方面具有的支撑性是单纯微商所无法比拟的，这也是广义实体微商最为看重的。

对狭义实体微商而言，实体店从业者的专业性，以及他们拥有的精准而庞大的消费群，是一般“下线”所没有的，既然要找“下线”，这些实体店的店主和店员就是最好的选择。

对于实体店而言，微商曾经是自己最大的敌人，抢顾客不说，还把自己的员工发展成竞争者。既然担心微商，为何不引进微商，“以其人之道还治其人之身”。既可以阻止微商对顾客和员工的抢夺，也可以盘活VIP数据，为自己和店员创收，还可以增加数量到店，扩大消费群。

对于部分对微商持负面观感的实体门店而言，实体微商接受起来相对容易，这是一个了解微商的切点，投入少、操作简单，而且就算不通过“下线”卖货，也可以放在店里销售。

同时，很多微商品牌也开始将推广从线上转移到线下，开始重视地推。除了常见的明星代言、演唱会等活动外，一些微商品牌还会给线下的体验店输出到店体验顾客。所以，从这个意义上讲，实体店与实体微商有着天然的同盟关系，这也是实体微商的第三把利剑。受微商影响越大，实体店与实体微商的同盟关系就越紧密，实体微商的“第三把利剑”就越锋利，实体微商兴起的速度也就越快。

9.5.7　微商品牌跨界导入实体店铺要点

微商的产品必须要落到终端消费者手中，不能靠让代理压货去赚他们的钱，也就是说让微商的本质去“卖货”。所以线下铺货就是打开终端市场，因为实体店能够最直接地接触到终端消费者，这些顾客累积起来可以给微商持续带来稳定销量，也就是微商所说的复购。下面介绍微商品牌跨界导入实体店铺的几个要点。

1. 如何开始线下铺货

下面介绍线下铺货的基本流程。

（1）选择实体店店铺。选择实体店店铺在前面已有详细介绍，这里就不再赘述了。

（2）做好准备工作。需要准备产品的相关信息：包括公司的文化背景、营业执照、卫生许可证、产品通过药监局检测的证明、产品的一些证书、产品的成分和功效，还有授权书，部分实体店铺货的照片（最好是同城熟悉的），这些最好都打印出来，会让老板觉得你的产品是正规的、有市场的。

（3）与老板谈论分配利益。微商一般需要给老板至少 50%的利润，因为给老板的利润越大，老板给产品推广的力度就会越大。至于分配利益，可以根据各自的产品利润去分配。

（4）让店铺老板主动销售产品。

下面介绍 3 个主动让店铺老板销售产品的小技巧。

① 微商自己可以先带动几天，因为店铺老板一开始是不熟悉你的产品的，所以前期微商自己需要辛苦一些。

② 微商可以适当地给卖货的人（不是老板）一些提成，提升他们的积极性。

③ 微商可以让自己的熟人去店面逛逛，装作无意地问“老板你这里也有这个产品啊，老板我现在在用这个产品，你这个价格怎么样”“和网上价格一样啊，等我用完以后就到你这里来买”等之类的话，让老板感觉这个产品很有市场、能赚钱。这样也就会用心去推销产品。因为一个陌生的产品刚开始要打开市场，是需要一些有名气的体验者和推广者，用来衬托出这个产品卖得很火爆，也算是一种营销技巧。

2. 售后：铺货成功后，如何促进销售

微商铺货成功之后，想要促进销售需要做到以下 5 点。

（1）关系维护。

① 微商要获取店铺老板的信任，与老板之间要真诚。

② 微商的专业知识必须要精通，最起码对功能介绍方面的常识要掌握，让店铺老板知道你自己对产品的独特见解，证明自己很专业。

③ 微商要考虑老板的利益，不要只想铺货能赚多少钱，而不管店的大小、人流量的情况，使劲地往里铺货，要与店铺老板沟通，不要让老板囤货，让他感觉有压力。

④ 微商不要一味谈生意，这样会让店铺老板感觉你是一个很注重利益的推销人员，给他留下不好的印象，从而影响下一次铺货。

⑤ 与店员的关系维护，因为店员是在推销，店员首先接触消费者，如果消费者需要这方面的产品，店员首先介绍我们的产品，这样促成的销售率就会比较快。

所以，微商要维护好与店铺老板之间的关系，让他成为代理，维护好店员的关系，让他大力推产品。

（2）拜访时间。

很多人在买东西的时候可能都是一时冲动，微商在实体店推广产品时也是一样，老板可能一高兴就会接受你的产品。如果微商只是将产品放在店铺，对产品销量不管不顾，也不去拜访老板，也许产品在店铺中只会变成一个摆设。所以，微商一定要定期做一个回访。

拜访的时间，第一次铺完货，拜访时间最好不要超过 3 天，要趁热打铁，而且回访证明微商对这个产品的关注度和态度，而不会让老板觉得把货放下就不管的感觉，这也能增强与老板之间的关系。

假如微商第一次拜访没有成功，可以进行第二次拜访和第三次拜访。当然拜访时要注意技巧，特别是第一次没有成功时，产生不想再去的心理，这也没什么，如果微商觉得这个店很好，会给你带来利润，你完全可以再拜访第二次。但是，第二次拜访时不要直接把产品体现出来，而是主要推销自己，让他觉得你这个人值得信任，让他认为你不是以赚钱为目的的。

（3）陈列的布局。

微商把产品摆到店里之后，要让大家看到产品，还可以找一些类似于超市中用的爆炸贴、特价贴、促销用的价格贴、可爱的小贴纸，放在产品旁边，增加产品的关注度。对于大店可以放展架，可以更好地宣传你的产品。

微商在铺货的时候要有针对性，不要挨着几家店都铺货，尽量选择一家生意较好的，能促进成交率的店铺。另外，微商要选择对产品重视的、愿意主动推荐产品的店铺来铺货。

（4）专业化的服务。

铺货的时候，店主是通过微商的介绍和宣传单上的内容了解产品的，但是产品的具体细节或其他的问题还不了解。因为顾客会提出各种的问题，店主可能会答不上来，所以微商要把问答话术整理打印出来。可以直接打印放在店里做参考，一定要整理的面面俱到，让老板感觉你在这方面是一个很专业的人，因为现在的顾客消费水平相对都比较高，特别注重产品质量和销售员的专业。所以，微商准备这些都是很有必要的。

（5）售后服务。

售后服务一定要跟上，一个好的产品一定要有好的售后服务，否则生意肯定做不长久，消费者买到产品如果有什么问题可以到店里调换。微商一定要提前与店老板协商好，但不是无条件调换，一定要是产品确实有质量问题才可以。

当微商把这些问题全部做到了，那么后期事情就会比较少。

3. 微商为什么要线下铺货

微商基本都是在线上卖产品，导致现在线上竞争越来越激烈，尤其是刚从事微商的人，线上的产品基本卖不出去。微商的本质是卖货，线下铺货相当于多一个销售渠道。

下面介绍 5 个线下铺货的优点。

（1）线下铺货省心省事。

线下渠道铺好，实体店老板会让微商很省心，他们连微商是什么都可以不必知道，而且不需要给他培训，只要简单地介绍一下产品的相关信息，他们就可以开始卖货了。微商不需要去考虑流量和销售的问题，因为每个实体店的老板都有稳定的客源，比微商向线上的陌生人推荐产品容易卖得多，而且实体店里买东西，更让人觉得有保障。

例如，如果一个店一个月能够帮助微商获得 500 元利润，则只要找到 20 家店，一个月的收入就能上万。这样你只需每天谈一家店，每个月还可以休息 10 天。而且店铺老板在前端卖货，微商只需要去开发一下渠道即可。

（2）线下铺货更加好卖。

老板看到微商的价格之后，就算他们去网上查价，发现价格和网上一样，那么他们肯定会选择购买你的产品，因为他也担心万一在网上拿到了假货就会毁了店面的信誉。所以，微商开发线下店铺还有一定地域优势。店铺老板就是微商非常稳定的市场铺货渠道，而且线下顾客更相信实体店铺。

（3）产品落到终端市场。

微商的本质是产品落到消费者手里，不能靠让代理压货去赚钱。通过线下铺货，可以快速打开终端市场，这些实体店能够直接接触到消费者，而且累积的顾客可以给微商带来持续稳定的销量。

不论是老代理还是新代理，只要将线下铺货做起来，销量就会上去，就能赚更多的钱。

（4）更多的顾客和代理。

通过线下铺货，微商可以接触到很多人，就算在很多店铺铺货不成功，也可以多交一个朋友，锻炼自己的社交能力。而且还有些“心肠好”的老板，会把一些想做微商的人介绍给你。

（5）线上更加好招代理。

微商在线下渠道铺货以后，产品在店铺上架售卖。此时微商再去线上推广，如在朋友圈中分享线下铺货的图片。这些图片不需要刻意地美化处理，不仅是你实力的见证，而且能够起到很好的增加数量作用。如果微商想要把线上做好，那么一定要先做好线下。做好线下布局后，线上自然就有分享的素材，然后把这些东西拿到线上来“炫耀”，这样就会带动线上的成交。

4. 线下铺货常见的几个问题

微商发展到现在，竞争日益激烈，单靠线上销售已经越来越难出货了，很多团队开始开发线下市场，但由于缺乏经验，开发过程中碰到了非常多的问题，让不少试水的小伙伴心灰意冷，因此微商一定要做好以下几个方面。

（1）铺货小技巧。

在店铺铺货时数量不宜太多，一个店铺放 1～3 个产品，卖完之后，他们尝到“甜头”就会主动找你补货。当老板主动补货时，就可以让他们出钱，自然以后的销售你就不用操心了。重点是前期做好客情维护，让这个店铺的产品卖出去。

（2）老板的怕麻烦心理，怎么办？

微商与老板聊天的过程中，老板可能觉得你说得好，你的产品也好，但就是怕麻烦，不想让你在店里铺货。这个时候，微商要解决他们这种怕麻烦的心理，如可以在产品上面贴微信二维码，让感兴趣的顾客直接扫码联系微商本人，了解产品的具体情况。

（3）面对老板拒绝的时候，如何应付？

微商一开始谈判不要谈免费铺货，要有一个层次递进关系。在老板犹豫的时候，如果不是因为利润问题，而是怕压货的情况下，微商就可以告诉他们可以免费铺货，等货卖出去后再结算，这就相当于零风险，做到利益最大化。

如果老板对合作交易还有疑虑，此时你可以再退一步，这样跟他说："我先把产品放你这里 5 天，5 天没卖出去就拿回去。"

如果老板还不同意，你还可以说："老板，我放×××押金在这里，如果一个月没有卖出去，这×××押金就算给你的租金。"这里的重点是，无论如何一定要让货先铺进去。

（4）谈成的店铺，如何打广告。

微商可以在美团或大众点评里找到投放产品的店铺，去平台上购买产品，然后在评论里说："老板人不错，而且店内推荐的产品也好。"这样就可以用好评吸引其他顾客，同时也让店铺老板"安心"，让他相信这个产品是有市场的。

Chapter 10

第 10 章

自品牌：塑造强信任度的个人品牌

做微商必须走个人品牌之路。如今，自品牌 IP 营销的概念得到了很好的扩展，很多个人品牌爆款 IP 都能够凭借自己的吸引力，来摆脱单一的平台束缚，在多个平台、区域获得流量和好评。

本章主要介绍打造自品牌的前提要求、营销策略、增强顾客信任的方法、需要培养的能力、变现方法，以及通向成功的要素，这些都是微商的终极秘诀。

打造自品牌的 5 个前提
自品牌的 5 个营销策略
增强信任的 7 个有效方法
自品牌需要培养的 6 个能力
微商自品牌的 13 种变现方法
自品牌通向成功的 7 个要素

10.1　打造自品牌的 5 个前提

微商最头疼的事情，莫过于没有“粉丝”了，因为没有“粉丝”就没有客源，没有客源就不会有成交，没有成交就赚不到钱。那么，微商应该如何让“粉丝”主动加自己呢？最好的方法就是打造自己的个人品牌，下面介绍打造自品牌的 5 个前提。

10.1.1　好的名称

一个好的名称，方便传播，可以让微商的知名度提升几倍。例如，“卖米的富哥”，看微信名就知道是卖米的微商；再如，“农味网的阿文”，看微信名就知道是代理农产品的微商。

微商微信昵称的取名原则可以是“所从事的行业（或产品）+你的个人名称”，最好不要直接用店铺名称和很难识别的英文名称。此外，微信号不要太复杂，建议用数字或简单的英文字母，方便顾客加你微信。

10.1.2　好的产品

微商打造自品牌除了要有好的名称、让顾客熟悉你之外，还需要有好的产品，好的产品会让顾客信任你，从而放心购买你的产品。

1. 选择产品

做微信营销，选择产品非常重要，所选产品最好能具备以下几个特点。

① 毛利高：保证有 50%的毛利，甚至越高越好。

② 竞争少：如地方特产，市场竞争优势大；如衣服、鞋子等，建议不要在微信上销售，因为竞争压力比较大。

③ 质量好：产品的品质有保证。

④ 大众需求：顾客都可以有需求，如吃的产品，人人都愿意尝试。

⑤ 易传播：在微信上不方便写太多文字、放太多图片，所以产品介绍能在 200 字以内说清楚是最好的，也方便顾客记住。

2. 熟悉产品

微商在选好产品之后，还必须熟悉自己的产品，并且能够把产品的卖点提炼出来。例如，家养的板鸭，它的卖点是什么？主要可以提炼以下几个优点。

① 散养土板鸭，健康、安全、好吃。

② 传统工艺制作，无任何有害物质添加。
③ 豪华礼盒包装，送礼显得高档。

3. 产品载体

微信不方便下单、付款，那么微商要做好以下几个准备。
① 开通支付宝账号。
② 申请微信公众号。
③ 请专业的公司开发微店。
④ 准备多个银行账户。

4. 其他问题

① 发货问题：产品包装、寻找快递等。
② 售后问题：售后流程、售后服务等。
③ 产品的素材：包括文字、图片等。

10.1.3 内容创作

一个好故事、一条有号召力的帖子、一篇充满感情的博文，都是微商或企业团队在打造自品牌的“路程”中制胜的“法宝”，而且通过这些内容可以让你在零成本的情况下获得更多利益。

10.1.4 “粉丝”基础

如今，市场经济已经从“得渠道者得天下”转变为“得用户者得天下”的时代，这一切都是互联网发展带来的结果，它彻底打破了以往封闭的经济模式，形成了一个新的、开放的、“用户为王”的经济时代。

在互联网时代，很多自品牌都拥有自己的顾客，优秀的微商自品牌拥有的是用户，而爆款微商自品牌则拥有众多会为自己说话的“粉丝”，这些“粉丝”就是自品牌 IP 营销衍生产品或品牌最好的代言人。因此，要想打造自品牌，微商或企业还需要掌握强大的“粉丝”运营能力。下面介绍微商自品牌“粉丝”运营流程。

① 自品牌定位。
② 自品牌策划。
③ 自品牌内容输出。
④ 自品牌营销推广。
⑤ 互动分享。
⑥ 数据检测。

⑦ 数据分析。

在整个自品牌“粉丝”运营的流程中，如何提升“粉丝”活跃性，让“粉丝”参与内容互动是“粉丝”运营的重中之重，下面介绍几个技巧。

① 增强互动性。通过有价值的干货分享、红包、有奖活动、投票等方式，提升“粉丝”的互动交互感。

② 策划优质活动。加强活动策划能力，活动要提倡“参与感”，不断通过活动提升 IP 影响力。

③ 搭建运营团队。对于“粉丝”人数较多的 IP，最好构建一个专业的运营管理团队，制定相关的规定，使其可以健康地发展。

④ 调动用户参与。通过有趣好玩的内容吸引用户，在内容中灌输分享概念，让用户帮助你传播扩散内容。

⑤ 整合资源借势推广。善于乘势、用势、借势、造势，聚力整合社会资源，借势发力扩散到各种社交媒体。

⑥ 建设人际关系。通过大数据进行技术的传送，利用新媒体平台传播和交流信息，加强“粉丝”关系。

10.1.5　品牌个性

微商自品牌需要个性，具体体现在品牌以其超强的独特性和辨识度在用户心中形成品牌象征和品牌印象，并与同类经营者形成显著的差别，从而让目标用户一想到某一领域时，便会马上想到有个性的微商品牌。

个性微商品牌的打造关键在于营造出有别于同行的运营形象，具体表现在品牌的独特性和超强的辨识度，从而通过品牌特征的营造，在目标用户心中留下深刻印象，强化了微商品牌的地位。

例如，一说到原创型视频平台，许多人想到的可能都是“爱奇艺”，所以当其推出小程序之后，很多人都会习惯性地进行查看。

自品牌打造时，在内容风格写作的个性规范中，强烈要求写出自己的独特见解、独特视角、独特态度，严禁抄袭，在内容写作和品牌经营中，个性的定义是相通的，都是要做出自己的独特感和辨识度。品牌对于独特感和辨识度的追求，已经强化到连品牌 LOGO 也要做到独一无二，甚至对于商标被侵权的保护已经被明确立法了。所以，微商在打造个人品牌时，一定要有自己的风格。

10.2　自品牌的 5 个营销策略

在微商做好打造自品牌的5个前提之后，要学会自品牌的营销策略。下面详细介绍自品牌营销的 5 个策略。

10.2.1 个人品牌

顾客既然能和微商成为朋友，能够加入你的朋友圈，肯定是认可你这个人的，或者是想和你成为朋友的。所以，微商和顾客不管是认识的，还是不认识的，首先要让顾客知道你是一个怎样的人。

微商其实也是销售，那么做销售首先要把自己推销出去。所以，微商在微信朋友圈不能只发产品的宣传内容，还要把自己的个人生活、生活感悟等分享出来，让顾客知道你是一个怎样的人。当然，分享的东西必须是正面的、积极的、正能量的，这样便于微商塑造自己的个人品牌。

10.2.2 情感策略

当顾客知道你是一个怎样的人，对你产生了好感，这时微商就可以很好地利用顾客对自己的好印象，进行一些产品的推销。但是，这个过程要循序渐进，不能一天发很多产品的宣传，因为这样很容易让顾客反感。

不管是哪个朋友购买了产品，也不管买了多少，你都要感谢他们。朋友支持你，也许不是因为你的产品好，而是认可你这个人。所以，微商要知道，他的这次购买，是你欠他一个“人情”，记得之后要偿还。因为，一个懂得感恩的人，才能得到人家的尊重和继续帮助。

10.2.3 互动环节

在朋友圈里，微商要让朋友圈好友知道你的存在。例如，你的好友发了一个内容不错的朋友圈信息，微商可以给予评论，如果不知道评论什么就点赞。

每个人发微信朋友圈，无非是想知道有多少人在关注他，如果微商经常与顾客互动，顾客就会对你产生好感，这是非常重要的行为。微商可以在朋友圈发布一些内容与自己的微信好友进行互动，如点赞送礼等。

10.2.4 电商营销

自品牌是微商发展的高端目标，因为尽管品牌与品牌之间也有高低之分，但是拥有品牌才能够拥有行业内的话语权。所谓的高端目标，是指高端市场，拥有了品牌才有进入高端市场的通行证，微商市场也是同样的道理。

1. 自品牌是电商的运营核心

微商自品牌的树立，可以为电商的运营带来一些优势，主要表现在品牌的树立可以让品牌服务具有说服力、品牌文化具有公信力和品牌实力具有竞争力，从而提升运营的说服力、公信力和竞争力。

品牌为电商的运营提供了说服力、公信力和竞争力，这些优势使得微商平台能够进入高端市场，但微商的运营进入高端市场后，依旧要以品牌为运营的核心，原因有以下两点。

① 电商运营需要更加完善：品牌的说服力、品牌的公信力。

② 电商运营需要不断升级：品牌的竞争力、品牌的影响力。

品牌的树立对电商的运营至关重要，它是运营的核心。树立的品牌就像是放置在用户心中的广告牌，它所起的作用是在用户有需求时，增加用户对品牌的印象，从而让品牌占得先机，在与其他品牌的竞争中赢在起跑线上。

2. 自品牌是电商的增值资本

电商平台实现增值的很重要的一种方式是引进商业融资，但是通常情况下，投资方只有在看到电商平台的融资价值后，才会考虑投资，毕竟从商的人，谁也不会做亏本买卖。而对于许多投资者来说，品牌就是衡量融资价值的一个重要因素。

对于大多数微商来说，个人的力量毕竟是有限的，所以，当电商平台发展到一定程度后，部分电商运营者会选择以融资的方式增加平台的总体实力。

在电商平台的融资过程中，品牌发挥了极为重要的作用。一般来说，微商品牌在融资中的商业价值主要体现在以下 5 个方面。

① 品牌具有用户影响力。

② 品牌具有用户号召力。

③ 品牌具有用户公信力。

④ 品牌本身就具有价值。

⑤ 品牌能提升资本价值。

具体来说，品牌在商业融资中的价值可归为两类，一是可直接变现的价值，包括品牌自身的专利价值和商标价值；二是可直接转化的价值，包括品牌的文化价值升值和服务价值升值。

3. 自品牌是电商的地位追求

品牌是电商的地位追求，是电商能够获得商业融资进入高端市场的通行证和价值资本，有了品牌的微商在业内才有地位。这主要是因为品牌的名气作为实力的一种呈现给目标用户，而受用户欢迎的品牌发展的机会相对更多一些，品牌在行业内的地位自然也会更高一些。

之所以说品牌是电商的地位追求，很大的原因就在于，微商自品牌可以给企业及其他电商平台带来一定的价值资本，这主要体现在以下 5 个方面。

① 品牌是自媒体的经济砥柱。

② 品牌是自媒体的信用支柱。

③ 品牌是自媒体的实力证明。

④ 品牌是自媒体的竞争武器。

⑤ 品牌是自媒体的商业基础。

品牌是微商对自身地位的一种追求，然而这种追求并不是一次性的，而是持续不断的，努力往更高更远的地位攀登的。在电商行业，品牌之间的竞争也是很激烈的，并且有等级之分。

10.2.5 自明星营销

在“粉丝”经济时代，“粉丝”即人气，“粉丝”即市场，“粉丝”即价值，广告合作商邀请明星代言也必须考虑“粉丝”数。这说明，不论是公众人物还是自明星，“粉丝”才是运营中重中之重的核心关键。所以，微商在打造自品牌时，可以先成为自明星，利用自身的“粉丝”，扩大品牌知名度。

1. 自明星的三层境界

当社会信息化进入移动智能时代，每个人都可以成为信息的传播者，信息的发布越来越简易化、平民化、自由化，自明星便应运而生。自明星是指个人通过自媒体平台分享个人的经验和观点，成为让大众所熟知的某个领域的名人，以此来聚集“粉丝”，从而进行不同方式的营销活动。

自明星的经营分为个人自明星、团队自明星、媒体自明星三层境界，不同的境界有着不同的经营能力、营销模式和赢利模式，自明星的经营模式和创业模式是相对应的。自明星的三层境界关系如下。

① 个人自明星：通过个人自明星进行创业的人，以 Papi 酱为代表，成为“网红”，赚“粉丝”经济，同时等待更大商机。

② 团队自明星：通过团队自明星创业的代表人物，以罗振宇为例，既赚“粉丝”经济也经营着自媒体平台“罗辑思维”。

③ 媒体自明星：通过媒体自明星进行创业的人，本身就已经有了一定的人脉和行业积累，起步是非常有高度的。

2. 自明星有哪些商业价值

不论是从市场大环境的发展和变化来分析，还是从自明星本身的发展状况来展望，自明星的发展都是有前途的，并且上升空间还很广阔，在以经济为基础的现实社会中，发展的事业都是赢利的事业，有前景的事业便是有“钱景”的事业。下面介绍自明星的商业价值。

（1）投入小，回报高。

经济界多位人士经研究分析后，声称在自媒体平台的运营账号中，已有单个账号的收入超过 1000 万元的情况出现，据不保守估计，目前自媒体行业的整体规模差不多可以达到 10 亿元以上了。

那么在微信朋友圈，自明星也可以在朋友圈发布自己的日常动态，吸引“粉丝”的关注，活跃人气。

要想打造一款名牌产品，需要付出投资人很多的资金和心血，而且需要付出很大的代价，还需要高昂的人力成本、研发成本；要想打造一个流量高、知名度高的电商平台，投入的资金也高达几十亿元，如京东、天猫、当当网等；而要把某个人打造成某一个领域的网红自明星，为其投入的资金就要少很多，只要这个人在某个垂直领域有一定的专长、才能，又敢于在大众面前展示自己，只需要在直播网站上发布一段视频，就已被大众知晓了。

（2）人的价值不断放大。

那些很早就利用互联网等自媒体平台积累“粉丝”、人气的自明星，通过自己不断地成长、被大众所熟知、喜欢的程度越来越高，“粉丝”自然也越来越多，自明星的价值就会越来越大，自明星的价值是一种不断积累的过程，可持续性比较强。

（3）变现能力强。

自明星变现的方式也比较多，最常见的有广告变现、“粉丝”打赏、网红电商、形象代言、影视演艺等。而且自明星的变现方式更快、更强，但是平台主要靠流量支撑变现，如果网站没有流量就不会有广告商入驻，自然不会有人投入广告费。

3. 如何将微商打造成自明星

成功的微商是什么样的呢？并不是天天在朋友圈刷屏卖产品的人，这样的行为有可能导致朋友圈信息被屏蔽。做得好的微商可能只是偶尔在朋友圈刷刷产品，发布的广告内容也具有一定的高度，让人觉得有知识、有文化、有内涵，而顾客也会主动找上门咨询产品，相信你并购买你的产品，这就是成功的微商。

（1）定位要清晰。

自明星的定位就像是现实生活中的 GPS 定位一样，能让自明星找到喜欢自己的“粉丝”，也能让“粉丝”找到自己需要的自明星，好的定位能实现自明星和“粉丝”的双赢，明确的定位使自明星的发展得到良好的结果。

物以类聚，定位也是给自己做一个分类，有了分类以后更方便自明星在圈子中寻求伙伴，一起交流成长，或者共同经营，向团队化发展。

（2）专注某一领域。

自媒体开放以来，想从普通个人转化为自明星的人如鲤鱼过江般广而泛、多而杂，真正做出成就的自明星却是少之又少，除了能力有限外，很大一部分原因，就是这些自明星杂念太多不够专注。

（3）学会媒体工具。

微商要想成为一个自明星，需要掌握一定的工具技能，这样才能创造出优质、高质、吸引人的内容，才能得到裂变的传播影响力。下面介绍常用的工具类型。

① 文案打造工具：第一范文网、爱墨、Office 软件。
② 活动策划工具：LiveApp、Vxplo、易企秀。
③ 内容编辑工具：135 编辑器、快站微信编辑器。
④ 图片处理工具：美图秀秀、截图工具、Photoshop。
⑤ 视频音频工具：屏幕录制软件、音频编辑器、Replay。
⑥ H5 制作工具：搜狐快站、初页、MAKA。

（4）学会推广。

推广是自明星成功的要素之一，也是自明星所有操作准备的攻坚阶段，推广就像是一个水瓶的瓶盖，之前的人脉积累、平台积累都是这个水瓶里的水，推广做不好，瓶盖打不开，里面的水就倒不出来，之前做的一切准备全都成了无用功。

10.3 增强信任的 7 个有效方法

微商打造自品牌之后，就要增强顾客对自己的信任，下面介绍微商增强信任的 7 个有效方法。

10.3.1 把最真实的一面呈现给大家

在微信上，微商要尽可能地展现自己最真实的一面给朋友看。例如，“鬼脚七”有很多人关注他，其中很关键的一点就是，他所写的文章有一大部分都是他自己的真实故事和生活感悟，让人感觉很亲切。

所以，微商在微信上要多分享一些自己的生活点滴、个人喜好，不要是虚假信息，越真实越好，如你生活中的一些有趣的事情。当你的好友知道你背后有很多有趣的事，就会对你慢慢地产生兴趣和信任，同时也会接受你的产品。

10.3.2 真心对待朋友

做微商如果有人加你，一般有 3 种情况，一是要向你学习，二是想与你合作，三是喜欢你。不管是哪一种，微商对于每位微信好友都要好好对待，不要“摆架子”，因为他们都是你的潜在客户。所以，在顾客找你沟通时，再忙也要回复，不管是评论还是留言，都要做到不要遗落，让顾客感觉他在你心中是有存在感的，而且能感受到你对他的尊重。

微信中还有一些加了好友之后没有交流过的人，这些人可能都是没有价值的朋友。但凡是那些愿意和你交流沟通的，都有机会成为你的客户，有机会和你合作，所以微商不要放过任何一个和你聊天的朋友。

10.3.3 定时分享干货

每个人都有自己专业的一面，也就是你的专长。微商既然想通过微信打造自己个人品牌，打造自己的“粉丝”圈，那么就应该在某个方面有一定的特长或优点。例如，你懂电商、会打扮、会写文章等。微商最好定时在朋友圈中分享自己的观点和干货，好友一般都是因为你的某个优点而去关注你的。

另外，当朋友购买你的产品之后，微商要第一时间分享出去，购买后和收到货后都要分享出去，让潜在客户相信你的产品质量。毕竟有人购买过，而且购买产品时还会有一个不错的购物体验，勾起潜在客户的购买欲望。微商在分享的时候一定要把订单信息、对话内容截图放上去，这样会显得更加真实，这也是一个刺激其他朋友购买的有效方式。

10.3.4 培养人格化的偶像气质

在打造微商自品牌的过程中，微商需要培养自身的正能量和亲和力，可以将一些正面、时尚的内容以比较温和的形式第一时间传递给“粉丝”，让他们信任你，在他们心中产生一种具备人格化的偶像气质。

有人说，在过分追求“颜值”的年代，“主要看气质”的流行蕴含着“正能量”。不过，对于微商来说，要想达到气质偶像的级别，首先还是要培养人格化的魅力。具体人格魅力如下。

① 独特，不平凡，不肤浅。

② 对自己的人格真诚。

③ 搞清楚“粉丝”的喜好是什么，然后成为那种人。

俗话说“小胜在于技巧，中胜在于实力，大胜在于人格”，在互联网中这句话同样有分量，那些自品牌之所以能受到别人的欢迎、容纳，其实这也从侧面说明他具备了一定的人格。

10.3.5 增加节目内容输出的频次

如今，大部分的个人品牌都经营了 3 年以上，正是他们运用连续性、高频次的内容输出，才抓住了这样的机会，而他们的产品供应链和服务体系并不输于一些大规模的企业。

10.3.6 拥有明确的核心价值观

微商要想打造个人品牌，首先需要一个明确的核心价值观，即平常所说的产品定位，也就是你能为用户带来什么价值。

微商在打造个人品牌的过程中，当价值观明确了以后，才能轻松地做出决定，对内容和产品进行定位，才能突出自身独特的魅力，从而快速吸引关注。

10.3.7 生产个性的高质量内容

作为微商打造个人品牌的重要条件，创造内容如今也出现年轻化、个性化等趋势。要创作出与众不同的内容，虽然不要求你有多高的学历，但至少要能展现出有价值的东西。从某种方面来看，读书和阅历的多少，直接决定了你的内容创造水平的高低。

10.4 自品牌需要培养的 6 个能力

微商想要打造自品牌，除了增强顾客对自己的信任，还需要培养自己的能力。下面介绍自品牌需要培养的 6 个能力。

10.4.1 口碑传播能力

对于微商个人品牌来说，没有口碑就没有用户的忠诚度，没有用户的忠诚度就没有产品的销量。所以，微商想要进行互联网品牌营销，提升产品的销量，第一步就是要打造品牌的口碑，提升用户端忠诚度。那么，微商要做好口碑，就必须具备以下 3 个思维。

1. 极致思维

产品对于企业来说，是至关重要的，微商品牌自然也不能例外。因此，微商想要打造口碑的第一步，就是做“极致”化的产品，让产品成为目标用户的首选。

2. 借势思维

“粉丝”从 100 发展到 1000，再到 1 万，可以说是小范围的扩容，对于大多数微商来说，是比较容易的。但是，要从 1 万发展到 10 万、100 万，甚至是 1000 万，这是比较难的。这个时候，微商需要借助“东风”来帮助自己打造更高层次的口碑营销。

3. 辐射思维

微商在个人品牌的口碑打造中，没有什么比口口相传这种辐射思维更接地气。一般来说，口口相传主要是通过企业铁杆“粉丝”、企业核心目标消费群和企业老客户，从而建立忠诚的消费群，由内而外地品牌塑造和宣传，形成“辐射”状的宣传效应。

10.4.2　品牌战略能力

互联网与传统媒体和传统传播平台相比，毫无疑问是最便捷、最广泛的品牌和信息传播平台。在互联网时代，当一个企业或微商打算打造一个品牌时，制定出色的品牌战略就成为一件非常重要的事情。

微商要想在新的互联网环境中，让电商平台获得应有的发展，还要借助互联网寻找品牌的营造方案。

在互联网时代，营销成为一个平台、一个企业发展的必要因素。对于一个微商个人品牌来说，不能说少了品牌的营造就一定无法取得成功，但是，通过必要的营造，品牌将更容易在目标用户心中树立。

当然，微商个人品牌营造的方案是多种多样的，成功的微商也给我们留下了许多成功的经验。所以，对于大多数微商来说，缺的不是品牌营造方法，而是适合自身实际情况的方法。而所谓的适合的品牌营造方法，还需要微商通过一次次地实践来寻找和确立。

10.4.3　产品竞争能力

传统电商的产品在开发、策略和规划等方面也渐渐适应互联网产品思维，慢慢朝产品策略进发。而从产品策略来看，要想让产品获得持久的竞争力，微商还要提供可以满足用户需求的产品。

俗话说得好："巧妇难为无米之炊"，微商要想获得发展，提供能够满足用户需求的产品是必不可少的。那么，怎样的产品更能获得用户的需求呢？下面进行详细介绍。

① 品牌产品定价的三大策略：折扣策略、低价策略和免费策略。

② 品牌定价模式：生态链定价模式就是将产品、延伸产品等相关联的东西，形成一种完整的生态链模式，电商定价模式通过流量来创造销售，获得盈利。

③ 品牌产品的打造：打造符合市场需求的极致大单品，扩大微商个人品牌的影响力，加速用户对品牌的认知度。

④ 互联网品牌产品战略：重点在于解决用户"痛点"问题，以及注重产品的迭代更新。

⑤ 品牌产品的延伸：一种品牌利用自身的优势，不断推出一些新产品的策略方针。

微商可以为用户提供的产品多种多样，既可以是知识等虚拟产品，也可以是可售卖的实物。但是，无论是哪种产品，要想让产品具有持久的竞争力，还要根据用户的需求提供产品，让产品更加符合目标用户的心意，让产品营销赢在起点。

10.4.4　管理者领导力

微商想带领团队打造自己的自品牌，就必须要有影响力和领导气质，也就是吸引力和人格魅力。好的管理不是管理人而是要创造氛围，也就是气场。所以，管理者首先要了解你在团队成员的心中是什么印象，你是不是一个气场强大的人，能不能给他们带来希望。

1. 如何让人对你崇拜

作为微商团队的管理者，想要团队中的人跟随你、崇拜你，那么你就应该做到以下 6 点。

① 沉稳。沉稳就是荣辱不惊，微商团队的管理者每天都会遇到各种问题，遇到问题时不能慌，不能在代理面前说你遇到的问题，因为你给团队的是正能量，团队对领导者的要求是你必须足够强大，而且你代表的不是你个人而是团队。所以，微商团队的管理者在决定事情时一定要沉稳。

② 细心。微商团队的管理者要抓大放小，抓住重点，运用"二八原则"，当出现问题时，第一时间要时刻思考自己哪里做得不够到位，有哪些方面需要提

升，可以定期回访代理，帮助代理解决问题，给予解决方案。所以，微商团队的管理者要善于发现、多用心。

③ 胆识。微商团队的管理者必须要有自己的主见，在面临大的选择时要果断，因为时间就是金钱，胆识是需要接受磨炼的，而且你代理的产品什么情况都有可能发生，所以管理者要有自己的判断，当自己决定、解决的问题越多，那么管理能力就会提升。

④ 大度。微商团队的管理者要在原则上把握好，在小事上大度，可以偶尔送些小礼物、红包等，给代理送去“温暖”。

⑤ 诚信。当你真心实意地对待别人时，别人是可以感受到的。把代理当朋友，真心诚意地去对待，不要把利益看得太重，一份礼物一份心意，学会让利，遇到问题以身作则。

⑥ 担当。微商团队的管理者不管团队遇到什么问题都要反思自己，自己承担所出现的问题，精神状态也很重要，要给人积极向上的能力。真正的成功者就算在低谷期，他的团队依然有人愿意跟随他，这也是微商团队的管理者应该有的领导模样。

2. 代理流失的原因及解决方法

当代理流失后，管理者就会有压力，但是一般有压力才会有动力，才会有更好的方法去带领团队，因为代理跟的是你的人，而不是产品。

下面是代理流失的两个原因。

① 代理自我上升的空间变小，也就是代理想飞得更高、想要更好的舞台，而你暂时给不了他要的舞台。

② 当代理做了一段时间就想离开，说明他的需要你没有达到，而且在满足了物质和金钱的需求之后，还会有精神上的需求。

下面是代理流失的解决方法。

① 核心代理：微商团队的管理者在没办法给核心代理更大的平台时，应该要大度，让他自己出去看看、出去闯闯。当他成功的时候，团队可以为他感到骄傲；当他失败的时候，团队可以表示永远为他敞开大门。因为已经有想走的心，如果再挽留也是没有意义的。

② 小代理：一般小代理流失时，微商团队的管理者要思考有没有办法给他更多的物质和金钱上的需求。对他们也是要边打压、边激励，这样才有利于他们成长。而且刚加入前 3 个月是最容易放弃的，所以微商团队的管理者要把心思放在他们身上，让他们感到不孤独，能看到希望。

3. 团队成员的心态和管理技巧

微商团队的管理者想要提高团队成员的执行力，就应该要了解团队成员的心态、性格等方面。团队想要达到的最终目的是增大销售量，一方面要提高执行力，另一方面要提高战斗力。

团队成员一般分为以下 5 类。

① 孤立者：孤立者在团队不活跃、不上进。

② 旁观者：旁观者在团队时间长，偶尔有互动，但是一般是不主动、不活跃，他们有可能会给团队带来负能量。

③ 参与者：参与者属于中坚力量，经常会提意见、看法，会做力所能及的事情、分享自己的价值、全身心投入、尽力把事情做好，是团队发展的重要成员，值得栽培和培养。

④ 活跃者：活跃者属于骨干精英，比参与者更用心，长期活跃，是团队中特别有动力的骨干精英，团队力量 80%靠他们贡献。

⑤ 铁杆者：铁杆者无论领导做什么都跟着做，时刻为团队着想。

领导者要学会感恩铁杆者；给孤立者关怀和关心，多与他们聊天，让他们有存在感和归属感，同时活跃群气氛，私下找他谈话，看他有没有可塑性；对于旁观者要多指导多引导，多沟通多交流。最后，领导者要重点培养后 3 种类型的成员。

下面介绍微商团队领导者需要做的事情。

① 领导者创建团队，让团队成员跟随，主要有两方面，一方面是帮助他们赚到钱，另一方面是靠感情维系。

② 团队活跃度代表赚钱的速度，所以领导者要将核心团队明细分工，协助更多成员一起作战。

③ 领导者可以带领团队定期组织线下活动。

④ 领导者要了解和关怀团队成员。

⑤ 领导者要培养团队成员自我解决问题的能力。

⑥ 领导者要在团队树立标杆榜样，给团队成员资源，让他们自由发挥。

⑦ 领导者要定期给团队培训。

⑧ 领导者要立即解决眼前发生的所有问题。

10.4.5 超强执行能力

什么是执行力：99℃的水不叫开水，100℃才是开水，少一摄氏度都不行。简单来说，个人执行力就是一个微商卖好产品的能力；执行力，就是要微商立刻执行领导安排的任务或自己的目标，而且还需要坚持不懈地执行。

很多微商一开始雄心壮志，到最后虎头蛇尾不了了之，究其根本原因就是输在思维、败在细节、死在执行 3 点。

1. 执行

微商都知道什么是执行，那么怎样才是会执行呢？在执行任何事之前，首先要讲究方法，方向对了，执行才能得到结果。就像执行增加“粉丝”数量时，很多微商加了很多好友，最后也没有成功。这就是虽然你执行了，但这是错误执行，会与你的初衷背道而驰。

2. 坚持执行

微商除了会执行外，还要坚持执行，因为把简单的工作重复做并不简单。下面介绍职业微商每天需要坚持执行的事情。

① 早上查单。微商每天早上都要查看前一天发的单有没有漏发，如果执行不够灵活，执行力不够到位，那么就算发货了也收不回钱，还要损失来回两笔快递费用，还有代收货款的服务费。产品也会因为折返，而可能存在破损。

② 中午卖货。中午卖货涉及客服服务，主要就是交流沟通。微商通常除了用微信与顾客交流外，尽量做到给客户打电话。关于打电话有很多学问，主要注意“15/45/90”原则。

“15/45/90”原则就是，打电话第一个黄金时间是对方接通电话的前 15 秒；第二个黄金时间是在 45 秒；第三个黄金时间是 90 秒。如果能在此基础上，一鼓作气，乘胜追击，就能彻底征服对方。

微商在销售产品的时候要积极自信，热情洋溢的态度会让顾客有愉快的购买体验，这就是执行力到位了。微商与顾客通话时需要记住：同样一句话，会因为没有把握好语速、语调会产生不同的结果。

③ 下午发货。填写订单、打包产品、快递上门取件、留下快递底单，将单号一一发给顾客，叮嘱他们这几天准备在家接收产品。

④ 晚上回访。回访客户，了解使用感受，信息记录。

3. 提高执行力的方法

微商想要提高执行力，必须做到下面 4 点。

① 微商背后必须有一个强大的信念或追求成功的欲望。

② 微商一定要代理自己感兴趣的产品。

③ 为什么想要做这件事，如可以给自己带来什么，改变什么，能够实现什么等。把这个东西细化出来，你才会更有方向和目标。

④ 人都有惰性、感兴趣的东西也会有懒得去做的时候。所以，要不断地激励自己，时刻给自己鼓劲。

当然，每个微商能力是不同的，这是客观存在的问题，也是最实际的问题，针对能力问题也无须太过担心，因为能力是可以培养的。想要完成一件事或一个任务讲究的是方法和技巧，把这些方法和技巧都学会，顺利完成就是能力强。所以，微商想要提高执行力一定要提高解决问题的能力。下面是提高解决问题能力的 8 个小技巧。

① 学习产品相关的专业知识。

② 掌握微营销的技巧和方法。

③ 向你的领导“取经”。

④ 有团队的一般会有培训，认真上好每一课。

⑤ 多去实践，不要怕失败。

⑥ 目标的制定与实现。

⑦ 自身角色的定位与锻炼。

⑧ 每天经验总结，分析问题。

凡事都离不开执行力，正所谓只想不行动等于零，有好的想法，还必须执行起来，往往执行的过程是最枯燥的、最痛苦的事情，因为执行的时候结果是不可控的，当遇到结果不可控的时候，容易气馁的人就被打倒了，从此就一蹶不振。所以，微商要想做成一件事必须具备一种坚持的精神，就是不被苦难所打倒，有一种做不成心不死的霸气，只有这样才能坚持到成功的那天。

10.4.6 持续坚持能力

微商从来不是谁早加入谁就最快成功，而是谁最早下定决心来坚持做一件事，谁就可能会成功。所以，微商要与果断做事的人多接触。

微商要坚持做一件事：坚持每天的正能量打卡，坚持感恩的创业分享。微信表面上是一个封闭的社交网络，不太具备传播性，不能与微博相比，但实际上微博的裂变效果也不太好，传播效果还不如微信。而且微信也绝对不是大家所看到的那么封闭，如微信群，微商有机会进入大量的群。

做微商就是交朋友，交到朋友就可以推销产品，将产品卖给他们。微商有很多“粉丝”都是通过某种方式认识的，如微信群，微信群只是微商聊天讨论的平台，在群里不以卖货为目的，但在里面聊天的朋友一定是认可你才会加你为好友的，才最后成为你的客户。

所以，微商要打造成一个人人喜欢的自明星，就要多主动与别人互动。当然，微商与顾客互动，并不是群发信息，因为每个人都反感被人当成广告的接收者。但群发也可以好好利用，如以群发的方式，去和别人打个招呼，当对方回应你，就可以和他聊天互动。而聊天的目的就是为了增加信任，促进成交。微商可以引导对方主动咨询，要记住是咨询不是推销。

针对同行的群发信息，微商可以每天群发自己的经营心得，坚持一个星期左右，然后同时也转发到朋友圈。刚开始可能会有人觉得很反感，没有人回复你，但还是有些人会去关注到你的。一个星期之后就可以暂停群发。

当然，也有很多微商反应自己朋友圈发的产品信息，没有人看、没有回复；代理的情绪也不高，因为发任何东西都没有多大反应。现在做微商的人实在太多了，过去的微商讲究的是全面，然而现在必须打破这一思维。换一种思维打造一个真正的人格魅力，也可以说是打造一个内容思维。在内容思维的逻辑中，微商代理的是什么产品不重要，微商最重要的是打造好自己的人格。

所以，微商要做自媒体，因为做自媒体就可以打造个人品牌，打造影响力，带动产品销售，这是最好的也是最持久的方法。特别是现在做微商，用自媒体来做推广是非常好的一种推广方式。

微商首先要有好的内容，只有好的内容才会吸引人去为你不断地传播和分享，扩大你的知名度。微商自己是做什么产品的，就可以找一些相对于这个领域、行业方面的经验和方法，最好是自己的心得体会，自己对这些方法进行总结和归纳。例如，做微商卖产品，就可以在朋友圈分享微商的干货文章，让这些文章吸引一些潜在的代理商，还可以在日志中讲故事，核心就是通过文章的形式，把自己塑造成一个“大咖”的形象，那么就很容易吸引到那些小代理。

好的内容最好是自己的原创心得，如你要感恩的人或你阅读新的书籍的感想。其次，就是发布内容的时间段，一定要有一个固定的时间，给用户一个习惯在固定的时间看到你的朋友圈。

微商还可以收集一些文章投稿的平台，坚持投稿，如新浪博客、网易博客、一点资讯、今日头条及百度百家等。微商可以把文章写成上下两篇，上篇设计成“鱼饵”，需要转发分享才能得到下篇；还有就是视频教程、电子书。在坚持一段时间后，你的名气和流量慢慢就会提升。总而言之，贵在坚持，没有人是不付出就能随便成功的。

10.5　微商自品牌的 13 种变现方法

新媒体时代将人们的生活带入了一个新阶段，朋友圈的营销也渐渐进入了一个全盛的时期，对于微商自品牌来说，最终目的是为了赚取利益，实现品牌变现。因此，掌握多种赚钱的模式是必不可少的。

10.5.1　3 种方式，实现微商变现

从事微商工作主要有 3 种变现方式，第一是发展代理商，第二是批发式营销，第三是打造微商自品牌，下面针对这 3 种变现方式进行相关介绍。

1. 发展代理商

微商是营销的一种渠道，而微商发展代理商，是指通过代理商来代理微商的生意，代理商赚微商的代理佣金。如果将微商比作一个企业，那么代理商就是企业中的销售员，销售员越多企业产品的销量就越高，利润就越大。

微商选择好一款产品后，要通过不同的媒体平台不断地增加“粉丝”数量增加流量后每天都晒一晒收益、客户转账之类的图片，这样能很快地吸引其他的代理商帮助你卖产品。只要微商的产品质量过硬、口碑好，就会有很多的人愿意代理你的产品，帮助你销售产品，发展代理商是一种极佳的变现方式。

2. 批发式营销

从事微商的工作，比开实体店的利润要高，毕竟节约了很多硬性开支，如门店租金、店铺装修、人力成本等，所以微商产品价格也非常实惠，同品牌、同质量的产品，性价比会更高一些。

因此，如果微商品牌做得比较好，就会有很多其他的微商、微店或淘宝店主找你购买产品，购买数量一般是几十件甚至几百件，而且还是长期客户。这种批发式购买力度是非常大的，所以批发式营销也是微商变现的渠道之一。

3. 打造微商自品牌

通过其他新媒体平台、短视频平台等，将自己打造成“网红”，不断地增加“粉丝”数量增加流量，当“粉丝”达到一定数量时，建立自己的产品或品牌，将“粉丝”引入微信平台，通过微信朋友圈、淘宝店、线下实体店等推广自己的品牌，打造“粉丝”经济赚取资金。

10.5.2 6 种方式，实现自明星变现

由于自明星创业的成本比较低，因此现在越来越多的微商通过自明星的模式进行创业，自明星也越来越受到年轻人的追捧。自明星进行的一系列宣传、推广活动，最终目的都是为了增加“粉丝”数量增加流量、赚取利益，下面主要介绍自明星变现的 6 种方式。

1. 广告变现

广告变现是指自明星拥有一定的“粉丝”数量后，就会有超高的人气，而商家会邀请自明星们为企业的产品代言，录制成广告视频的方式在媒体平台中进行宣传。微商通过自明星的“粉丝”流量来提高产品的销量，扩大品牌的知名度；而自明星通过广告变现，实现一定的收益。

2. 主播直播

自明星在直播平台中，通过直播营销，利用各种方法，吸引用户流量，让用户购买产品、参与直播活动，让流量变为销量，从而获得盈利。

虽然直播的营销模式比较简单，操作起来也很容易，但它的地位始终都是比较稳固的。自明星只是需要更多的探索和发现，来不断改造和发展它。

3. 短视频变现

短视频，顾名思义就是时间比较短的视频，视频是一种影音结合体，能够给人带来更为直观的感受的一种表达形式。随着移动设备端、移动互联网、社会化媒体的兴起与发展，短视频开始频繁走进大众的视野。短视频的兴起以第一个短视频的产生为基础，其发展也是依靠短视频应用的出现。从国内短视频的发展历程来看，主要以美拍、微信小视频、小影、抖音为主要代表。

4. 网络微课程

网络微课程又称为线上培训，这是自明星可以用来获得盈利的一种非常有特色的方式，也是一种效果比较可观的“吸金”方式。自明星如果要开展线上培训，首先他要在某一领域比较有实力和影响力，这样才能确保教给付费者的东西是有价值的。

5. 形象代言人

形象代言人是一些明星、商界大腕、自媒体人等人物 IP 常用的变现方式，他们通过有偿帮助企业或品牌传播商业信息，参与各种公关、促销、广告等活动，促成产品的购买行为，并使品牌建立一定的美誉或忠诚。

6. 出演网剧

对于那些拥有一些表演、唱歌等才艺的自明星来说，可以向影视剧、网剧等方面发展，也可以得到不菲的收入。

当然，拍网剧对个人的要求比较高，大部分网红、自明星都还停留在微电影的阶段。在宣传时也可以将“微”字淡化甚至去掉，这样就变成拍电影了，自明星基本上都是这样宣传的。

10.5.3　4 种方式，实现自品牌变现

内容如果无法变现就像是“做好事不留名”，在商业市场中，这种事情基本上不会发生，因为盈利是商人最本质的特征，同时也是能体现人物 IP 的价值所在。如今，自品牌变现的方式多种多样，下面进行相关介绍。

1. 电商导流

如今，普通网店那种简单的商品罗列已经很难打动消费者，因为消费者看不到他们想要的东西。很多消费者喜欢在网红店铺购物，并不是真正的喜欢那些网红，而是觉得她们搭配的衣服好看，希望穿出和她们一样的效果。

另外，网红店主经常会在平台上发布一些对生活的感悟和对时尚的理解，这些内容也是吸引有同样爱好的消费者关注的重要原因。尤其是在淘宝这个时尚媒体开放平台，聚集了一大批以淘女郎为代表的电商红人，她们已经超越了产品本身，卖的更多的是一种生活方式和体验，其中电商导流、变现是与忠实“粉丝”长期互动中自然演化而来的。

2. “粉丝”变会员

将“粉丝”变成会员，最直接的方式就是在各媒体平台中招收付费会员。

3. 出版图书

图书出版盈利法，主要是指自明星或网红在某一领域或行业经过一段时间的经营，拥有了一定的影响力或有一定经验之后，将自己的经验进行总结，然后进行图书出版以此获得收益的盈利模式。

4. 商业合作

一些运营能力强的微商还可以用商业合作的形式来变现，通过巧妙的运营和炒作等方法，可以帮助团队或企业实现宣传目标。其中，炒作是最常见的一种商业方法，通常是通过多方紧密合作才能达到推广目的的。

在炒作的过程中，内容发布者运用首页推荐、热门专题等方法，然后再由网络版主修改其内容，同时突出标题色彩，提升内容在网站上的排名，以获得更多的关注量。

此后，电视、广播、报纸杂志等传统媒体又会从网络中嗅到这些热门内容，并将其转移到生活中，让那些远离网络的人也能将内容口口相传。最后，策划者、被炒者及内容发布者即可获得现实的经济效应——广告代言费和出场费。当然，这些收入各方都有一定的分成，具体的分成比例通常会签订相关的协议。

10.6 自品牌通向成功的 7 个要素

在通往成功的道路上，微商也许遇到过一些障碍，如以下 6 种。

① 心态消极：悲观失望、怀疑害怕。

② 目标不明确：东飘西荡、没有方向。

③ 不会时间管理：拖延、效率低下。

④ 没有持续学习。

⑤ 缺乏应变能力。

⑥ 行动力不够强。

微商自品牌想要成功就需要解决这些障碍，下面是一些帮助你通向成功的方法。

10.6.1　目标管理

很多人都有惰性，都会产生懒惰情绪。要怎么克服呢？最好的方法就是制定目标，因为没有目标就没有动力。

积极的心态可以为成功打下坚实的基础，但是拥有阳光积极向上的态度只是成功的第一步，如果成功是“大厦”，积极的心态就是“地基”，那么目标就是构筑成功的“砖石”。所以，微商要取得成功，就必须制定目标。例如，某微商领导者将一个过去只销售几十箱的产品，设立销售目标为 400 箱。大家都觉得不可思议，但是最后仅仅一个月的时间，她却完成了 600 箱的销量。

所以，过去或现在的情况并不重要，将来想获得什么样的成就才是最重要的，有了目标，内心的力量才会找到方向。微商在生活中对目标已然很熟悉，目标就是一种方向和目的。你到底想要什么、你的梦想、你的愿望、你的需求都可以算作目标。

有很多微商没有设立目标，主要原因是害怕失败、不够自信、害怕被别人耻笑以及不知道目标的重要性。甚至有些微商如何设定目标都不清楚。那么下面介绍设定目标意味着什么。

1. 目标产生积极的心态

目标是努力的方向，也是奋斗的源泉。目标会给你一个看得见的“彼岸”。随着这些目标的实现，你就会有成就感。当然，目标不能过低也不能太高，要量力而为，这样你的思想方式、工作方式及心态就会向着更积极主动的方向转变。

2. 目标可以激励你产生动力

在有了目标之后就会对自己心中憧憬的世界有更清晰的预判，就会把精力和资源集中在你所选择的方向和目的上，也就会更加专注自己的理念。

3. 目标对生活产生的影响

人们处事的方式主要取决于对待事物的看法，如果觉得不重要，那么付出的努力也就没有什么价值，甚至不会去付出；如果觉得目标很重要，那么则是相反的情况，同时也会将目标从过程转移到你获得多少，而不是做了多少。

4. 目标有助于我们分清轻重缓急，把握重点

没有目标，微商很容易陷入与理想没有关系的现实事物中去，就会成为一个没有主次，忘记最重要事情的人，这样就会成为琐事的“奴隶”。

5. 目标使我们集中精力，把握现在

设立一个明确的目标，对工作具有指导作用，可以帮助你将想法具体化，做事也会热情高涨，同时就会形成一种标准，督促自己，从而实现目标的一部分。所以，微商要制定目标把握现在。

6. 目标使人不断进步，永不停步

自我完善学习的过程，其实就是潜能不断激发的过程。发挥自己的潜能，微商就必须全神贯注于自己的优势，这样才会有高回报的方面，这些优势必然会进一步发展。

7. 目标产生勇气、信心和胆量

信心、勇气、胆量来自知己知彼，对自己的能力，对目标的认知。微商只要做到心中有数，那么就可以让你从容不迫，处变不惊。而且一个一心向着目标前行的人，整个世界都会给他“让路”。

所以，微商现在就可以展望未来，你想飞多高、想飞多远，要敢于做梦回到当下，你的起点在哪里、你的优势和劣势是什么、你要学习什么、你要提升什么、你要用什么方法才能达成你的目标。当然，微商设定目标也不要盲目地随意设置，要根据自己的现状去设定，可以结合自身的基本情况给自己设置一个有较高提升空间的目标，这样目标就要有难度，有空间。

当微商在设置目标的时候可以先静下心来问问自己。这是我的目标吗？我真的热切希望吗？我能否全力以赴？如果答案全部是肯定的，就可以接着问自己。会使我更快乐吗？会使我更富足吗？会使我得到更多的朋友吗？会使我更有安全感吗？

如果答案全部是肯定的，就可以开始分析自己的起始点。我究竟有什么才干和天赋？我主要的优势是什么？我的劣势是什么？我曾有过的成功纪录是什么？我所处的现阶段对我的挑战和机遇？我与什么人物来往？我的知识技能能否跟上时代脚步？

发现问题之后，再分析问题寻找途径解决，确认障碍并分析出原因解决它才能让你成长，确认自己达成目标所需要的知识和技能。所以，微商要不断地制订学习计划，不断提升自己，充分调动力量和因素寻找组建合适的团队帮助自己达成目标。

最重要的一环，就是一定要付诸行动，想象目标完成后制订相关的计划和期限，确定每月每周甚至每天的计划。没有期限就等于没有目标，期限，衡量目标的进展，激发向目标不断前进的动力。付诸行动，因为没有行动再好的计划也只是“白日梦”，所以微商以后一定不要拖延，立即执行，把你的梦想变成行动计划，努力去执行、去完成。

“心在远方，路在脚下”，一些大目标看似难以实现，只要把它分解成无数小目标，每天去完成，实现起来就会非常容易。微商可以在施行过程中前一天晚上设定目标，再去不断督促惊醒自己。每日总结完成情况，分析未完成原因和障碍，克服障碍的策略和方法。

10.6.2　文化管理

自品牌等于文化，这一说法的根源，在于品牌是一个微商团队经过长期的学习和实践形成的文化积累，这种学习和实践贯穿于企业经营的宗旨、信念和理念，成为微商经营的精神性指导。

微商自品牌文化的意义在于能为用户提供一种心理需求的满足，微商自品牌文化之所以能够获得用户的拥护，就在于用户在品牌文化的感染下，对自己的微商团队有一个明确的心理定位，对自己也有一个明确的心理定位，并且在此基础上不断加强品牌文化对用户的重要性和价值程度。

总体来说，微商自品牌文化最大的作用就是提升用户对企业的好感度。下面介绍微商自品牌文化提升用户好感度的方法。

① 品牌文化自身的加强：加强品牌的重要性、加强品牌的象征性。

② 品牌文化影响的加强：加强价值度的影响、加强感染力的影响。

微商自品牌文化对用户的影响是潜移默化、深远持久的。许多人在购物时都会选择自己认为可靠的品牌，并将该品牌作为长期的选择。在此过程中，“可靠”就来源于自媒体在用户心中树立的品牌形象，而自媒体品牌形象从根本上又是由其品牌文化所决定的。

1. 自品牌是微商团队精神的彰显

自品牌是微商团队精神的彰显，而团队精神是单位组织的灵魂，是团队文化的宗旨、信念、理念灌输到每一个员工的精神里，成为所有成员一致认同的思想境界、价值取向和主导意识，能够反映出一个团队工作状况的特征、形象和风气。所以，要打造微商自品牌，企业团队精神的培养将是非常重要的一环。

能够组成一支高效、和谐的企业团队，需要团队内部员工之间互助、互利，目标统一，实现团队整体利益与员工个体利益之间的统一。下面详细介绍组成一支高效、和谐的企业团队的方法。

① 培养大局意识：团队的大局意识是要求员工把个人利益融入整体利益中，但也不是要求员工自我个性的牺牲。

② 培养协作精神：协作精神是团队精神的核心，能够让各个岗位的员工互相联系，充分发挥团队集体的创造潜能。

③ 培养服务精神：服务精神的培养，有利于员工在工作、服务中树立良好的从业心态和奉献精神，提升团队形象。

一支具有大局意识、协作精神和服务精神的高效、和谐的企业团队的培养，需要有正确的企业管理文化的指导。下面介绍正确的企业管理文化。

① 大局意识：大局意识的培养首先要尊重每一位员工，让员工把自己的价值和企业的价值视为一体，才能以企业为先。

② 协作精神：让企业员工共同承担责任，在员工之间树立共同的价值目标，员工才会齐心协力形成一个集体意识。

③ 服务意识：服务是企业的经营重点，因此企业对服务的管理也是重点，大局意识和协作精神都是服务管理的铺垫。

团队精神的作用是从微商团队内部和成员内部，以精神上和价值观上的影响，去影响、去凝聚、去激励、去协调成员之间的工作关系和感情联系，这种影响是由内至外、由下至上的，是自觉产生的，能够让成员之间的关系更加和谐、深厚。

2. 品牌是微商团队服务质量的折射

自品牌是团队文化各项优势元素综合凝结的成果，而在团队文化中，团队的服务是最终的落脚点和最有力的竞争条件，因此人们在想到一个微商品牌的时候，最深的印象和最先考虑的，是微商能够提供给自己的服务。

优秀的服务团队之所以称其为优秀，关键就在于它能通过良好的职业态度、敬业精神及人格魅力等，获得用户对企业的好感、信任和尊重，从而让个人品牌在用户心中留下良好的印象。

以服务影响用户的消费信任，表现最显著的是在客服人员与消费者沟通时的服务态度。部分消费者购物时，会习惯性地与客服人员进行沟通，如果客服人员提供的服务能够获得购买者的信任、尊敬和好感，那么消费者的购买可能性就能提高。反之，如果客服人员的表现令人反感，购买者可能会觉得这里的产品不值得买。

3. 品牌是微商动态文化层次的说明

任何事物之间都有一个层次之分，正如学历的区别一样，小学生和大学生之间，大学生和博士生之间，可能很多人认为只是一纸文凭的差别，但其实在升学的层层考验和升学后所接触的知识层面，已经在人与人之间形成了质的差别。

微商团队层次的差别就是微商之间质的差别，而这种差别又是对微信自品牌的有力说明。因此，提高微商团队文化层次，便成为微商必须做好的一项工作。

团队文化层次的差别，实际上是微商各项服务的差别，具体表现在微商团队服务理念、服务设施和服务效果等，这些差别将影响用户对企业的理解、信心和支持力度，直接决定运营的效果。

微商团队的服务理念其实是企业的一种发展目标，理念的好坏也决定了用户能不能理解并产生共鸣，另外企业服务的硬件设施和效果体验表现着一个微商团队的背景实力，并影响用户的感受。理念、设施和效果是企业服务层次的 3 个指标。

微商团队服务的理念、设施和效果，分别代表着微商前期的实力积累、现期的效果提供及将来的发展前景，这 3 个表现在很大程度上能够决定微商个人品牌在行业内的地位以及在用户心目中的地位。

微商团队文化层次的差别，决定了品牌的行业地位与用户印象，具体表现在微商团队实力决定品牌竞争力、服务效果决定品牌影响力和发展前景决定品牌可信度，进而影响品牌能否实现升级、能否留置用户以及能否扩大影响。

10.6.3　心态管理

俗话说："积极的心态就像太阳，照到哪里哪里亮；消极的心态像月亮，初一十五不一样。"在运作产品过程中很多微商都会发现，你们身边总会出现一些同行，面对市场运作过程中出现的那些低价、串货、越级、争抢代理和各种社会压力，在与客户沟通过程中遇到这些小问题就会自乱阵脚、各种抱怨、消极和否决。如果这种微商不改变自己的观念，就很难取得成功。

1. 心态是如何影响人的

心态就是一个人内心世界的想法和外在的表现。心态只有两种，积极的和消极的。任何事物都有积极的一面和消极的一面。如果你是积极的，你看到的就是乐观、进步、向上的一面，你的人生、工作、人际关系及周围的一切就都是成功向上的；如果你是消极的，那么你看到的就是悲观、失望、灰暗的一面，你的人生自然也就乐观不起来。

积极的心态能激发高昂的情绪，帮助你忍受痛苦，克服恐惧，并且凝聚坚韧不拔的力量。消极心态却使人自我设限，怀疑退缩，最终丧失机会。人与人之间只有很小的差异，但是这种差异却往往造成了人生结果的巨大差异，很小的差异就是人生的态度是积极的还是消极的，巨大的差异就是结果的成功与失败。

2. 消极为什么使人不能成功

消极的心态主要有以下 4 点劣势。

① 消极的心态会丧失机会：一到关键的时候，消极心态便散布疑云迷雾使你犹豫不决，即使出现机会也看不清、抓不到。

② 消极心态使希望破灭：消极的心态者是埋怨、责怪、找理由、找借口、推卸责任。因此，丧失责任感而摧毁自我信心，使希望泯灭，看不到将来的希望，也就激发不出任何的动力。

③ 消极的心态消耗掉 90%的精力：消极的人每天都生活在消极的情绪中，每天面对任何事情首先采取的都是消极的心态。日复一日地在挣扎、在惆怅、自以为多愁善感，无法将时间用在正确的事情上。

④ 消极心态限制潜能的发挥：世界上没有一件事是轻松做成的，你不相信自己有能力做到，你就不会去争取，自然也做不到。消极心态的人总是想到世界最坏的一面，不敢面对，限制了自己的潜能，成为自己最大的敌人。

所以，积极的心态决定了成功的 85%，自品牌用什么样的心态对待生活，生活就怎样对待你；你用什么样的态度对待别人，别人就用什么样的态度对待你；有什么样的心态就有什么样的思维和行为；有什么样的环境和世界，就会有什么样的未来和人生。

10.6.4 时间管理

微商有了目标之后，就应该在时间方面上管理，把所有的目标分清轻重缓急，尽快逐一实现，提高生命效率。在现如今这个资讯新媒体高度发达的社会，时间就是生命、时间就是财富、时间就是资源、时间就是人生最大的资本。大家都知道“一寸光阴一寸金，寸金难买寸光阴”这句话，它告诉我们时间是不可增减，不可缺少，不可储存，不可替代的，但唯有时间是可以管理的。

也就是说用最快的时间达成最有价值的目标，实现均衡的人生。很多人都在浪费着时间，缺乏计划没有目标的拖沓，抓不住重点，事必躬亲、有头无尾、一心多用、简单事情复杂化、懒惰等原因，这些都是可以好好规划的，以下是具体的解决方法。

① 分清主次要事运用 ABC 法则（A，Advisor 顾问、专家；B，Bridge 桥梁；C，Customer 客户，就是 A、B、C 之间的关系法则）。最重要的事自己做，重要事情压缩做，次要事情授权别人做。

② 记录每天的工作，记录比记忆更重要，可以列出每天要做的事、管理消耗掉的时间。

③ 记录个人完成事情的期限，明确任务。

④ 检查追踪，按照记录任务的完成时间，按时追踪检查，按记录时间对承诺准时完成。

⑤ 当日事当日毕，记录分析总结。

⑥ 能做到的事情马上决定，待做事情计入日志，保留的东西进行归档。

⑦ 合理安排进度，大胆授权复制自己。能否合理分配工作时间，最大的好处就是得到员工尊重与重视，既调动了员工积极性，又可以提高组织的效率。

10.6.5 学习管理

这个世界会淘汰有学历的人，但不会淘汰有学习能力的人，只有不断学习，才能持续成功。时代在更迭，从农业到工业再到信息时代，这一切都说明知识经济时代已然来临。一切失败皆因无知，思想僵化，适应不了时代车轮，不学习的人就难以获得成功。

学习这个话题经常会牵扯到微商经销商的复制，复制别人的成功经验，积沙成塔。微商在学习过程中一定要去实践，只有学习才有创新，有了创新才有竞争力。学习别人的优点以及更专业的知识，用来丰富充实自己。

10.6.6 行动管理

世界上一事无成的天才有很多，学而无用的人也比比皆是。人生没有太多的机会和等待，既然做出决定就马上行动，行动是一切成功的保证。有很多人惧怕失败，迟迟不能确立明确目标，一直不敢行动，一味地追求快乐、逃避痛苦。

所以，微商在制定行动目标时一定要积极乐观，避免痛苦悲观，设定目标并达成，制定目标就按照规划期限立刻行动。

10.6.7 经营模式

网红式的自明星 IP 将传统的成名和吸金机制进行了彻底的颠覆，并且使很多行业的生态链发生了变化。而微商将打造成自品牌的最终目的就是商业变现。下面主要介绍一些微商自品牌的经营策略与技巧等内容。

1. 做“粉丝”喜欢看的硬广，重视内容

在广告行业中，硬广是指直接发布的产品广告信息，广告信息中包含了产品功效、商品功能等。在朋友圈或其他新媒体平台中发布硬广信息时，一定要掌握

相关的技巧，否则很容易被朋友圈的人屏蔽信息，这样就得不偿失了。硬广也是自明星变现的一种方式，通过为企业代言产品转发朋友圈或微博等平台，得到一定的经济回馈。

首先，微商的内容要达到一定的高度，或者在某一个行业具有一定的权威性；其次微商要有一定的人格魅力，这时“粉丝”可以直接忽略硬广信息，有可能还会关注微商发布的硬广信息，从而购买产品。

微商在朋友圈发的硬广信息，可以直接从微信公众号、微博、今日头条等平台转发已发布的硬广链接，在朋友圈中点击网页链接，即可打开相应的页面，查看发布的硬广信息。

还有一种情况，微商在发布硬广内容时要有一定的创意，内容要贴近生活，这样也会获得“粉丝”的高度关注和转发，特别是带有爱心情感、有创意又贴近生活的硬广信息，在朋友圈、公众号、微博中硬广也很受欢迎。

2. 对准需求的软文推广，解决痛点

软文，顾名思义，就是相对于硬性广告而言的，由企业的市场策划人员或广告公司的文案人员负责撰写的带有情感性质的“文字广告”。与硬广相比，软文更具有生命力，软文能结合人们的需求、情感，与顾客找到共鸣点。

微商主要通过微信公众号、微博及今日头条等媒体平台来发布软文，这是他们主要的运营平台。

① 软文要对读者有价值。撰写一篇优秀软文的第一步，就是寻找顾客感兴趣的话题，可以搜索相关的资料进行整理，最终消除顾客之间的陌生感。

② 让顾客对软文产生认同感，从而取得顾客的信任。

③ 要始终记得撰写的软文是给顾客看的，这是软文写作的生命力。

④ 顾客的身份不同，职业上有区别，对软文的需求也不一样。

3. 使用众筹运营模式，成为受众领袖

众筹即大众筹资，是指在团购的基础上增加预购的形式，面向公众筹集资金的模式。发起人利用互联网和社交网络传播的特性，通过众筹平台发布一个众筹项目，展示他们的创意，然后投资人进行支持，获得资金。

众筹就是筹资者将需要众筹的项目通过自己选定的众筹平台进行公开展示，浏览该平台的所有网友都可以对这些项目进行投资。一般每个人的投资金额不高，但项目随着投资人的投资积累，逐渐形成滴水成海的效果，最终项目成功之后发起者获得所需的资金。

相对于传统的融资方式，众筹模式更为开放。只要是投资人喜欢的项目，都可以通过众筹来获得项目启动的第一笔资金，也就为草根创作者提供了无限的可能。同样，这种众筹模式也为自明星提供了无限可能。

4. 基础内容免费，高端课程收费

很多微商一开始都喜欢先给用户提供免费的产品，如相关杀毒软件等，待用户积累到一定数量后，再对产品的高级功能进行收费。微商也可以先通过免费的内容吸引“粉丝”，扩大“粉丝”数量，待“粉丝”累积到一定数量时，可以同步开启收费模式，可以针对高端产品或课程进行收费。

自品牌一定要记住下面几个成功的要素，一个都不能少。

① 目标是成功的方向。

② 文化是成功的底蕴。

③ 心态是成功的基石。

④ 时间是成功的效率。

⑤ 学习是成功的源泉。

⑥ 行动是成功的过程。

⑦ 经营是成功的保障。